HARALD BRAUN

Deutschland umsonst RELOADED

ZU FUSS UND OHNE GELD UNTERWEGS

Rowohlt Taschenbuch Verlag

Originalausgabe
Veröffentlicht im Rowohlt Taschenbuch Verlag,
Reinbek bei Hamburg, Dezember 2011

Umschlaggestaltung ZERO Werbeagentur, München
(Umschlagabbildung und Foto des Autors: FinePic®, München;
Sabine Braun)
Satz aus der Swift bei Dörlemann Satz, Lemförde
Druck und Bindung CPI – Clausen & Bosse, Leck
Printed in Germany
ISBN 978 3 499 62742 2

Prolog

Ich weiß noch genau, als mir klar wurde, worauf ich mich hier überhaupt eingelassen hatte. Es war der Moment, in dem ich hilflos vorm Lenzi stand und ihn um einen Gefallen bitten musste. Ich kannte den Lenzi nicht, und der Lenzi kannte mich nicht. Aber ohne den Lenzi, das war klar, wären wir aufgeschmissen in dieser Nacht. Sozusagen am Arsch. Selten zuvor habe ich mich so ungeschützt und hilflos gefühlt. Bis zu diesem Augenblick waren die ganzen Ängste, die ich mit «Deutschland umsonst reloaded» verband, blasse Theorie. Gedankenspiele, abstrakte Problemstellungen, die sich in der Praxis dann schon irgendwie auflösen würden. Doch schon an diesem zweiten Abend auf der Wanderung erhielten der Hund und ich einen Vorgeschmack darauf, was uns in den nächsten zwei Monaten bevorstand. Plötzlich hatte zumindest einer von uns ganz schön die Hosen voll.

Bleischwer und grau hingen die Wolken am Himmel, von Minute zu Minute wurde es dunkler über den Wäldern im Chiemgau. Seit sechs, sieben Stunden schlurften wir nun schon durch Oberbayern. Gestartet waren wir am frühen Morgen in Übersee am Chiemsee, nach einer kurzen, aber gemütlichen Nacht in einem Sportstudio voller Turnmatten und dickbäuchiger bunter Gymnastikbälle. Der Tag begrüßte uns sonnig und heiter, Thomas – der Wirt vom *Gleis 1* in Übersee – spendierte uns Milchkaffee und frische Croissants und zeigte uns eine idyllische Strecke nach Riedering, unserem nächsten Ziel. Derartig eingestimmt wanderten wir am Vormittag am Bayerischen Moor- und Torfmuseum in Bernau vorbei bis hinein nach Prien am Chiemsee. Wir fanden, besser hätte unser ganzes Projekt gar nicht beginnen können.

Im Laufe des Tages aber wich unsere beschwingte Stimmung zunehmend einer gewissen Beklemmung. Immer wieder versteckte sich die Sonne hinter stetig bedrohlicheren Wolken, bis sie irgendwann gar nicht mehr zu sehen war. Stattdessen entfaltete sich ein dichter grauer Vorhang über unseren Köpfen. Regen setzte ein, erst tröpfelnd und sporadisch, später ergiebiger. Schließlich war aus der Ferne auch das leise Grummeln zu hören, mit dem sich ein ausgewachsenes Gewitter ankündigt.

Das war jetzt dumm. Wir befanden uns gerade mitten auf dem Weg nach Söllhuben, einem kleinen Ortsteil von Riedering, und die Wanderung an kleinen Wäldern und Kuhwiesen vorbei erwies sich auch ohne Gewitter bereits als komplizierte Herausforderung. Auf den kurvigen Kreisstraßen war nicht einmal ein kleiner Streifen für Fußgänger vorgesehen, sodass uns nur die linke Seite der ohnehin viel zu engen Fahrbahn blieb. Zum Glück herrschte hier kein reger Verkehr, doch ganz ungefährlich war die Wanderung auf diesen engen Landstraßen trotzdem nicht. Immer wenn uns ein Fahrzeug entgegenkam, ruckelte ich den Hund mit der Leine ganz eng an mein linkes Bein und drückte uns so nah wie möglich an die Straßenbegrenzung. Mehr konnte ich nicht tun. Nun blieb nur die Hoffnung darauf, dass uns der Lenker des jeweiligen Autos rechtzeitig wahrnahm und in vernünftigem Abstand umkurvte. Längst nicht jeder Fahrer war dazu bereit, selbst wenn weit und breit kein Gegenverkehr zu sehen war.

Zudem hatte Paula ja neuerdings dieses Problem … Kühe! Ausgerechnet jetzt traten die Viecher in Massen auf, knapp einen Meter von meinem aufgeregten Hund entfernt, und glotzten uns blöde an. Immer wieder versuchte Paula ruckartig in Richtung Straßenmitte auszuweichen, um sich so weit wie möglich von diesen potenziellen Gefahrenherden zu entfernen. Sie war ein paar Wochen zuvor vom Zwergesel eines Bekannten angegriffen worden, der zwar auf den Namen «Sir Henry» hörte, die dazugehörigen Manieren allerdings vermissen ließ. Offenbar machte mein misstrauischer Hund nun keinen Unterschied mehr zwischen Esel, Pferd oder Kuh. Für ihn galt seitdem: Alles Große auf vier Beinen ist gefährlich, davon hält man sich besser so fern wie möglich. Ich wurde langsam verdrossen. Es ist mühsam, mit dem eigenen Hund zerren und ringen zu müssen, im Dauerregen auf diesem kleinen Streifen, der uns vom Kuhzaun und den vorbeirauschenden Autos trennte.

Alle drei, vier Kilometer standen kleine Holzkreuze, Blumengestecke oder Mahnsteine am Straßenrand, häufig garniert mit brennenden Friedhofskerzen. Das war ein melancholischer Anblick und ein sehr unwillkommener dazu, wenn man ohnehin schon ein wenig abgekämpft mit einem nervösen Hund durch den Regen marschiert. Handelte es sich ausschließlich um Unfallopfer, an die hier mit Kreuzen und Kerzen gedacht wurde? Oder war auch der eine oder andere darunter, den ein Blitz erwischt und niedergestreckt hatte? Beide Möglichkeiten gefielen mir nicht, aber die Option, vom Blitz getroffen zu werden, erschien mir in diesen Minuten noch eine Spur unheimlicher. Vor allem in Anbetracht der Wetterverhältnisse, denen Paula und ich ausgesetzt waren. Das Grollen am Himmel war lauter geworden, aus der unangenehmen Sprühbrause hatte sich inzwischen ein sehr ergiebiger, vom Wind gepeitschter und seitwärts auf uns einprasselnder Dauerregen entwickelt. Ich hatte Paula längst unter ihrem roten Regencape verstaut, mit dem sie aussah wie Graf Zahl, doch mir selbst konnte so ein Umhang schon lange nicht mehr helfen. Die Feuchtigkeit kroch mir unter Regenjacke, Fleece und T-Shirt, die Hose klebte bereits an den Beinen, Regentropfen perlten an meinem Nacken hinunter, bis sie langsam und kalt über den Rücken rannen wie kleine spitze Nadeln. Dazu hatten wir längst die Orientierung verloren, das fürchtete ich jedenfalls. Immer wieder verlangten unbeschilderte Abzweigungen nach neuen Entscheidungen. Ich traute mich schon längere Zeit nicht mehr, in diesem feuchten Inferno mein iPhone aus der Tasche zu ziehen, um auf *Google Maps* zu überprüfen, ob in der Nähe möglicherweise ein kleiner Bauernhof oder eine Gaststätte auf uns wartete. An unserem zweiten Wandertag wollte ich nicht gleich riskieren, dieses geheimnisvolle Gerät zu zerstören. Schließlich war das iPhone meine einzige Verbindung zu meinem alten Leben, außerdem Kamera, Wegweiser und Musikbox in einem. Angeblich mochte es keine Feuchtigkeit. Was blieb uns also übrig? So lehnten Paula und ich uns einigermaßen orientierungslos, aber entschlossen gegen den Wind und den schräg einfallenden Regen, leicht vornübergebeugt wie Pilger auf ihrem Büßergang. Ich hoffte, dass irgendwo in der Richtung, in der wir Söllhuben vermuteten, auch Söllhuben *war*. Mehr als eine Menge Hoffnung blieb uns beiden an diesem Tag auch nicht. Es war ja nicht einmal ausgemacht, dass Paula und ich ein Nachtlager in dieser kleinen Gemeinde zwischen Chiem- und Simssee finden würden. Im Gegenteil. Wenn man unsere Situation realistisch einschätzte, war es sogar ziemlich unwahrscheinlich. Ich hatte noch nie von einer Ortschaft mit diesem Namen gehört und kannte auch keinen Menschen dort. Trotzdem gab es keinen Plan B an diesem Tag, an dem Paula und ich durchnässt bis auf die Knochen Kilometer fraßen und hofften, dass uns wenigstens das drohende Gewitter verschonen würde.

Ich hatte gleich nach dem Einbruch des Regens, als es erst ein wenig tröpfelte und ich mein iPhone noch in Sicherheit wähnte, auf *Facebook* unsere Koordinaten gepostet und meinen Leuten berichtet, dass wir am Abend vermutlich Riedering erreichen würden. Das war jedenfalls der Plan. Ob nicht jemand einen Tipp habe, wo wir dort oder in der näheren Umgebung übernachten könnten? Fremde Menschen holten sich doch an einem so scheußlichen Tag nicht auch noch zwei dubiose Gestalten ins Haus. Lange passierte nichts, dann meldete sich meine alte Freundin Marlies mit einer Nachricht aus Hamburg: «Versucht's doch mal beim Lenzi, dem *Hirzinger*-Wirt in Söllhuben, der ist nett!» Söllhuben liegt nur ein paar Kilometer von Riedering entfernt, das passte also. Trotzdem klang ihre Nachricht ein klein wenig vage, also erkundigte ich mich nach Einzelheiten: «Kennst du den denn näher?» Kurz darauf antwortete Marlies: «Ich kenne den *gar nicht*, aber der Franz-Joseph, mein Bruder, der kennt ihn. Bestellt dem Lenzi einfach einen Gruß vom Chico, dann wird das schon …»

Nun.

Ein sicherer Deal hörte sich anders an, wenn Sie mich fragen. Aber wenn man schon stundenlang gewandert ist und langsam verzweifelt, weil sich a. eine klamme Feuchtigkeit durch alle Kleiderschichten gearbeitet hat und b. die Vorstellung, in dieser Nacht im Freien zu schlafen, minütlich an Schrecken gewann, dann klammert man sich auch schon mal an einen unbekannten *Hirzinger*-Wirt. Von dem man zwar noch nie gehört, der aber einen Freund namens Chico hat, der eigentlich Franz-Joseph heißt. Und der hoffentlich über ein großes Herz verfügt.

Das Gewitter tobte sich in der Zwischenzeit genau über uns aus. Ungefähr auf der Höhe von Farnach erreichte es seinen Höhepunkt, es blitzte und donnerte unablässig, der Regen erreichte Monsunstärke. Paula schaute immer wieder zu mir hoch, als ob sie mich für dieses Inferno verantwortlich machen wollte. Mit Mühe und Not war der schwarze Hund davon abzuhalten, in die kleinen Wäldchen zu rennen, die unseren Weg säumten. Erst knappe zwei Kilometer vor unserem Ziel konnten wir uns unter ein überdachtes Buswartehäuschen flüchten. In dieser Hinsicht sind die Bayern dem Rest des Landes weit voraus. Vulgäre Haltestellen des öffentlichen Nahverkehrs sehen hier manchmal aus wie gemütliche Skihütten. Das war jetzt ein Moment, in dem ich diesen folkloristischen Gestaltungswillen zu schätzen wusste. Es dauerte über eine Stunde, in der wir schwitzend unter unseren nassen Kleiderschichten darauf warteten, dass sich die Wetterlage besserte. Unter dem Dach unseres Unterschlupfes dampfte es wie in einer Waschküche.

Der *Hirzinger* an der Endorfer Straße entpuppte sich schließlich als prächtiger Gasthof mit einer leichten Tendenz zum bayrischen Designhotel. Wenn ich das vorher gewusst hätte, wäre ich *noch* mutloser auf unser Ziel zumarschiert. Ich erwartete in einer Gemeinde wie Söllhuben höchstens eine brave, unscheinbare Pension, irgendwo zwischen einem gesichtslosen Hotel garni und dem Gästezimmer von Großmutter Walburga. Dazu hätte so ein Name wie Lenzi ja auch gut gepasst. Doch der *Hirzinger Hotel Gasthof zur Post* war eindeutig Premiumgastronomie, schick, gediegen und nicht gerade billig, das konnte man auf einen Blick erkennen.

Vor dem *Hirzinger* warteten ein paar rauchende Herren mit aufgespannten Regenschirmen. Die örtliche Musikkapelle, wie sich herausstellen sollte. Die Männer, Bajuwaren mit Gardemaß in einheimischer Kluft, schauten uns mit großen Augen an: den triefenden Hund mit seinem lustigen roten Umhang und dessen zerknirschten Rudelführer mit seiner tropfenden Mütze und dem nassen, schweren Gepäck. Wir müssen ein Bild des Jammers abgegeben haben. Wer um Himmels willen ist denn so *narrisch*, bei diesem Wetter in der Natur umherzuspazieren, mögen die Musikanten gedacht haben. Hätten sie gewusst, dass wir nicht mal ein Bett beim *Hirzinger* gebucht hatten und auch nicht die Mittel besaßen, solch einen Luxus zu bezahlen, hätten sie uns vermutlich noch eine Spur irritierter angestarrt.

Das war jetzt der Moment der Wahrheit. Beklommen rüttelte ich das rustikale Eingangstor zur Gastwirtschaft auf. Wenn das schiefging, waren wir geliefert. Wo sollten wir denn jetzt noch hin, so müde, nass und ausgehungert wie wir waren? Wir mussten hier unterkommen, wir hatten gar keine Wahl. Gemütlich schaute es beim *Hirzinger* aus, urig, alle Räume waren geschmückt mit landwirtschaftlichem Kunstgewerbe aus vergangenen Tagen. Die rustikale Wirtsstube brummte im vollbesetzten Betrieb, und auch hier blickten uns viele der Gäste an, als ob sie eine Erscheinung hätten. Ich musste mir einen Ruck geben und Paula vorschieben, um mich an die Theke zu wagen: «Könnte ich einmal kurz den Lenzi sprechen?»

Die Fachkraft am Zapfhahn, adrett gekleidet in einem dieser modernen Dirndl, die man neuerdings auch außerhalb der Wiesn-Zeit trägt, zog kurz die Augenbrauen hoch. «Der ist in der Weinstube!» Ich atmete durch. Immerhin *gab* es hier einen Lenzi.

Um in die Weinstube zu gelangen, musste man durch eine Art Gewölbe tief hinein in den Bauch des Gasthofes. Auch hier überall geschmackvolle Visitenkarten gediegenen Wohlstands, so in der Art *Folklore meets Zeitgeist.* Das hier war unverkennbar ein Sterneschuppen made in Bavaria. Mein Mut sank mit jeder Sekunde, die ich hier verbrachte. Warum sollte der Wirt eines solchen Ladens einem nassen Penner und seinem müffelnden Hund Unterschlupf gewähren, dazu auch noch umsonst? Aushängeschilder für seinen Laden wären wir ja nicht gerade. Da könnte ich es in München ja auch im *Bayrischen Hof* oder in Hamburg im *Hotel Atlantik* versuchen. Unter normalen Umständen hätte ich mich von dieser absurden Idee verabschiedet und einfach kehrtgemacht. Doch hier, an diesem Abend, hatte ich einfach keine Wahl. Wenigstens um einen Platz im Stall würde ich betteln müssen, allein schon für den armen Hund. In dieser Nacht noch einmal hinaus in die Kälte und den Regen zu müssen, hätte bedeutet, sich mit einer schlaflosen Nacht anzufreunden – und einer Lungenentzündung. Mit einem Mal wurde mir klar, dass dieses Gefühl in den nächsten beiden Monaten unser ständiger Begleiter sein würde. Dieses Gefühl der Verlorenheit, der Heimatlosigkeit, ja, nennen wir es ruhig: Verzweiflung. So fühlte es sich also an, mittellos zu sein und um das Wenigste bitten zu müssen, was jeder Mensch haben sollte: Essen und ein Dach über dem Kopf.

Würde ich dieses Gefühl zwei Monate lang ertragen?

Die Frage blieb erst einmal offen, denn inzwischen hatte mich der Lenzi entdeckt. Ein gutaussehender Kerl, so der Typ Hansi Hinterseer, Mitte dreißig, Anfang vierzig vielleicht, etwas längeres Haar, leicht gebräunt, schlank und gutgekleidet. Dieser Mensch war kein vulgärer Schankkellner, das sah ich gleich. Ich nahm all meinen Mut zusammen, viel war es nicht mehr: «Ich soll Ihnen einen schönen Gruß vom Chico ausrichten. Der Chico hat gesagt, sie wären sicher so nett und würden einem mittellosen Wanderer wie mir ein Dach über dem Kopf anbieten. Wir haben aber leider kein Geld!» Dann hielt ich die Luft an und schaute den Lenzi flehend an. Und der Lenzi schaute zurück. Einundzwanzig. Zweiundzwanzig. Dreiundzwanzig …

1 Warum eigentlich?

Es gibt zwei Bücher, die ich in den achtziger Jahren immer wieder gelesen habe: «Der schöne Vogel Phönix» von Jochen Schimmang und «Deutschland umsonst» von Michael Holzach. Texte von Zweiflern auf der Suche, melancholisch, ernsthaft und kraftvoll. Schimmangs Buch handelt davon, wie ein Berliner Student die APO-Zeit erlebt, die Sozialisation eines aktiven 68ers, wenn man so will. Spätestens seit der Lektüre dieses Buches habe ich es bedauert, nicht zehn Jahre früher auf die Welt gekommen zu sein. In Berlin, Frankfurt oder sogar München hätte ich auch gern an der Universität mitgemischt, möglicherweise dabei ja sogar Rudi Dutschke kennengelernt, Uschi Obermaier oder Rainer Langhans, *bevor* er zu einer weiß gekleideten Karikatur wurde. Leider war mir das nicht vergönnt. Mein revolutionärer Geist arbeitete sich stattdessen Ende der siebziger Jahre (also zu spät!) daran ab, Flugblätter gegen den Abriss eines alten Rathauses in meiner Heimatstadt zu verteilen. Beinahe hätten wir den ehrwürdigen Koloss sogar besetzt. Als aber unter uns der Verdacht grassierte, dass dort ein bissiger Schäferhund für Sicherheit am Bau sorgen könnte, ließen wir von unseren aufständischen Plänen ab. So viel zu meiner Karriere als Revolutionär.

Auch meine gefühlte Verbundenheit mit Michael Holzach schien über Jahrzehnte hinweg keine praktischen Auswirkungen zu haben. Es hatte mir gefallen, dass da Anfang der achtziger Jahre jemand ohne Geld in den Taschen in das Wirtschaftswunderland Deutschland hinauszog und sich empörte. Michael Holzach, so schien es mir damals, hatte die gleichen Feindbilder und die gleichen Schwierigkeiten wie ich, sich in einem Land zurechtzufinden, in dem nur Materielles zählte, Leistung und Erfolg. Zudem hegte ich den Verdacht, dass so ein Projekt auch ein grandioses Abenteuer werden könnte, so eine Art gelatschtes Roadmovie. So träumte ich also heimlich schon fünfundzwanzig Jahre davon, ein paar Wochen als «mittelloser Penner» durch Deutschland zu ziehen und zu schauen, ob es da draußen freundliche und barmherzige Menschen gibt, die Leuten wie mir helfen, wenn es darauf ankommt. Ein bisschen suchte ich natürlich auch nach einem Alibi dafür, eine Zeitlang wie ein Kerouac'scher *Hobo* planlos durch die Gegend zu stromern, die Struktur meines konventionellen Alltags aufzulösen, Freiheit zu spüren. Wenn es denn Freiheit war, die man erfuhr, wenn man den ganzen Tag kilometerweit marschierte und nichts weiter im Kopf haben musste als die nächste Mahlzeit.

Natürlich blieb dieser Traum ohne Folgen. Ich trampte mit zweiundzwanzig einmal mit sehr wenig Geld nach Südfrankreich, um dort in Antibes am Strand herumzugammeln, näher kam ich dem Holzach-Projekt nie.

Eines Tages aber saß ich in Reinbek mit meiner Lektorin zusammen, um über gemeinsame Projekte nachzudenken, im Frühjahr 2010 muss das gewesen sein. Arglos erwähnte ich Holzachs «Deutschland umsonst» und seufzte: «So was macht heute doch keiner mehr.»

«Dann mach du es doch!», antwortete meine Betreuerin aus dem Rowohlt Verlag ein wenig schnippisch, wie mir schien. Das stachelte mich an.

«Würde ich ja gern, wenn *ihr* das dann verlegt!» Ich dachte keine Sekunde daran, dass aus diesem knappen Wortwechsel ein Jahr später das eigentümlichste Projekt meines Lebens werden sollte. Meine Lektorin schwieg und lachte still in sich hinein. Was das zu bedeuten hatte, erfuhr ich einige Tage später. Offenbar hatte sie das Thema auf der Verlagskonferenz zur Sprache gebracht und dort tatsächlich Interesse entfacht.

«Wir machen dir ein offizielles Angebot», sagte sie am Telefon, «wir möchten, dass du ‹Deutschland umsonst› dreißig Jahre später noch einmal aufleben lässt. Nur ein wenig anders. Moderner. Zeitgemäßer.»

Das hieß konkret, ein boomendes Phänomen in das «Deutschland umsonst»-Projekt zu integrieren, auf das sich

Michael Holzach damals noch nicht stützen konnte: Ich würde auf meiner Reise soziale Netzwerke anzapfen. *Facebook* zum Beispiel oder *Myspace*, vielleicht sogar *Twitter*. Für mich war das gleich aus zwei Gründen beruhigend. Zum einen hoffte ich, dass mir über eine große *Facebook*-Community zumindest hin und wieder mal ein Dach über dem Kopf oder ein warmes Essen angeboten würde. Zum anderen war mir nicht wohl bei dem Gedanken, das Holzach-Projekt einfach bloß eins zu eins zu kopieren. Der *Facebook*-Aspekt ermöglichte mir eine neue und, wie ich fand, originelle Herangehensweise an «Deutschland umsonst». Und erst durch den Zusatz «reloaded» fühlte ich mich legitimiert, den Titel für mich und das Buch in Anspruch zu nehmen.

(Zugegeben: Nicht jeder muss dieser Ansicht sein. Vom NDR kam im Laufe meiner Wanderreise die Anfrage, mich für ein, zwei Tage mit der Kamera begleiten zu dürfen. Ein paar Tage später ruderte man wieder zurück: Auf Chefebene hielt man das ganze Projekt, so hieß es, leider eher für eine Kopie, eine Art geistigen Diebstahl. Und Axel Hacke, der Autor des SZ-Magazins, sorgte sich vor allem um das Wort «reloaded» und hoffte: «Möge dieses Wort schwer wie Blei sein und möge es der Verlagsleitung auf die Füße fallen, es ist ja furchtbar!» Ich halte das in beiden Fällen für den üblichen Bullshit alter Männer – gut, ich bin selbst fast einer – und Hochkulturbewahrer, aber hey, ich wollte es Ihnen wenigstens mal gesagt haben.)

Bis zu dem Tag, an dem der Buchvertrag tatsächlich bei mir im Briefkasten landete, glaubte ich nicht daran, dass ich wirklich auf diese Reise gehen würde. In der sogenannten Projektphase verdrängte ich den Gedanken daran, so gut es ging. Ich besänftigte auch meine inzwischen bereits ziemlich aufgescheuchte Frau, die mich schon hungernd unter Brücken schlafen sah und mir «für alle Fälle» dringend die Anschaffung einer Feuerwaffe empfahl.

«Reg dich nicht auf, am Ende wird doch nichts draus», versicherte ich ihr. Tja, das sah jetzt natürlich schon ganz anders aus mit einem rechtskräftigen Vertrag auf dem Schreibtisch. Zudem erhielt ich plötzlich noch einen Anruf aus Reinbek: «Wir haben jetzt den Ausrüster für dich gefunden!»

Ich hatte darauf bestanden, für die Wanderreise mit professionellem Equipment ausgestattet zu werden. Ich war schließlich kein geübter Outdoorspezialist und verfügte nicht einmal über ein Paar feste Wanderschuhe oder einen geeigneten Rucksack für solch eine Unternehmung. Bei mir musste so eine Survival-Fachkraft bei null anfangen.

Offenbar kannten auch die Verantwortlichen der Outdoorkette *Unterwegs* das Buch von Michael Holzach und mochten die Idee, solch ein Abenteuer dreißig Jahre später neu aufleben zu lassen. Das erhöhte natürlich den Druck: Hier war von Verlagsseite offenbar schon Zeit und Arbeit in meine Zukunft als Landstreicher investiert worden. Vielleicht ahnte meine Lektorin ja intuitiv, dass meine Lautsprecher-Visionen vom großen Tippelabenteuer auf keinem sonderlich stabilen Fundament standen. Jetzt aber gab es keinen Weg mehr zurück: Ich setzte meine Unterschrift unter den Vertrag und lehnte mich zögerlich zurück. Okay, ich würde also «Deutschland umsonst reloaded» tatsächlich angehen. Ohne Geld und zu Fuß über 1000 Kilometer vom südlichsten Zipfel Bayerns zurück nach Hause in Schleswig-Holstein laufen. So langsam sollte ich mir ein paar *ernsthafte* Gedanken darüber machen, was genau da eigentlich auf mich zukam.

2 Ich kann auch anders! (Wirklich?)

Ich war offenbar nicht unbedingt der Mensch, von dem man ein Projekt wie «Deutschland umsonst reloaded» erwartete. Ich galt zwar nicht als völlig unsportlich und trotz meines fortgeschrittenen Alters immer noch als recht rüstig, wenn man das so sagen darf. Die körperlichen Anstrengungen eines solchen Projekts traute man mir also noch bedenkenlos zu. In meinem unmittelbaren Umfeld brach allerdings trotzdem immer gleich hysterisches Gekicher aus, wenn ich von meinem Projekt erzählte.

«Du willst betteln und wandern gehen?», fragten meine Leute amüsiert, «ausgerechnet du?»

«Warum denn nicht?», fragte ich zunehmend genervt zurück. «Was ist denn daran so komisch?»

Ich erhielt auf diese Frage eine Menge Auskünfte, es würde den Rahmen sprengen, sie alle aufzuführen. In der Regel fokussierten sie sich auf folgende Punkte: «Du bist ein Vollzeit-Warmduscher, der Genussreisen, schickes Essen und luxuriöse Hotels schätzt, der im Sommer ein Cabrio im Kreis bewegt und im Winter gern mal aus Deutschland flüchtet, weil es ihm zu kalt und nass ist!»

Na, vielen Dank, Freunde. Der Subtext dieser kurzen Skizzen meiner Persönlichkeit lautete doch wohl: *Du bist ein saturierter Spießer, mein Lieber, wir gehen davon aus, dass du nicht mal die erste Woche überstehst!*

Ich würde lügen, wenn ich behauptete, dass mich das nicht nachdenklich und ein wenig sauer gemacht hätte. Selbstwahrnehmung und Außenwirkung liegen ja immer ein wenig, ähem, auseinander, aber gleich sooo gravierend?

Ich hatte mich eigentlich immer für einen kernigen Typen gehalten, sportlich, neugierig und vielleicht sogar eine Spur verwegen. Für einen Mann eben, der jederzeit für ein Projekt wie «Deutschland umsonst reloaded» in Frage kam. Aber es stimmt schon. Ein Anhänger von Rüdiger Nehberg und anderen Outdoorverfechtern war ich im richtigen Leben wirklich nicht. Meine journalistischen Neigungen hatten sich stets im warmen Planschbecken der Kultur- und Lifestyle-Themen abgearbeitet. Als knallharter Reporter mit investigativen Vorlieben und dem Drang zu zäher Recherche war ich bislang kaum aufgefallen. Auf der Liste der Dinge, die ich noch erledigen wollte, bevor der letzte Vorhang fiel, stand die Anschaffung eines 911er Targas aus den Jahrgängen 72 bis 74 und ein Besuch im Camp Nou in Barcelona, während Leo Messi auf dem Spielfeld einen Gottesdienst mit dem Ball feierte. Das war alles nicht sehr ernsthaft, möglicherweise, aber die Wahrheit.

Es hätte also sicher Journalisten, Autoren oder Schriftsteller mit besserer Eignung gegeben, nach fast dreißig Jahren Michael Holzachs Wegen zu folgen. Weil sie vielleicht engagierter, sozialer, altruistischer sein mochten, weil sie über einen entsprechenden Ton und über eine Haltung verfügten, die über jeden hedonistischen Zweifel erhaben gewesen wäre. Aber sollte ich deshalb gleich abwinken? War es nicht im Gegenteil eine besondere Herausforderung, wenn ein üblicherweise spaßgetriebener Leichtmatrose wie ich ohne Geld auf Wanderschaft ginge? In der Möglichkeit, auf dem langen Weg zu scheitern, lag doch auch ein gewisser Reiz.

Ich ging noch einmal in mich, um die wahre Motivation meiner Wanderreise zu überprüfen. War es wirklich nur ein Job, der an meinen Schreibtisch gespült worden war? Was versprach ich mir von den Erfahrungen dieser Reise für mein weiteres Leben?

Ich gehörte zu den Menschen, denen sich in der Regel bei Begriffen wie «Selbsterfahrung» oder «die eigenen Grenzen erweitern» ganz schnell die Nackenhaare aufstellten. Zu oft hatte ich sie aus dem Mund von Spinnern vernommen, die obskuren Nonsens und eskapistische Merkwürdigkeiten mit ihrem blümeranten Psycho- und Soziologengeschwätz vertuschen wollten. Selbsterfahrung … um Gottes willen. War das nicht das gängige Codewort und die kollektive Legitimation für jeden Blödsinn, der einem so einfiel?

Ich wollte mich nicht um jeden Preis «selbst erfahren». Das tat ich doch schon ausgiebig in meinem Alltag, wenn ich Bücher las, Sport trieb und in meinem Garten die führenden Sonntagszeitungen las. Ich war halt keiner, der unablässig an der Welt verzweifelte und dabei täglich für den Weltfrieden betete. Mein persönlicher Leidensdruck war nicht allzu groß, im Gegenteil: Mein Leben machte mir Spaß. Ich war nicht mehr ständig auf der Suche, ich wusste, was gut für mich war, und hatte kein schlechtes Gewissen dabei, drei Sätze hintereinander mit ICH zu beginnen.

Mag sein, dass das komisch klingt, aber ich hoffte trotzdem, kein ausgemachtes Arschloch zu sein.

Mir war also schon vor Antritt der Reise klar, dass ich mit der getriebenen Unruhe, dem moralischen Tiefgang und der altruistischen Energie eines Michael Holzachs nicht konkurrieren konnte. Trotzdem war für mich dieses Projekt von Anfang an auch eine ehrfürchtige Verbeugung vor ihm, einem Reporter, der mich durch seinen Blick auf die Welt beeindruckt hatte und dem ich einen lange gehegten Traum verdankte. Auch wenn auf den ersten Blick nicht jedem klar gewesen sein dürfte, wieso ausgerechnet ich mich für sein Projekt begeisterte.

Natürlich spielte auch schlichte Neugier eine Rolle: Ich wollte herausfinden, wie es sich anfühlt, mit leeren Taschen durch ein reiches Land zu wandern. Nicht weil ich dieses Land, in dem ich gern lebe, an den Pranger stellen wollte. Sondern weil ich auf diese Art mehr über seine Menschen und, ja, möglicherweise auch ein *bisschen* mehr über mich selbst herausfinden konnte. Wie es sich zum Beispiel anfühlt, Hunger zu haben und keinen Schlafplatz zu finden, wenn mein *Facebook*-Netzwerk zu löchrig und mein Stolz zu groß wären, darum zu betteln. Was es mit mir macht, auf die üblichen Ablenkungen meines Alltags zu verzichten und mich nur noch um die elementarsten Bedürfnisse der menschlichen Existenz sorgen zu müssen: Essen. Trinken. Schlafen.

Dann natürlich die Sache mit dem Geld. Oder besser: *kein* Geld mehr zu haben für einen begrenzten Zeitraum. Was würde dieser Umstand, den man so verräterisch wie fälschlich als Mittellosigkeit bezeichnet, mit meinem Selbstbewusstsein anstellen? Der englische Songwriter David Gray beschäftigt sich in seinem Stück «What are you» mit diesem Thema, er nennt es explizit «money's ugly confidence». Das war eine Textzeile, die mich jedes Mal nachdenklich machte, wenn ich sie hörte. War das wirklich so, korrespondierte unser Selbstverständnis, unser Auftreten in der Welt hauptsächlich damit, wie viel Geld wir in der Tasche hatten? Ich nahm mir vor: Ich wollte auf dieser Reise herausfinden, inwieweit ich selbst von diesem *hässlichen Selbstvertrauen* durchsetzt war und zu einem hilflosen Geschöpf regredierte, wenn der Griff zum Geldbeutel meine Probleme nicht mehr lösen konnte.

3 Von Netz- und Nutzwerken

Ich muss Sie warnen. In diesem Kapitel geht es sehr viel um Technik (und um meine Unfähigkeit, sie effektiv einzusetzen) sowie um einige vorbereitende Maßnahmen, ohne die «Deutschland umsonst» nicht denkbar gewesen wäre. Möglicherweise langweilt das den einen oder anderen, vor allem, wenn er sich mit sozialen Netzwerken bestens auskennt. In diesem Fall hätte ich Verständnis dafür, wenn Sie jetzt einfach schnell weiterblättern zum nächsten Kapitel. Falls dann irgendwann im Verlauf des Buches ein paar Fragen zur logistischen Mechanik der Reise aufkommen sollten, nun: Zurückblättern geht ja eigentlich immer.

Ich gehöre vermutlich zu den Erfindern der Prokrastination. Ich habe eine mal mehr, mal weniger ausgeprägte Erledigungsblockade. Es war ja schon schwer genug, mich *mental* auf die nächsten Monate einzustimmen. Die praktischen Vorbereitungen des Projekts verlor ich darüber viel zu lange aus den Augen. Ursprünglich hatte ich mit dem Verlag vereinbart, etwa zwei Monate vor dem Start der Reise eine *Facebook*-Seite einzurichten, um mit einigem Vorlauf genügend Helfer für mein Vorhaben zu gewinnen. Ich hatte sogar eine Art Claim entwickelt, mit dem ich schnell erklären wollte, warum wir *Facebook* und Konsorten bei dem Buchprojekt mit im Boot haben wollten: «Ich möchte rausfinden, ob ein soziales Netzwerk auch ein Nutzwerk sein kann!» Inzwischen gehörte dieser Satz bei der Erklärung der ganzen Chose schon zu meinem automatischen Repertoire, das ich aufsagte wie eine Sprechpuppe.

Auch *Myspace* und *Twitter* sowie einen eigenständigen Blog wollte ich nach Abschluss der Gespräche mit dem Verlag tunlichst schnell auf den Weg bringen, um die größtmögliche Aufmerksamkeit für die ganze Geschichte zu gewährleisten.

Was heißt Aufmerksamkeit: Ich versprach mir ganz konkrete Hilfe auf meinem Weg. Ich würde «Deutschland umsonst»-Seiten einrichten und über mein iPhone jederzeit posten können, wo ich gerade steckte – das war der Plan. Die Leute, die meine Wanderung online verfolgten, sollten die Möglichkeit erhalten, mich direkt zu kontaktieren. Sie könnten das, was ich da gerade erlebte, einfach nur kommentieren oder – im besten Fall – ein paar kompetente Tipps geben. Alle möglichen Tipps: zur Streckenführung beispielsweise. Oder wo sie Leute kannten in abgelegenen Regionen, die mich bei sich aufnehmen oder mir etwas zu essen anbieten könnten. In der Theorie klang das simpel, aber ich hatte keine Ahnung, ob dieses Modell auch in der Praxis funktionieren würde. Ob sich meine «Freunde» bei *Facebook* für mein merkwürdiges Projekt wirklich interessierten und sogar konkrete Hilfe anbieten würden, stand in den Sternen.

Dazu ist anzumerken, dass ich «schon» seit 2009 über einen *Facebook*-Account verfügte. Aber nur, weil wir damals ein halbes Jahr in Australien vor dem deutschen Winter flüchteten und beinahe unser gesamtes Umfeld der Meinung war, ohne solch einen *Facebook*-Briefkasten seien wir da unten vom guten alten Europa komplett abgeschnitten. Vorher, das gebe ich zu, gehörte ich zu den mentalen Brandstiftern, die soziale Netzwerke für Teufelszeug, mindestens aber für unnütze Zeitdiebe hielten. Das hat sich geändert. Inzwischen betrachtete ich zumindest *Facebook* als maßvoll amüsantes und praktisches Angebot und nutzte es kontinuierlich. Dabei war ich weit davon entfernt, die ganzen technischen Möglichkeiten auszuschöpfen, die sich da boten. In dieser Hinsicht war ich einfach nicht sehr ambitioniert, was eine freundliche Umschreibung ist für: begriffsstutzig.

Von daher hatte ich auch lange Zeit keine Ahnung, wie ich eine extra *Facebook*-Seite zu einem Projekt wie «Deutschland umsonst reloaded» einrichten sollte. Ich las mir die «How to ...»-Seiten des Betreibers durch und vergaß alles gleich wieder, las sie mir noch einmal durch und richtete im Affekt eine «Gruppe» auf meiner privaten *Facebook*-Seite ein. Das war ein Fehler. Es gibt vermutlich Menschen, die mich dafür immer noch hassen. Der Unterschied zwischen einer monothematischen «Gruppe» und einer eigenen «Seite» besteht nämlich unter anderem darin, dass alle Mitglieder einer Gruppe unaufgefordert über jede Aktion *jedes* Mitglieds dieser Gruppe informiert werden. Sie wissen das vermutlich. Ich hatte keine Ahnung. Da ich gleich mal alle meine *Facebook*-Freunde (etwa dreihundert zu dieser Zeit) ungefragt in die Gruppe gepackt und dort ein wildes «Gefällt mir»- und Kommentar-Feuerwerk entfacht hatte, erhielten sehr viele Menschen in diesen Tagen eine Menge überflüssiger Post. Diejenigen, die über so viel technisches Knowhow verfügten wie ich selbst, nämlich nahezu keines, waren leider nicht in der Lage, sich mit einem Häkchen an der richtigen Stelle in ihren *Facebook*-Einstellungen aus meinem «Gruppenzwang» zu befreien. Ich verfasste daraufhin einige kleinlaute «Sorry-Postings» und hoffte, das Problem damit aus der Welt zu schaffen. Vergeblich. Was wiederum nachvollziehbar wird, wenn man sich die verwirrten Beiträge durchliest, die ich damals verschickte …

Harald Braun Liebe Leute, ich bin ja leider ein Social-Network-Amateur und habe nicht gewusst, dass Mitglieder einer GRUPPE jeden Beitrag von jedem unaufgefordert erhalten. Das ist lästig, weiß ich. Sorry.
Bitte tretet aus der Gruppe aus (ich kann euch leider nicht selbst rauswerfen, ihr müsstet auf GRUPPE VERLASSEN klicken) und geht stattdessen auf meine «Deutschland umsonst»-Seite. Da poste ich dann auch die Positionslichter meiner Wanderung – und wenn und wann und wo ich Hilfe brauche. :-)
Es gibt noch eine «Deutschland umsonst»-Seite, da steht BUCH drunter, sie hat auch kein Bild von mir. Auch schön, die ist vom Rowohlt Verlag. Allerdings ist es sinnvoller, auf

meine persönliche Seite zu gehen, wenn ihr zeitnah wissen wollt, was los ist! Danke. Und nochmals: sorry.
10. April um 12:36

Es gibt diese Gruppe immer noch auf meiner Seite. Sie besteht aus momentan hundertfünfundachtzig Mitgliedern, aber zum Glück gibt es dort keine Aktivitäten mehr. Ich kann sie selbst nicht löschen, auch wenn ich nichts lieber täte. Aber irgendwie habe ich es geschafft, mich als Administrator der eigenen Gruppe zu eliminieren. Sie treibt jetzt führungslos durchs digitale Universum …

Mit etwas Anlauf schaffte ich es schließlich im dritten oder vierten Versuch dann doch noch, eine eigene «Deutschland umsonst»-Seite auf *Facebook* einzurichten, am 7. April. Natürlich viel zu spät. Der Verlag selbst hatte derweil – wohl in der begründeten Annahme, ich selbst würde es ohnehin nicht hinkriegen – eine eigene Verlagsseite aufgebaut, die ebenfalls mit «Deutschland umsonst» überschrieben war. Verwirrend, chaotisch, absurd? Aber klar. Willkommen in meiner Welt.

Deutschland umsonst Am 1. Mai geht's los. In Traunstein. Sehr südliches Süddeutschland. Vorher wäre es prima, wenn Ihr diese Seite vielen eurer *FB*-Freunde schicken könntet. Nur damit sich die Wahrscheinlichkeit erhöht, ein paar potenzielle Unterstützer zu finden. Für den Hund und mich, auf unserem Weg nach Hause in den Horst.
07. April um 21:42

Zum Reisestart am 1. Mai hatten sich auf dieser Seite etwa hundertfünfzig Menschen mit einem knappen «Gefällt mir» angemeldet, doch im Laufe der zwei Wandermonate stieg die Community der Interessierten bis in den Juli hinein auf über sechshundert Leute an.

Nachdem ich die *Facebook*-Seite tatsächlich eingerichtet

hatte, war mein Elan auch schon wieder erloschen. Es überforderte mich, jetzt noch mehr Seiten bei anderen Netzwerken zu installieren. Ich hielt es schlicht für überflüssig. Ein Freund von *Twitter* war ich ohnehin noch nie, auch wenn sich jetzt die Echtzeit-Junkies und News-Fetischisten aus meiner Branche verzweifelt vor die Stirn schlagen. Jaja, von mir aus, da habe ich halt den Schuss nicht gehört.

Nein, ernsthaft: Was sollte ich denn praktisch mit einem *Twitter*-Account auf dem Trip anfangen? Glaubt denn jemand, dass ich durch einen *breaking news*-Tweet am späten Nachmittag einen Landwirt in Langgöns oder Heisterbacherrott im Schweinestall alarmieren und dazu bewegen könnte, mir ein Bett für die Nacht oder einen Liter Milch zu spendieren?

Eher zufällig gelang es mir, wenigstens den geplanten Blog auf *wordpress.com* anzulegen. Wobei das so nicht mal stimmt: Unser Freund Arndt, unter anderem ein praktizierender Webdesigner, quartierte sich just in dieser Zeit ein paar Tage in unserem Gartenhaus ein. Als Gegenleistung bot er mir an, solch eine Seite aufzubauen. Ich malte ihm auf einem weißen Blatt Papier auf, wie ich mir die Seite vorstellte: viel Blau, viel Schwarz und ein paar redaktionelle Rubriken, mit denen ich mein Publikum bei Laune halten wollte. Ich hatte mir vorgenommen, dort alle paar Tage einen längeren Beitrag über meine Reise zu posten und mit der *Facebook*-Seite zu verlinken. Außerdem wollte ich dort täglich etwas «Verkehr» generieren, indem ich meine Route nachzeichnete («On the Route»), die Menschen vorstellte, die mir halfen («Jeden Tag ein guter Täter!»), und über meine zahlreichen Schlafstätten blödelte («Bettentest»). Der begleitende Effekt des *wordpress*-Blogs war, dass auch *Facebook*-Verächter die Möglichkeit erhielten, mein Projekt mitzuverfolgen. Von denen gab es ja immer noch mehr, als man glaubt. Arndt leistete ganze Arbeit, am 23. April, Ostersamstag also, konnte ich den ersten Beitrag auf der Seite http://deutschlandumsonst.wordpress.com online stellen. Wenn ich gewusst hätte, wie viel Arbeit jeden Abend nach den langen Stunden auf der Landstraße auf mich wartete, um wenigstens die kleineren Rubriken kontinuierlich zu aktualisieren, wäre ich möglicherweise etwas leiser eingestiegen …

4 Die Route

Ich wusste nicht allzu viel über das Wandern, bevor ich zu meiner Tippelei aufbrach. Ich fasse meine theoretische Expertise vor dem Start einmal kurz zusammen: Man ging also am frühen Morgen los, ein Ziel vor Augen, munter und voller Energie. Auf dem Rücken ein Ranzen mit Proviant und allem, was man am Tag (und gegebenenfalls für eine aushäusige Übernachtung) so brauchte. Gern wurde an diversen Aussichtspunkten oder touristischen Highlights ein kleiner Halt eingelegt. Ein wenig länger durfte er ausfallen, wenn dazu in einer gastlichen Hütte ein Schnitzel oder ein Bierchen in Ehren kredenzt wurde. Am frühen Nachmittag nach dem Wiederaufbruch verlief man sich in der Regel, leicht fressnarkotisiert und schon ein wenig trübe im Kopf. Natürlich war die undurchsichtige Beschilderung schuld.

Das war jetzt blöd, denn nicht nur der Kopf, sondern auch die Beine wurden nachmittags schon langsam müde. Das führte zu einer spontanen Übellaunigkeit und der Neigung, seine Wanderpartner aus nichtigen Gründen anzupflaumen. Die allgemeine Stimmung sank auf den Gefrierpunkt. Das passte, denn auch die Temperaturen auf dem Berg fielen nun stetig, zudem kündigte sich aus dem Nichts ein Regenguss an. Ziemlich lange nach Einbruch der Dunkelheit erreichte man die Zivilisation endlich wieder – aber nicht da, wo man eigentlich hinwollte – und musste ein teures Taxi (oder gleich die Bergwacht) rufen. Beim kurzen Check des zu schweren Rucksacks stellte man fest, dass der Großteil der mitgeschleppten Utensilien für eine Wanderung völlig überflüssig war, dass man aber ausgerechnet die nun dringend benötigten Blasenpflaster vergessen hatte. Oder die Autoschlüssel. Oder beides.

Sie können sich also vorstellen, dass ich kein großer Freund des Wandersports war, bevor ich diesen Buchvertrag unterschrieb. Anders ausgedrückt: Ich fand Wandern total überschätzt und langweilig. Die Jakobswegpilger und Extremwalker, die an jedem zweiten Wochenende «dann mal weg» waren, hatte ich immer belächelt. Meine aktiven Erfahrungen auf Wanderpfaden ließen sich in einer SMS zusammenfassen. Meine Frau regte an, wenigstens ein oder zwei Probetouren mit ihr und dem Hund zu unternehmen. Ich lehnte ab. Mit der Begründung, solch ein Projekt wie dieses könne man einfach nicht simulieren, das müsse man erleben. Die Wahrheit aber war viel banaler: Ich war viel zu faul dazu. Ich wusste ja, dass ich in der nächsten Zeit mehr zu Fuß unterwegs sein würde, als es mir lieb war. Was sollte ich also frühzeitig meine Ressourcen verschleudern?

Es war unter solchen Umständen natürlich schwierig einzuschätzen, wie viele Kilometer ich am Tag durchhalten würde. Eigene Referenzen, an denen ich mich hätte orientieren können, hatte ich ja keine. Eine realistische Einschätzung meiner Leistungsgrenzen aber war jetzt dringend notwendig: Wie sollte ich sonst eine seriöse Routenplanung auf die Beine stellen? Einfach ins Blaue zu wandern und zu sehen, wo ich abends anbranden würde, wäre zwar auch eine Lösung gewesen. Ich gebe zu, dass sie meinem Naturell durchaus entsprochen hätte, mehr jedenfalls, als die Wanderung detailliert bis zum letzten Tag schon im Vorfeld durchzuplanen.

Leider war das nicht möglich: Ein wichtiger Aspekt des Plans war ja, so viele Helfer aus dem *Facebook*-Universum einzubinden wie möglich. Wie sollte das funktionieren, wenn ich nicht einmal selbst wusste, wo ich am Abend, am nächsten Tag oder in der kommenden Woche sein würde? Keine Chance. Ob ich wollte oder nicht: Ich musste versuchen, eine halbwegs nachvollziehbare Route auszuarbeiten.

So fand ich mich an einem schönen Frühlingstag in unserem Garten wieder, wo ich mit einer ausgebreiteten Deutschlandkarte, einem Laptop und vielen kleinen Steckern über dem Holztisch hing und *meine* Strecke ausarbeitete. Nach eingehender Beratung mit Menschen, für die der Wandersport zu den regelmäßigen Freuden ihres Alltags gehörte, hatte ich mich für einen durchschnittlichen Mittelwert von zwanzig bis fünfundzwanzig Kilometern entschieden. Die würde ich am Tag ja wohl schaffen. Ich markierte auf der Deutschlandkarte die Orte, die ich auf jeden Fall besuchen wollte. Anschließend musste ich diese Orte mit Hilfe von *Google Maps* auf dem Laptop nur noch miteinander verbinden und in Tagesetappen unterteilen.

Um es kurz zu machen: Ich benötigte ungefähr drei sehr zeitintensive Anläufe, um die endgültige Route zu bestimmen. Ich musste Ziele streichen, die ich eigentlich dringend besuchen wollte, wie die Eifel, das Wendland oder Berlin. Aber die Zeit reichte einfach nicht. Wenn ich am 1. Mai losginge, hatte ich noch zwei Monate, um mich wieder nach Hause durchzuschlagen. Ende Juli sollte dieses Buch fertig geschrieben sein, wenn ich den vereinbarten Abgabetermin halten wollte. Und dabei lief meine «endgültige» Route schon eine Woche länger, als ich ursprünglich eingeplant hatte. Ich war nicht sicher, ob sie halbwegs realistisch war. Das hing von meinen Füßen ab, von meinen Helfern, dem deutschen Straßennetz und meinem Hund. Paula war ja jetzt auch schon beachtliche neun Jahre alt. Würde Paula durchhalten? Und was bedeutete es, dass die iPhone-Routenplaner-Version für Fußgänger erst in einer vorläufigen Betaversion verfügbar war? Wanderkarten konnte ich ja nicht auch noch mitnehmen, ganz abgesehen davon, dass ich die meisten nicht besonders gut lesen konnte. Sie wären einfach zu schwer, bei dieser Reise kam es auf jedes Gramm an, das ich meinem Rücken ersparen konnte. Es war eine Menge Unsicherheit – und das Prinzip Hoffnung – im Spiel, als ich meine Route schließlich ins Netz stellte. Aber ich hatte keine

Wahl, ich war ohnehin schon spät dran: Wenn ich über *Facebook* ein paar Helfer finden wollte, musste ich jetzt langsam loslegen. Also stellte ich das, was ich für einen Plan hielt, ins Netz.

MEINE ROUTE

Woche 1

Tag 1 Sonntag, 1. Mai: Traunstein – Chieming – Übersee
Tag 2 Montag, 2. Mai: Übersee – Prien am Chiemsee – Riedering
Tag 3 Dienstag, 3. Mai: Riedering – Fischbachau (Röslerhaus)
Tag 4 Mittwoch, 4. Mai: Fischbachau – Kloster Weyarn
Tag 5 Donnerstag, 5. Mai: Kloster Weyarn – Glonn
Tag 6 Freitag, 6. Mai: Glonn – München
Tag 7 Samstag, 7. Mai: München

Woche 2

Tag 8 Sonntag, 8. Mai: München – Gauting
Tag 9 Montag, 9. Mai: Gauting – Herrsching am Ammersee
Tag 10 Dienstag, 10. Mai: Herrsching am Ammersee – Moorenweis
Tag 11 Mittwoch, 11. Mai: Moorenweis – Augsburg
Tag 12 Donnerstag, 12. Mai: Augsburg – Fischach
Tag 13 Freitag, 13. Mai: Fischach – Krumbach
Tag 14 Samstag, 14. Mai: Krumbach – Neu-Ulm

Woche 3

Tag 15 Sonntag, 15. Mai: Neu-Ulm – Blaubeuren
Tag 16 Montag, 16. Mai: Blaubeuren – Römerstein
Tag 17 Dienstag, 17. Mai: Römerstein – Nürtingen/Wendlingen
Tag 18 Mittwoch, 18. Mai: Nürtingen/Wendlingen – Stuttgart

Tag 19 Donnerstag, 19. Mai: Stuttgart
Tag 20 Freitag, 20. Mai: Stuttgart – Naturpark Stromberg
Tag 21 Samstag, 21. Mai: Naturpark Stromberg – Eppingen

Woche 4
Tag 22 Sonntag, 22. Mai: Eppingen – Hoffenheim
Tag 23 Montag, 23. Mai: Hoffenheim – Heidelberg
Tag 24 Dienstag, 24. Mai: Heidelberg – Weinheim
Tag 25 Mittwoch, 25. Mai: Weinheim – Seeheim
Tag 26 Donnerstag, 26. Mai: Seeheim – Egelsbach
Tag 27 Freitag, 27. Mai: Egelsbach – Frankfurt am Main
Tag 28 Samstag, 28. Mai: Frankfurt am Main – Rosbach vor der Höhe

Woche 5
Tag 29 Sonntag, 29. Mai: Rosbach vor der Höhe – Langgöns
Tag 30 Montag, 30. Mai: Langgöns – Bad Endbach
Tag 31 Dienstag, 31. Mai: Bad Endbach – Driedorf
Tag 32 Mittwoch, 1. Juni: Driedorf – Bad Marienburg
Tag 33 Donnerstag, 2. Juni: Bad Marienburg – Altenkirchen
Tag 34 Freitag, 3. Juni: Altenkirchen – Heisterbacherrott
Tag 35 Samstag, 4. Juni: Heisterbacherrott – Bonn

Woche 6
Tag 36 Sonntag, 5. Juni: Bonn – Köln-Rondorf
Tag 37 Montag, 6. Juni: Köln-Rondorf – Nörvenich
Tag 38 Dienstag, 7. Juni: Nörvenich – Eschweiler
Tag 39 Mittwoch, 8. Juni: Eschweiler – Aachen
Tag 40 Donnerstag, 9. Juni: Aachen – Jülich
Tag 41 Freitag, 10. Juni: Jülich – Quadrath-Ichendorf
Tag 42 Samstag, 11. Juni: Quadrath-Ichendorf – Köln

Woche 7
Tag 43 Sonntag, 12. Juni: Köln – Burscheid
Tag 44 Montag, 13. Juni: Burscheid – Wuppertal
Tag 45 Dienstag, 14. Juni: Wuppertal – Essen-Kupferdreh

Tag 46 Mittwoch, 15. Juni: Essen-Kupferdreh – Gelsenkirchen

Tag 47 Donnerstag, 16. Juni: Gelsenkirchen – Dortmund

Tag 48 Freitag, 17. Juni: Dortmund – Uelzen

Tag 49 Samstag, 18. Juni: Uelzen – Soest

Woche 8

Tag 50 Sonntag, 19. Juni: Soest – Geseke

Tag 51 Montag, 20. Juni: Geseke – Seskerbruch

Tag 52 Dienstag, 21. Juni: Seskerbruch – Nieheim

Tag 53 Mittwoch, 22. Juni: Nieheim – Holzminden

Tag 54 Donnerstag, 23. Juni: Holzminden – Emmerthal-Lüntorf

Tag 55 Freitag, 24. Juni: Emmerthal-Lüntorf – Hessisch Oldendorf

Tag 56 Samstag, 25. Juni: Hessisch Oldendorf – Bückeburg

Woche 9

Tag 57 Sonntag, 26. Juni: Bückeburg – Wölpinghausen

Tag 58 Montag, 27. Juni: Wölpinghausen – Nienburg (Weser)

Tag 59 Dienstag, 28. Juni: Nienburg (Weser) – Rethem (Aller)

Tag 60 Mittwoch, 29. Juni: Rethem (Aller) – Hiddingen

Tag 61 Donnerstag, 30. Juni: Hiddingen – Schneverdingen

Tag 62 Freitag, 1. Juli: Schneverdingen – Egestorf

Tag 63 Samstag, 2. Juli: Egestorf – Bendestorf

Woche 10

Tag 64 Sonntag, 3. Juli: Bendestorf – Kirchwerder

Tag 65 Montag, 4. Juli: Kirchwerder – Reinbek – Hamburg

Tag 66 Dienstag, 5. Juli: Hamburg – Pinneberg

Tag 67 Mittwoch, 6. Juli: Pinneberg – Horst (Holstein) Daheim!

Ein paar Tage vor meinem geplanten Start setzte ich diese Route endlich ins Netz. Vorsichtshalber mit einem Text, mit dem ich mich vorauseilend vor den vermeintlichen Wanderprofis aus meinem Umfeld schon einmal in den Dreck warf.

Deutschland umsonst Die gesamte ROUTE steht, durchgeplant ist die Geschichte. Wenn auch von einem Ahnungslosen, der vom Wandern bislang so viel versteht wie ein Gnu vom Bodenturnen. Ich setze all meine Hoffnungen auf Stolz, Wahnsinn, Pragmatismus und meine neuen Treter.
29. April um 00:40

Doch offenbar waren die Route und mein geplantes Tempo gar nicht so unrealistisch, wie ich befürchtet hatte. Niemand schlug sich lachend auf die Schenkel oder bezichtigte mich der Realitätsflucht. Im Gegenteil: Viele Menschen da draußen kündigten an, mich auf meinem Weg unterstützen zu wollen.

Frizz haph phun!
29. April um 00:41

Frizz update. am 27. juni hat tinekken geburtstag. du bist in der nähe. dann komm! wir sperren den esel weg und der hund kann mal so richtig entspannen …
29. April um 00:49

Alice Dortmund – Uelzen an einem Tag? Gibt es noch mehr Dortmunds oder Uelzens, als ich kenne?
29. April um 01:50

Aimée Also keine Schleife ins Wendland … Für Hamburg wirst Du genügend Angebote haben – oder??
29. April um 07:55

Deutschland umsonst @Alice: Unna-Uelzen – von Dortmund aus super an einem Tag zu machen. :-) @Aimée: Nee, sieht nicht so aus, sind jetzt schon dreihundert Kilometer mehr, als ich ursprünglich mal auf dem Zettel hatte …
29. April um 09:47

Lucia Tag 25/26 (Seeheim) ist ja doch ganz in der Nähe meiner Heimatstadt … Falls also noch kein Abendessen irgendwo bereitsteht – dass wir rüberfahren und dich zum Essen einladen, geht immer. Für'n Bett bei uns wär's allerdings noch mal 20 km Richtung Westen und damit zu weit, fürchte ich. ;-)
29. April um 10:53

Deutschland umsonst @Lucia: Super Idee, unbedingt in Kontakt bleiben … ESSEN! Ich denke da natürlich in erster Linie an den Hund. :-)
29. April um 12:41

Unterwegs Super Zeitplan! Wir wünschen Dir und Paula viele schöne Erlebnisse und einen guten Schuss Abenteuer. :-)
29. April um 15:21

Winfried Respekt!! Das sieht nach einem strammen Plan aus. Habe gesehen, Du streifst das schöne Weserbergland (Holzminden). Würde mich freuen, wenn wir uns da, oder in Höxter, treffen könnten!! Vielleicht kann ich Dir auch etwas trockenes Brot und Wasser abgeben. :-)
29. April um 15:38

Michaela Riesen-Respekt!
30. April um 10:52

Ein gewisser Stefan, der sich auf meiner Seite angemeldet hatte, den ich aber ansonsten gar nicht kannte, schickte mir einen ganz besonderen Gruß. Seine Worte beeindruckten mich. Ich erhielt zumindest eine Ahnung davon, wie sehr Michael Holzach die Herzen der Menschen mit seinem Buch berührt hatte. Offenbar konnte so eine Wanderung ins Blaue auch dreißig Jahre später noch nostalgische Sehnsüchte ans Tageslicht befördern. Mein Respekt vor dem eigenen Vorhaben wuchs spürbar, je mehr Menschen mir ihre Aufmerksamkeit und Unterstützung zusicherten.

Stefan erinnert sich gerne daran, dass er an einem kalten Oktobernachmittag einen gebrauchten und sauber gefalteten «Charlottenburger» auf das Grab von Michael Holzach gelegt hat und weitergewandert ist.
Und so geb' ich meinem Stenz* die Sporen und marschier' zum Stadttor hinaus, keine Seele, die weint um mich. Frisch ist der Wind ...
(* gedrehter Wanderstock)
Fixe Tippelei, gute Reise Dir!!

Nach vier Wochen, als abzusehen war, dass ich Probleme mit der pünktlichen Abgabe des Manuskriptes bekommen würde, änderte ich die Route noch ein wenig und reduzierte den Zeitplan auf diese Weise um vier Tage. Probleme mit der Abgabe des Manuskripts hatte ich natürlich trotzdem.

5 Reise in die Vergangenheit: Traunstein

Ich wollte es machen wie Michael Holzach und nicht wahllos von einer Stadt in die andere laufen. Zumindest einige der Orte, die ich auf meiner Wanderung passieren würde, sollten einen persönlichen Bezug zu mir und meiner Biographie aufweisen. Diese bewusste Konfrontation mit meiner eigenen Vergangenheit bedeutete, dass ich mich nicht immerfort auf die unbeteiligte Perspektive des zufälligen Flaneurs zurückziehen konnte. Ich würde hin und wieder über mich selbst nachdenken müssen, Menschen und Plätze aus meiner Vergangenheit an die Oberfläche spülen. So wie Michael Holzach es auch immer wieder gemacht hat. *Wikipedia* beschreibt diesen Aspekt in Holzachs «Deutschland umsonst» so:

> **«Den leitmotivisch roten Faden bildet die ‹Suche nach der verlorenen Zeit›. Immer wieder geht es darum, in den Spuren der Vergangenheit sich selbst zu finden, im Wiedersehen mit den einstigen Lebensstationen die Wunden der eigenen Kindheit, Jugend, ‹guten alten Studentenherrlichkeit› ein zweites Mal verarbeiten und als endgültig vernarbt abhaken zu können.»**

Ich hatte ja schon angedeutet, dass mein persönlicher Leidensdruck wahrlich nicht so groß und mein Drang, mich mit meinem Leben und meiner Vergangenheit aussöhnen zu müssen, im Grunde nicht existent ist. Trotzdem erschien mir Holzachs Weg auch für mein deutlich unernsteres Vorhaben zu passen. Ich würde wenigstens ab und an den Standpunkt des neutralen Beobachters verlassen müssen.

Schon die Wahl meines Startortes hatte ich mir unter diesem Aspekt ausgesucht: Traunstein sollte es sein. Ganz im Süden der Republik wollte ich losgehen, von dort aus würde ich einmal quer durchs ganze Land in den Norden wandern. Zurück nach Hause eben, fünfunddreißig Kilometer von Hamburg entfernt hinein nach Schleswig-Holstein. Der Grund für diese Wahl: Traunstein erinnerte mich an meinen Großvater. Er war dort in einem Urlaub vor über dreißig Jahren schwer erkrankt und wurde im Traunsteiner Krankenhaus operiert, einige Monate später starb er in seiner rheinischen Heimat an den Folgen dieser Krankheit. Traunstein verband ich seitdem mit seinem Tod und meinem ersten schmerzhaften Verlust.

Bis zu meinem zehnten Lebensjahr lebte meine Familie gleich gegenüber von unseren Großeltern in einer Genossenschaftssiedlung, die in Blumenstraßen unterteilt war. Wir wohnten im Fliederweg. Ich war der Älteste von drei Kindern und wurde zur Entlastung meiner Mutter häufiger zu meinen Großeltern abkommandiert, damit wenigstens eines ihrer Kinder mal für ein paar Stunden aus dem Weg geräumt war. Ich erinnere mich an stundenlange Spaziergänge mit meinem Opa Josef, meistens in die Innenstadt von Eschweiler, oft aber auch nur in den kleinen Park neben dem städtischen Friedhof. Dort besuchten wir seinen Freund, einen Schuster namens Meier, und kauften am «Büdchen» eine Packung Maoam für zehn Pfennig. Ich liebte die Tage mit meinem Großvater, er war ein herzensguter und redefreudiger, wenn auch manchmal aufbrausender Mensch, der von meiner Großmutter ziemlich knappgehalten wurde. Seine größte Freude war es, in Ruhe seine HB zu schmöken, eine Packung am Tag schaffte er immer – auch wenn er deshalb ständig Ärger mit seiner Frau bekam. Ich lauschte seinen Geschichten aus dem Krieg Stunde um Stunde, auch wenn ich die heiklen Konnotationen seiner politischen Einschätzungen damals noch nicht so recht verstand: «Die Italiener waren feige, aber die Japaner, die kämpften sogar noch mutiger als wir!» Mein Großvater war bei der Kriegsmarine und erlebte es zweimal mit, wie sein Schiff auf dem Meer abgeschossen wurde. Beide Male hatte man ihn und viele seiner Kameraden erst nach Stunden aus dem Meer gefischt. Die Vorstellung, wie es wohl in einem Krieg zugehen muss, verbinde ich immer mit seinen Erinnerungen, wie er im Meer um sein Leben schwimmt. Ab meinem siebten, achten Lebensjahr wurde ich in den Ferien immer in ein Schullandheim verschickt, zur «Freizeit», die von der Herz-Jesu-Gemeinde in Eschweiler-Ost veranstaltet wurde. Weil mein Großvater als Pensionär ohnehin Zeit hatte und Betreuer auf diesen Fahrten stets willkommen waren, fuhr er als guter Geist der Kompanie irgendwann mit auf unsere Fahrten nach Blankenheim oder Raffelsbrand, kleinere Ortschaften in der Eifel. Durch seine lustige und warmherzige Art war er bald für alle Kinder im Camp einfach nur «Opa Josef». Darüber waren mein Bruder und ich nicht gerade glücklich. Schließlich war er *unser* Opa, den wir tunlichst nicht mit allen anderen teilen wollten.

Bis zu seinem Tod hatte ich ein enges Verhältnis zu ihm gehabt, auf sein Wohlwollen und seine Güte konnte ich immer zählen. Komischerweise war mir das, obwohl mir zu dieser Zeit ansonsten eher alles egal war, immer sehr wichtig. Ich weiß noch, dass ich damals fast eine Familienkrise heraufbeschworen hatte, weil ich mich weigerte, am «Leichenschmaus» teilzunehmen, der im Anschluss an sein Begräbnis in einem Gasthaus abgehalten wurde. Ich war voller selbstgerechter Empörung der Meinung, so ein Begräbnis sei kein Grund für eine feuchtfröhliche Feier. Wie kleinkariert und unpassend diese Haltung war, wurde mir erst später klar. Als ich mich daran erinnerte, wie gern mein Großvater selbst immer Beerdigungen besucht hatte, um sich *ordentlich* von seinen Kameraden zu verabschieden. Und wie oft er melancholisch und doch glücklich von dort zurück nach Hause gekommen war.

Zur Vorbereitung meiner Tour hatte ich ein Bild von ihm mit dem iPhone abfotografiert. Es zeigt ihn als jungen Soldaten in seiner Marine-Uniform. Ich wollte das Foto auf *Facebook* posten, wenn ich in Traunstein angekommen war, um die Reise zu beginnen, und von ihm erzählen, ein paar Sätze nur. Aber als es dann so weit war und ich am 1. Mai zusammen mit meiner Frau beim *Hammerwirt* saß und wir dabei zusahen, wie der riesige Maibaum der Gemeinde aufgestellt wurde, ließ ich es doch besser bleiben. Es kam mir in diesem Moment viel zu pathetisch vor. Trotzdem gehört er in dieses Buch, denn ohne ihn und meine Erinnerungen hätte ich die Reise vermutlich an einem ganz anderen Ort begonnen, hätte folglich eine andere Route gewählt und möglicherweise «Deutschland umsonst reloaded» ganz anders erlebt.

6 Startprobleme

Pläne sind dazu da, um über den Haufen geworfen zu werden. Eigentlich wollte ich mich mit dem schwarzen Hund am 1. Mai schon frühmorgens auf den Weg machen. «Seit um zehne» hätten wir unterwegs sein wollen, von Traunstein nach Chieming, auf meiner allerersten Etappe auf dem Weg durch Deutschland! Das sei aber ganz schön blöd, gab uns die Hammerwirtin in Siegsdorf am Vorabend beim Essen zu verstehen, wir sollten doch unbedingt noch länger im Gasthof bleiben. Morgen werde dort richtig was los sein, mit Musik!

Beim *Hammerwirt* hatte meine Frau ein Zimmer gebucht, knapp sieben Kilometer vom Traunsteiner Ortszentrum entfernt: «Damit du noch einmal in einem vernünftigen Bett schläfst, bevor dieser Irrsinn losgeht!» Wir erklärten der Hammerwirtin zwar ganz genau, warum wir nicht bleiben konnten. Leider. Das ließ die Frau aber kalt.

«Schmarrn!», sprach sie und wiederholte ihre Programmvorschau für den morgigen Tag noch einmal: Gegen Mittag werde der schmucke neue Maibaum vor ihrem Gasthof aufgestellt. Eine Musik gebe es dazu und einen «rechten Aufriss». Wir konnten uns zwar nicht genau erklären, was die gute Frau damit meinen könnte, aber unser Interesse war geweckt. Den Ausschlag gab schließlich der Hinweis, dass so ein Ereignis wie das Aufstellen eines neuen Maibaumes nur alle Jubeljahre stattfindet: «No fünf Joahr muss a neuer her, dann is' der oide Baum scho g'scheid marod'!»

Sabine zupfte auffordernd an meiner Jacke: «Du willst doch auf deiner Wanderung was erleben!?» Das stimmte zwar, aber ein bayrisches Volksfest stand auf meiner Agenda nicht ganz weit oben. Offenbar aber war meiner Frau alles willkommen, was die Trennung von Mann und Hund (bei der Reihenfolge bin ich mir nicht ganz sicher) hinauszögerte, sogar ein folkloristisches Maibaum-Ritual. Ich schätze, sie überlegte sogar einen Moment, wo sie auf die Schnelle noch ein Dirndl herbekommen könnte. Also gab ich nach. Es stimmte ja auch: Das hier wäre ja quasi gelebte Ethnologie. Ich würde spontan und live die bayrische Lebensart erkunden. Das sagte ich mir jedenfalls. In Wahrheit aber war ich wohl selbst ganz froh, unseren Aufbruch noch ein paar Stunden hinauszögern zu können. Ich war ja selbst nicht so sicher, wie mir die abrupte Trennung von allem, was mir lieb und teuer war, bekommen würde. Und damit meine ich nicht nur mein Bett und meine Kaffeemaschine.

Am 1. Mai marschierten die Neukirchener Musikanten um Punkt eins vor das festlich geschmückte Gelände des *Hammerwirts*. Sie hatten sich zwar alle schon eine Stunde vorher auf dem Platz vor dem Wirtshaus getroffen und ordentlich vorgeglüht, doch kurz vor eins wanderten sie in kleinen Grüppchen zurück bis auf den Kirchplatz rund einen Kilometer entfernt. Dort postierten sich die aktiven Trachtler in Reih und Glied hinter dem imposanten Maibaum, von recht jung bis *sehr* alt, und zogen mit würdigen, stolzen Gesichtern im Gleichschritt los. Auf einen festlichen Einzug zur Musik verzichtet man in Bayern ja nur ungern, wie man von den Umzügen zum Oktoberfest weiß, aber es war wirklich ein schöner Anblick, wie diese ungewöhnliche Prozession dort über die leicht abfallende Landstraße langsam auf den Platz vor dem *Hammerwirt* zuschwebte.

Ich ließ mir derweil von Frieda, einer gütig und fein wirkenden älteren Dame in der schmucken Tracht der hiesigen Region, erklären, was es mit der ganzen Veranstaltung auf sich hatte. Offenbar hatten die «jungen Burschen» aus dem benachbarten Neukirchen vor einigen Tagen den neuen Maibaum – durchaus der bayrischen Tradition entsprechend – gestohlen. Das mache man in diesen Gegenden so, nichts anderes wurde hier erwartet. Es sei sogar üblich, dass im Dorf richtige Wachen im Schichtdienst aufgestellt wurden, um solch einen ehrabschneidenden Frevel zu unterbinden.

In Wahrheit sei das allerdings nur ein Vorwand für die «feschen Kerle» einer bayrischen Gemeinde, in der Nacht länger zusammenzuhocken und sich dem Bier zu widmen, meinte Frieda. «Unsere waren dann insgeheim froh, als der Baum weg war, da mussten sie nicht mehr länger Obacht geben!»

Der Diebstahl eines Maibaums wird in Bayern mit sehr viel Bier aufgewogen. Allerdings muss das Raubopfer – in diesem Fall der *Hammerwirt* und die Mitglieder der Gemeinde – das Bier spendieren. Baumdiebe wurden also auch noch belohnt für ihren im Prinzip doch eher unfreundlichen Akt. Eigentümliches Bajuwarenland.

Schließlich wurde das fünfundzwanzig Meter lange Trumm unter lautem Gezeter und Musik endlich aufgestellt. Zuerst wurden kleine Wappenschilder und allerlei bunter Schnickschnack an den Baum genagelt – allein das dauerte. Danach drückten die Burschen – selbstverständlich in Lederhosen – den Maibaum mit Hilfe von Stangenpaaren, sogenannten Schwalben oder auch Scharstangen, Stückchen für Stückchen hoch. Es war den jungen Männern aus Neukirchen anzusehen, dass sie neben der filigranen Technik auch noch eine Menge Muskelkraft einbringen mussten. Gehudelt wurde hier nicht – aus gutem Grund. Stellen Sie mal einen fünfundzwanzig Meter hohen Baum auf, ohne sich (und die anwesenden Zeugen) in Lebensgefahr zu bringen ... Die Neukirchener wussten, was sie taten: Ein schönes Beispiel zünftiger Maßarbeit.

Frieda übrigens erließ mir den Euro, den der *Hammerwirt* als Obolus für dieses Event von jedem Gast abkassieren ließ. Sie war die erste Fremde, der ich meine Legende vom mittellosen Wanderer erzählen konnte. Schließlich hatte mein Projekt ja mit dem heutigen Tag offiziell begonnen, auch wenn ich noch keinen Meter gewandert war. Frieda nickte bloß, ihr sollte es recht sein. Sie gab mir sogar den kleinen Nadelholzstrauß, der statt eines Billetts ausgegeben und den Gästen ans Revers gesteckt wurde. Ich behielt ihn als kleinen Talisman bis zum Ende der Reise. So wurde Frieda meine erste «gute Täterin des Tages», weil sie stellvertretend für alle anderen Bajuwaren beim *Hammerwirt* dafür sorgte, dass ich schon an meinem ersten Tag zehn Kilometer Wegstrecke eingespart hatte ... Von dem Euro mal ganz abgesehen.

Es fiel mir schwer, mich am frühen Nachmittag von diesem Ort zu lösen. Nicht nur, weil der Abschied von Sabine unwiderruflich näher rückte. Es rührte mich, wie selbstverständlich ein Ritual wie das Aufstellen eines Maibaums in diesem kleinen bayrischen Dorf von so vielen Einwohnern gemeinsam gefeiert wurde, wie eng der Zusammenhalt unter den Bewohnern dieses Orts zu sein schien. Alt und Jung saßen zusammen bei Bier und Braten, und auch die Blasmusikkapelle hatte ganz augenscheinlich keine Nachwuchsprobleme. Modebewusste Jugendliche mit aktuellen Beckham-Frisuren hockten einträchtig neben mächtigen schlohweißen Rauschebärten, beide Parteien in fescher bayrischer Tracht. Niemandem hier erschien das merkwürdig, außer mir. War das nun alles nur großes Theater, inszenierte sich hier tumbes Brauchtum als blau-weißes Heile-Welt-Surrogat? Ich weiß es nicht, ich lebe ja nicht in Hammer, Siegsdorf oder Traunstein und konnte den Menschen dort auch nur einmal für ein paar Stunden vor den Kopf schauen. Für Touristen aber, so viel war ersichtlich, trieben sie diesen folkloristischen Aufwand ganz sicher nicht. Von denen gab es nämlich an diesem 1. Mai beim *Hammerwirt* so gut wie keine. Über neunzig Prozent der Gäste waren Einheimische, defensiv geschätzt.

«Wie kommt es bloß, dass hier alle gemeinsam feiern, dass selbst eure jungen Burschen und Mädchen in Tracht erscheinen, gibt's hier denn keinen Generationenkonflikt?», habe ich Frieda gefragt. Die zuckte nur mit den Schultern.

«Des wois i jetzt a net, des wor eigentlich scho immer so. G'fallts Ihnen denn net?»

Oh doch, das tat es. Das tat es wirklich.

7 Die erste Nacht

Meine erste Etappe konnte ich vergessen. Den ganzen Weg von Traunstein über Chieming bis nach Übersee am Chiemsee würde ich nicht mehr schaffen. War das jetzt ein gutes oder ein schlechtes Omen, dass mein bisschen Planung schon am allerersten Tag im Chaos versank? Nach einem kurzen Abstecher in die Traunsteiner Innenstadt fuhr mich Sabine direkt nach Chieming. Von dort bis nach Übersee, das waren immer noch vierzehn Kilometer. Das musste für heute reichen. Mit einer kürzeren Strecke zu beginnen sei sowieso besser für den Hund, behauptete sie. Sicher. Ab morgen würden der Hund und ich unsere Entscheidungen alleine treffen …

Wir kurvten schweigend im Tempo verwirrter Sonntagsfahrer durch Chieming, bis wir den Seewanderweg am Ostufer des Chiemsees erreichten. Sabine wollte noch ein paar Fotos machen, der Verlag hatte sie damit beauftragt, meinen Weg durch Deutschland hin und wieder professionell zu dokumentieren. Das gefiel uns beiden. So hatte sie einen guten Vorwand, um mich in den beiden Wandermonaten zwei- oder dreimal zu besuchen und – wie wir scherzten – meinen voranschreitenden Verfall zu dokumentieren. In diesem Moment in Chieming aber wollte ich auf keinem malerischen Steg posieren oder immer wieder mit dem schweren Rucksack auf den zwanzig immergleichen Metern auf und ab flanieren, nur damit meine Frau *natürlich* wirkende Fotos meines Abschieds schießen konnte. Die Feiertagsschönheit dieses Ambientes am See mit den gemütlich herumdümpelnden Booten und den bunten Ausflugslokalen, mit seinen entspannten Wanderern und den fröhlich spielenden Kindern hatte in diesem Moment einen surrealen Schleier in meinen Augen, wie der Blick hinein in ein nachtblaues Aquarium. Ich dachte ständig nur noch: *Gleich ist sie weg! Gleich ist sie weg!*

Mir war gar nicht klar, dass man sogar einen Subtext

denken kann, wenn man das, wovor man wirklich Angst hat, lieber verdrängen möchte. Ehrlicher wäre es gewesen, wenn ich mit einem Blick auf Paula den Refrain des einzigen Hits gedacht hätte, den *Polarkreis 18* jemals hatte: *Wir sind allein. Allein. Allein …*

Ich spürte, wie sich in meinem Innern alles verkrampfte. Äußerlich blieb ich ganz ruhig. In der Psychologie nennt man so eine Reaktion «fatalistische Besonnenheit». Das *klingt* nur so prima. In Wahrheit reden wir hier über eine Panikattacke in einer ausweglosen Situation.

Deutschland umsonst Abschiede, III, ganz fies. :-((
01. Mai um 15:59

Katja Freut sie sich? Oder weint sie?
01. Mai um 16:41

Christian Tz, Katja, die fotografiert nicht mal, also?
01. Mai um 16:52

Katja Dann ist der Abschied echt fies!
01. Mai um 17:29

Frank Muss i' denn, muss i' denn
Zum Städtele hinaus
Städtele hinaus
Und du mein Schatz bleibst hier …
01. Mai um 17:36

Christian Fränk, das ist ja mal echt unsensibel! (Hihi …)
01. Mai um 17:41

An meine ersten Schritte am Chiemsee kann ich mich kaum erinnern. Ich passierte ein paar schmucke Bootshäuser und dachte daran, wie einfach man auf ihrer Veranda ein schönes Nachtlager errichten könnte. Das war kein Zufall. Wo ich heute Nacht schlafen, ein Lager finden würde, in weniger als fünf, sechs Stunden also, das wusste ich noch nicht. Natürlich nicht. Darum ging's ja. Über *Facebook* hatte sich an meinem ersten Tag noch nichts getan, eine vage Möglichkeit in Übersee hatte sich kurzfristig zerschlagen. Ich stellte mich innerlich schon einmal darauf ein, die erste Nacht im Freien zu verbringen. Ich war kaum losgelaufen, da beschäftigte ich mich schon mit dem Worst-Case-Szenario. Offenbar war das meine größte Angst. Sabine fuhr noch einmal an mir vorbei, hupte und winkte, dann war sie endgültig weg. Selbst der Hund schaute fassungslos hinter ihr her. Ich hätte heulen können. Okay, ich heulte auch. Aber nicht viel. Dann war ich endlich unterwegs. Und sagte mir wie ein Mantra immer wieder: Genieß es einfach. Was soll schon passieren? Andere wären froh, so ein Abenteuer erleben zu dürfen.

Immer wieder, wenn ich beklommen in den Himmel schaute und nachsah, ob sich das Wetter hielt – es wurde eng an diesem Nachmittag –, musste ich mich instruieren, wirklich daran zu glauben: *Genieß es einfach. Was soll schon passieren? Andere wären froh, so ein Abenteuer erleben zu dürfen …*

Hinter Chieming auf einer Wiese mit Blick auf einen Reiterhof machte ich meine erste Rast auf einer Parkbank. Mein Rücken schmerzte bereits nach zwei oder drei Kilometern. Nicht schlimm, nicht unerträglich, aber dauerhaft. Ein Gefühl, das mich von diesem Tag an für zwei Monate begleiten würde. Das und der ständige Versuch, die Riemen an meinem Rucksack so einzustellen, dass wenigstens immer andere Muskelgruppen beansprucht wurden. Meine Freundin Simone aus Hamburg rief an, gerade als ich an einer Wiese in einem kleinen Industriegebiet vorbeilief und dort ein paar Alpakas hinter einem Zaun fotografierte.

«Bist du schon unterwegs?», fragte sie, «machst du das jetzt wirklich?» Tja, offenbar machte ich das jetzt wirklich. Immerhin regnete es nicht an diesem ersten Tag. Gegen neunzehn Uhr erreichte ich Übersee, mein erstes Etappenziel. Ich fotografierte das Ortsschild und taperte nervös nach Übersee hinein, das kleine Städtchen am Südufer des Chiemsees im Chiemgau.

Beinahe wäre ich im *Geckos* gegenüber gelandet. Doch die Biergartentische vor dem *Gleis 1* am Überseer Bahnhof wirkten eine Spur einladender. Gleich kam ein junger Mann an meinen Tisch und erkundigte sich nach meinen Wünschen. «Ein bisschen Wasser für den Hund», antwortete ich entschuldigend, mehr nicht, ob das okay sei. Heiko verstand sofort. «Du kannst auch reinkommen, wenn's zu kalt wird.» Ich war der einzige Gast, der sich draußen an den Biertischen aufhielt, ich brauchte ein wenig Zeit – und Abstand von anderen Menschen –, um mich auf meine ungewohnte Rolle einzustellen. Als ich sein Angebot nach einer Stunde dann doch annahm, stellte mir Thomas gleich ein Bier auf den Tisch. Er hatte wohl von Heiko gehört, dass da draußen ein «Wanderer» saß, der nichts bestellen wollte. Oder konnte. Thomas gehörte das Bistro am Bahnhof, ein schräger Mix aus Indie-Kneipe mit (anständiger!) Küche, Eiscafé und Musikinstrumenten in der Ecke. Hier waren spontane Jam Sessions offenbar willkommen. Heiko – Kellner und (ausgebildeter) Koch im *Gleis 1* – wollte am späteren Abend in seinen Geburtstag hineinfeiern, einundzwanzig wurde der gebürtige Stuttgarter. Er war eigentlich nur auf Urlaub in Übersee gewesen, im Februar. Jetzt lebte er hier. «Die Leute hier sind toll, so offen und … irgendwie … ja … verbindlicher als in meiner Heimat.»

In Stuttgart gefiel es Heiko nicht mehr, hier in Übersee war er glücklich. Nicht nur, weil es hier das beste Bier in Bayern gab, wie er behauptete. (Es hieß Schönramer – und mich dürfen Sie nicht fragen …) Oder den phantastischen Wurstsalat, den Thomas mir ungefragt vor die Nase stellte – nachdem schon Paula eine Leberwurstsemmel abgestaubt hatte. Es sind die Leute, die neuen Freunde, die Heiko das Gefühl gaben, angekommen zu sein.

«Total unterschiedliche Typen», sagte er und zeigte auf den runden Tisch, an dem ein paar postpubertierende Musiker neben in Ehren ergrauten Überseern hockten, «aber alle gut.»

Alle gut? Das hörte man selten aus dem Mund eines jungen Mannes, der in drei Stunden seinen einundzwanzigsten Geburtstag feierte. Aber es stimmte. So wie ich das sehen konnte, waren hier drin wirklich: *alle gut*. Ich fühlte mich wohl und vor allem willkommen im *Gleis 1*. Und Paula war sowieso im Hundehimmel, so wie man sich dort um sie kümmerte. Das *Geckos*, so versicherte mir Heiko später, sei ein Laden für Schickis. Oder wer sich in Übersee dafür hielt. Da hatte ich wohl mit meiner Lokalwahl noch mal Glück gehabt.

Ein weiteres Mal dachte ich das, als ich den Dani und seine Freunde traf, die ebenfalls im *Gleis 1* hockten.

Der Dani will entweder in Übersee oder in Los Angeles sterben. Ziele musste man haben. Der Dani sah aus wie Axel Rose in dunkel, mit Stirnband und «Rockstar»-Tätowierung. Dass er es mal nach L. A. schaffen würde, hielt er selbst wohl für eher unwahrscheinlich, zumal sein Plan, wie er die Einreise in die USA bewältigen würde, nicht ohne Tücken war: «Ich buch 'ne Kreuzfahrt nach Mexiko und springe eine Meile vor der amerikanischen Küste ins Wasser!»

Man wusste nie so genau, ob Dani es ernst meint mit dem, was er sagte. Nach Finnland zum Beispiel würde er auch gern auswandern, weil's da so viele Glam-Rock-Bands geben soll. Glam Rock war das, was seine Band *Angeless* spielte, nachzulesen und zu hören auf myspace.com/weareangeless. Leider sei Übersee so eine fiese Reggae-Ecke, da habe man es als wilde Rockformation echt schwer. Dani war Sänger und Gitarrist, was irgendwie auch prima zu ihm passte.

Schlagzeuger Dave von *Angeless* fand die eigenen Songs auf *Myspace* eher scheiße – «wir hatten keine Zeit, das vernünftig abzumischen» – und empfahl, lieber erst mal die Sachen der alten Band von Dani und ihm zu hören: *Holysterrocks*.

Zwischen Dave und Dani – die beiden waren Freunde seit der Krabbelgruppe – ging es hin und her, Lebensträume wurden in Minuten variiert, der Fokus aber war immer der gleiche: geile Musik machen, vielleicht sogar Rockstar werden. Und in Übersee bleiben. Das sei zwar irgendwie intolerantes Bayern, aber doch auch der schönste Platz der Welt. Dani ist zwanzig. Geboren war er in Berlin, leben (und sterben) wollte er lieber in Los Angeles, aber Übersee am Chiemsee tun Leute wie er und Dave verdammt gut.

Später wollten Thomas und einige der anderen Gäste wissen, wie es *mich* überhaupt nach Übersee verschlagen hatte. Ich erzählte Ihnen erst mal nur die halbe Geschichte. Zu Fuß und ohne Geld, das Buchprojekt ließ ich vorerst weg. Sie waren verblüfft, dass ich zu Fuß durch Deutschland wanderte, aber als ich erzählte, dass das heute mein erster Tag sei, lachten sie auch ein wenig darüber. Klar. Viel erzählen konnte ja jeder. Erster Tag. Da hielt sich der Respekt in Grenzen. Grundsätzlich aber fanden sie so ein Projekt gut. Auch Thomas. Obwohl ich den Eindruck hatte, dass es aus seiner Perspektive maximal die «Abenteuer light»-Variante sein dürfte. Der Mann mit den freundlichen Augen erzählte mir, dass er schon mit fünfzehn allein durch die Welt gezuckelt sei, ebenfalls ohne Geld. Durchgeschlagen hatte er sich, hart gearbeitet unter manchmal schwierigen Bedingungen. Er ist Musiker, besaß ein schönes Haus am Ortsrand von Übersee und müsste eigentlich «lang nimmer» arbeiten. Er macht's trotzdem, weil ihm seine jungen Gäste am Herzen lagen. Sozialarbeit durch Kneipe. Im *Gleis 1* funktionierte das, soweit ich das beurteilen konnte. Er ist einundsechzig, demnächst wird er mit seiner Frau Carmen nach La Palma auf die Kanaren auswandern. Nicht für immer, aber ein paar Monate in jedem Jahr sollen es schon sein. Er brauche nur noch einen gescheiten Pächter für sein *Gleis 1*. Wir redeten noch ein paar Minuten, bevor er sich wieder um seine anderen Gäste kümmerte. Fast beiläufig sagte er: «Du kannst übrigens bei mir zu Hause schlafen, wenn du magst. Im Fitnessraum von meiner Frau, da ist auch eine eigene Dusche drin.»

Innerlich machte ich einen Sprung bis an die Kneipendecke. Ich realisierte erst nach seinem Angebot, *wie* erleichtert ich war, nicht gleich in der ersten Nacht im Freien schlafen zu müssen.

Thomas' Frau Carmen gab in ihrem Fitnessstudio Kurse für die Überseer Frauen. Pilates, Gymnastik, Rückenschule. Sie war eine zarte Person mit einer sanften Ausstrahlung und hatte nichts dagegen, dass ihr Mann mich in ihr Reich aus weichen Gummimatten und bunten Gymnastikbällen eingeladen hatte. Nachdem er mich zehn Minuten kannte. Zum ersten Mal packte ich dort – vor einem überdimensionalen Spiegel neben einem schönen, alten Kachelofen – meinen Rucksack aus und breitete meinen Schlafsack über den bereitgelegten Matten aus. Es war bequem, durchaus, aber auch ein ziemlich bizarres Gefühl, in solch einem Raum zu übernachten. Mit einem vergnügten Lächeln auf dem Gesicht schlief ich ein. Tag eins. So konnte es weitergehen.

Am nächsten Morgen luden Thomas und Carmen mich zu Kaffee und Croissants in der Bäckerei eines Discounters ein, es musste schnell gehen, beide hatten zu tun. Das gemeinsame Frühstück ließen sie sich trotzdem nicht nehmen, sie steckten mir auch noch eine Wurstsemmel in die Tasche und einen Energydrink. Ich bedankte mich überschwänglich, selten habe ich das mit so ehrlicher Überzeugung getan. Das mit der Demut geht schon ziemlich schnell los da draußen auf der Straße, stellte ich fest. *«Mach es gut!»*, verabschiedeten sich meine Gastgeber. In dieser Hinsicht hatten sie ihren Job schon erledigt.

8 Vorbeifahrers verpasste Chance

Schon am zweiten Tag spielte das Wetter nicht mehr mit. Gegen fünfzehn Uhr begann es erst leicht, dann heftiger zu regnen. Das kommt vor in Mitteleuropa, und ich hatte mich auf einen miesen Mai mental schon vorbereitet. Stoisch nahm ich zur Kenntnis, dass offenbar meine schlimmsten Erwartungen eintrafen. Der Hund und ich schauten uns an, als der Regen einsetzte, wir seufzten leise und legten einen höheren Gang ein – ein Musterbeispiel teutonischer Effizienz. Nach ein paar Minuten steckte ich den Hund unter sein rotes Regencape. Eine Geste, die Paula mit tänzelnden Schritten und einigen beifälligen Knurrlauten kommentierte. Ich kenne das von meiner Frau, allerdings hatte der Hund zu seinem Ärger keinen Spiegel in der Nähe.

Leider wanderten wir inzwischen auch schon lange nicht mehr auf einem dieser idyllischen Wege, die wir noch heute Morgen am Chiemsee genießen durften. Das waren einsame, moosige Wanderwege durch Wälder und Auen, auf denen man auch ohne eine Vergangenheit als Pfadfinder gern ein Wanderlied singen oder wenigstens ein wenig pfeifen möchte. Der weiche Torfweg, der nicht ganz zufällig am Überseer Torfmuseum vorbeiführte, war sicherlich der angenehmste Untergrund, den wir auf unserer Reise kennenlernten. Wir schwebten darauf wie auf einem flauschigen Flokati. Mit der unbeschwerten Stimmung war es allerdings erst mal vorbei, als dieser grandiose Torfweg direkt zu den Liegenschaften des Bernauer Gefängnisses führte. Eigenartig, wie ein Schild mit dem bloßen Hinweis auf eine Justizvollzugsanstalt die Idylle eines Ortes unschön beeinträchtigen kann. Oder geht das nur mir so?

Im Laufe des Vormittags legten wir eine kurze Pause im hübschen Bernau ein, einem Ort am Chiemsee, dem man in jeder Gasse ansieht, warum er schon zu den Zeiten der alten

Römer ein beliebter Ferienort gewesen ist. Wir ließen uns an einem Kiosk am See nieder, der zu dieser Jahreszeit noch nicht geöffnet hatte. Das freute mich, denn ich war in meine Rolle als Bettler noch nicht so recht hineingewachsen und wollte nicht an jeder Straßenecke erklären, dass ich kein Geld hatte. Der Hund sprang gleich ins Wasser, ihm waren die kühlen Temperaturen gleichgültig. Ich packte meinen Laptop aus und arbeitete am Blog. Oder was immer es war, das ich da gerade machte.

Deutschland umsonst Mittagspause am Chiemsee, zehn Kilometer sind geschafft. Nächster Stop: Prien am See.
02. Mai um 12:07

Nelly Es sieht etwas windig aus?
02. Mai um 12:14

Hanna Und was hast du fürs Mittagessen organisieren können?
02. Mai um 12:38

Winfried Das hört sich ja gut an. Du kommst ja gut voran. Gut zu lesen. :-)
02. Mai um 13:21

Deutschland umsonst @Hanna & Winfried: Mittagessen hat mir der Thomas aus Übersee mitgegeben, Wurschtsemmel, außerdem hab ich ja noch den Startproviant. Trotzdem: heute 27 Kilometer gelaufen – da müssten die Pfunde nur so von der Hüfte schmelzen …
02. Mai um 21:59

Am frühen Nachmittag passierten wir Prien am See. Auch keine Ortschaft, aus der man jetzt unbedingt schnell wieder flüchten müsste. Manchmal waren mir die Bayern mit ihrem hemdsärmeligen «Mir san mir»-Patriotismus suspekt, aber verstehen konnte ich den Stolz auf ihr schönes Land schon. Ärgerlich, dass wir uns hier nicht länger umsehen konnten. Inzwischen aber hatte sich meine Freundin Marlies gemeldet und mir den Übernachtungstipp in Söllhuben – beim Lenzi – gegeben. Ein anderes Angebot hatten wir nicht an diesem Tag. Wenn wir in Söllhuben noch zu einer zivilen Zeit ankommen wollten, durften Paula und ich jetzt keine Zeit mehr verlieren. Verrückt. Eigentlich waren wir doch unterwegs, um uns den Zwängen von Pflicht und Zeit zu entziehen? Aber so einfach war das nicht.

Auf der Höhe von Greimharting stand ein junger Mann vor einer Einfahrt, vielleicht zwanzig Jahre war er alt, und pinkelte in die Natur. Das war kein schöner Anblick, war es ja nie. Trotzdem hatte ich Verständnis für seine Not, wir haben da manchmal einfach keine Wahl. Als ich ungefähr auf seiner Höhe war, hatte er sein Geschäft beendet und drehte sich zu mir um. Da er seit ein paar Kilometern der erste Mensch war, dem ich begegnete, fragte ich ihn, ob ich noch auf dem richtigen Weg nach Söllhuben sei. Kevin (inzwischen weiß ich seinen Namen) erklärte mir den korrekten Weg und fügte mitleidig an: «Das ist aber ein ganz schön langer Weg.» Das war eine Bemerkung, die ich in den nächsten Wochen noch häufiger hören würde. Ich erklärte ihm, was es mit meiner Reise auf sich hatte.

«Du gehst das alles zu Fuß», fragte er ungläubig nach, «ohne Geld?» Wenn ich seinen Gesichtsausdruck richtig deutete, wusste er nicht genau, ob er das nun cool oder *gaga* finden sollte. Aber er hatte ein gutes Herz und dachte mit.

«Hast du echt kein Geld?»

«Nein.»

«Kann ich dir ein bisschen geben?»

Jetzt war ich verblüfft. Ich hatte mich schon darauf eingestellt, auf meiner Reise hin und wieder betteln zu müssen. Keine schöne Vorstellung. Ich wusste ja selbst, wie unangenehm *ich* das fand, wenn jemand vor mir stand und mich anschnorrte: «Haste mal ein bisschen Kleingeld für mich?»

Und jetzt sollte ich das selbst machen? Noch konnte ich mir das nicht vorstellen, so weit war ich noch nicht. Da war es doch sehr viel angenehmer, wenn mir jemand von sich aus Geld anbot, so wie hier in Greimharting Kevin.

«Klar, gerne», antwortete ich, «wenn du ein wenig Kleingeld für mich übrig hast, nehme ich das gern!»

Er drückte mir ein paar Münzen in die Hand, ein Euro und fünfzig Cent waren es etwa. Ich bedankte mich fröhlich bei ihm. Premiere! Das erste erbettelte Geld. Am zweiten Tag meiner Reise. Und das, ohne einen Finger dafür gerührt zu haben. Am nächsten Tag schickte mir Kevin eine Nachricht über *Facebook*:

Kev Schöne grüße aus Prien! Wir haben uns gestern getroffen! War der, der an den Baum gepinkelt hat. Viel Glück bei deiner Reise!
03. Mai um 09:42

Siggi gefällt das.

Deutschland umsonst Du musst an deinem Selbstmarketing arbeiten – du warst doch auch der, der mir ungefragt Geld angeboten hat. ;-) Danke noch mal, Harald.
03. Mai um 16:06

Deutschland umsonst Mir fällt grad' ein: Hände waschen war ja nicht zwischen den beiden Aktionen. :-)
03. Mai um 21:55

Kev Haha. Dann waren das schmutzige Euros. =)
03. Mai um 23:05

Deutschland umsonst Wieso EuroS – so großzügig warst du auch wieder nicht. :-)
04. Mai um 23:20

Leider kannte auch Kevin keine idyllischen Schleichwege nach Söllhuben. Es blieb dabei, Paula und ich mussten entlang der eingangs beschriebenen engen Landstraße zuckeln. Es ist keine komfortable Situation, wenn man auf der linken Seite der Straße den heranrauschenden Autos in den Kühlergrill schaut wie ein müder Sheriff im Wilden Westen in den rauchenden Colt eines gewaltbereiten Ganoven. Paula und ich waren in ständiger Bereitschaft, bei drohender Gefahr entweder in den Straßengraben oder auf eine Kuhwiese zu flüchten, wobei der Hund Möglichkeit b. wohl gar nicht wirklich in Betracht zog.

Ich gebe zu: Als zum wiederholten Mal einer dieser motorisierten Stinkstiefel knappe dreißig Zentimeter an uns vorbeisauste, ohne dabei auch nur Anstalten zu machen, den Fuß vom Gas zu nehmen oder wenigstens einen kleinen Bogen zu fahren, reichte es mir. Ich sprang hinter diesem Blödmann auf die Fahrbahn und reckte den Mittelfinger so weit in die Höhe, wie ich konnte! Der gute alte *Effe*. Sicher keine sonderlich rationale Geste in diesem Moment, aber ungemein befreiend, das kann ich Ihnen versichern. Mir schien, der Hund schüttelte unmerklich mit dem Kopf, er hatte offenbar schon eine höhere Bewusstseinsstufe erreicht. Und das bereits am zweiten Wandertag und nach gerade mal vielleicht dreißig Kilometern Strecke.

Ich aber war einfach noch nicht so weit. Auf dem Weg nach Söllhuben haderte ich mit dem Regen, dem bergigen Bayern, den Straßenbauern, die offenbar nur motorisierten Verkehrsteilnehmern ein Wegerecht einräumten. Und ich haderte mit all den Autofahrern, die uns überholten. Die in unsere Richtung unterwegs waren, im Gewitter, bei strömendem Regen, zum Teil in Fahrzeugen, mit denen man zur Not eine ganze Schafherde hätte transportieren können. Manchmal fuhren sie ganz langsam an uns vorbei, manche schauten ein wenig mitleidig, manche aber auch so indigniert, als ob wir selbst Schuld hätten. Nicht einer hielt an. Nicht *einer*. Ich dachte, ein paar von ihnen hätten wenigstens ein schlechtes Gewissen, wenn sie uns da einfach diesem klimatischen Inferno überließen. Das hoffte ich zumindest. Aber anhalten? Nee, dazu reichte es einfach nicht, das kam nicht in Frage. Zu gefährlich, dachten sie vermutlich. Oder wahrscheinlicher noch: *Was die mir für einen Schmutz aufs Polster schmieren!*

Jetzt frage ich mich: Was wäre wohl passiert, wenn diese ganzen Vorbeifahrer gewusst hätten, dass Paula und ich gar nicht in ein Auto einsteigen durften? Dass es zu den Regeln unserer Wanderung gehörte, normal motorisierte Fortbewegungsmittel zu meiden? (Traktoren, Golfwägelchen, Elefanten sowie alle Arten von Event- und Spaßfahrzeugen waren dabei ausdrücklich ausgenommen, für amüsante Episoden auf der Landstraße war ich jederzeit offen.)

Hätten sie geahnt, dass wir ihr barmherziges Angebot, uns ein paar Kilometer mitzunehmen, gar nicht annehmen durften – wären sie dann auch vorbeigefahren und hätten die Chance verstreichen lassen, sich für ein paar Sekunden als ein Mensch mit einem guten Herzen wahrzunehmen? Ich denke nicht.

Wie der Nachmittag und der frühe Abend auf dem Weg nach Söllhuben weitergingen, wissen Sie ja nun bereits. Zumindest bis zu der Stelle, als ich vor Lenzi, dem *Hirzinger*-Wirt stand und verlegen stammelte: «Ich soll Ihnen einen schönen Gruß vom Chico ausrichten. Der Chico hat gesagt, sie wären sicher so nett und würden einem mittellosen Wanderer wie mir ein Dach über dem Kopf anbieten. Wir haben aber leider kein Geld!» Dann hielt ich die Luft an und schaute den Lenzi flehend an. Und der Lenzi schaute zurück. Einundzwanzig. Zweiundzwanzig. Dreiundzwanzig …

Bei Vierundzwanzig lächelte er leise und nickte: «Ja, des kennt' mer scho macha!» Ich hätte den Mann auf der Stelle umarmen können. Zumal er nicht daran dachte, uns in einen ausrangierten Schankraum oder eine kalte Scheune zu verfrachten. Vermutlich gab es hier so etwas auch gar nicht mehr. Nein, der Lenzi bot uns ein reguläres Zimmer im Anbau seines Hotels an, die Nummer 15. Nun gut, es war ein sehr, sehr kleines Zimmer. Und wenn man auf der Internetseite des *Hirzingers* die Preisliste seiner Räumlichkeiten durchgeht, so stellt man fest, dass dort zwar eine Nummer 14 und eine Nummer 16 aufgeführt sind, nicht aber die 15. Ich nehme an, das erklärt auch das ungläubige Gesicht eines Hausbediensteten, bei dem ich mich nach der Lage meines Zimmers erkundigte und der entgeistert zurückfragte: «Sie haben wirklich die 15???»

Ganz egal. Mir fiel ein riesiger Stein vom Herzen, als ich den Zimmerschlüssel in der Hand hielt. Ich kann mich nicht erinnern, für ein kleines Hotelzimmer ohne Schrank, Minibar, Fernseher und Frühstücksberechtigung schon einmal so dankbar gewesen zu sein. Ich wäre nach einer – etwa halbstündigen – Dusche gern runter in die gemütliche Gaststube gegangen, um mich auch gedanklich ein wenig aufzuwärmen, zu schreiben und nebenbei dem Sozialsound zu lauschen, der mir gerade in bayrischen Regionen immer so gut gefällt. Aber ich wollte dem Lenzi lieber nicht mehr unter die Augen kommen. Er könnte sich ja genötigt fühlen, mir etwas zu essen anzubieten oder wenigstens ein Getränk. Schließlich war ich ja hochoffiziell ein mittelloser Mensch, wenn auch ein Kumpel vom Chico, irgendwie. Das war mir alles sehr peinlich. Ich blieb stattdessen in der kleinen Kammer mit der Nummer 15 und ärgerte mich darüber, was für ein skrupulöser, lausiger Landstreicher ich doch war. Da würde ich noch eine Menge Hemmungen abbauen müssen, das war mir klar, und zwar möglichst bald. Noch hatte ich meine Basisration Proviant nicht aufgebraucht, die mir meine Frau in Traunstein zugesteckt hatte. Lange aber konnte ich mir diese zaudernde Zurückhaltung nicht mehr leisten.

Am nächsten Morgen schlichen Paula und ich uns früh hinunter zur Rezeption. Ich legte meinen Schlüssel leise auf die Theke und stahl mich mit dem Hund hinaus auf die Straße. Den Lenzi sah ich nicht mehr wieder. Ich hätte mich gern noch einmal bei ihm bedankt. Aber noch viel lieber würde ich demnächst zurückkehren zum *Hirzinger*, in diesen feinen Mix aus urgemütlichem Gasthaus und edlem Designhotel, meine Kreditkarte auf den Tisch werfen und das schönste und größte Zimmer des ganzen Gasthauses mieten. Was zum Teufel stimmte mit mir nicht? Ich dachte, so eine Wanderung soll Menschen zur Demut und Bescheidenheit anhalten? Offenbar lag noch ein sehr weiter Weg vor mir.

9 Röslerhaus

Kann ein Hund *What The Fuck* denken? Paula schon. Das geschah, als wir müde von fünfundzwanzig Kilometern Tagesmarsch am Fuße Bad Feilnbachs standen und sich direkt vor uns der Mount Everest auftürmte. Also nicht direkt, es handelte sich bloß um diesen Hügel, der sich in lang geschwungenen Serpentinen steil himmelwärts zog – dorthin, wo dann hinter Bergkuppen versteckt unser Ziel, das *Röslerhaus*, liegen sollte. Als ihm klar wurde, dass wir da gleich hochgehen würden, schenkte mir mein Hund diesen Blick. Ungläubig, ja verblüfft, vorauseilend empört. Ich schwöre es. Plötzlich erinnerte ich mich daran, dass ich hier vor Jahren selbst mit einem motorisierten Gefährt Probleme bei der Gipfelfahrt hatte. Na ja, es handelte sich um einen schwachbrüstigen Karmann Ghia, Baujahr 1967, mit bescheidenen 34 PS, aber immerhin war es ein AUTO. Nur mal so als gedankliche Hilfe, *wie* steil dieser verdammte Hügel ist. Trotzdem mussten wir jetzt da hoch. Dazu gab es keine Alternative, denn mit dem *Röslerhaus* hatte ich noch eine Rechnung offen.

Die kleine Pension im Chiemgau zählte vom ersten Moment an zu den wenigen Fixpunkten meiner Route. Was heißt Pension: Das schmucke Bauernhaus mit dem unglaublichen Blick ins Rosenheimer Tal ist über sechshundert Jahre alt und war lange Jahre das Domizil des bayrischen Heimatdichters Jo Hanns Rösler. Nach seinem Tod führten es die Töchter Josefine, genannt Mumei, und Christine als kleine, aber sehr feine Pension weiter. Sechs Zimmer, die vor eleganten Antiquitäten fast überquellen, ein liebevoll zubereitetes Frühstück, das man so in ganz Bayern vermutlich kein zweites Mal erhält, und der gute Geist der Gastgeberinnen machten einen Aufenthalt im *Röslerhaus* immer zu etwas ganz Besonderem. Die Pension kursierte lange Zeit als eine Art Geheimtipp unter uns Schreibern in München, wir mussten uns gegenseitig versichern, sie nicht in unseren Magazinen zu erwähnen. Manchmal geschah das natürlich trotzdem, es war einfach zu verführerisch. «Unter dem großen Nussbaum im prächtig blühenden Garten können sich die Gäste auf tausend Meter Höhe mit atemberaubendem Blick ins Tal küssen. Manche Gäste kommen aber auch her, um nur in Ruhe zu arbeiten», schrieb meine Kollegin Karen Cop etwa im Magazin der Süddeutschen Zeitung. Sie hatte recht. Ich habe innerhalb der letzten fast fünfundzwanzig Jahre *beides* getan, einmal sogar ein kleines Familientreffen mit Eltern und Geschwistern arrangiert. Das wäre jetzt eine schöne runde Geschichte, wenn da oben im Kogl in Fischbachau immer alles glatt für mich gelaufen wäre. Aber das ist nicht der Fall. Ich habe mich um 1990 herum in diesen Ort verliebt. Ich bin nicht immer zurückgeliebt worden. Selber schuld? Weiß man ja nie so genau …

Sicher, ich verbrachte schöne Stunden hier, ohne Frage, aber es gab auch dunkle Momente, die untrennbar mit dem *Röslerhaus* verbunden sind. Das alles lag Jahre zurück, aber inzwischen war ich ein wenig unsicher, ob ich mich im *Röslerhaus* noch wohlfühlen würde. Hatte mein Rucksack voller nostalgischer, aber auch schmerzvoller Erinnerungen mir diesen Ort verleidet?

Ich fragte mich, ob mich die Hausherrin Christine Schmitt noch wiedererkannte. Sie musste jetzt schon über siebzig Jahre alt sein. Ganz sicher, wie sie auf einen mittellosen Gast reagieren würde, war ich auch nicht. Ihr Haus wurde normalerweise von einer deutlich bessergestellten Klientel besucht.

Nachdem wir uns am Morgen beim Lenzi leise davongeschlichen hatten, begann der Wandertag mit einem unfreiwilligen Rundlauf. Ich gebe dem iPhone die Schuld, aber wer mich und meinen unterentwickelten Orientierungssinn kennt, der wird an dieser Stelle den Kopf schütteln. Ich muss wohl die Anweisungen des Routenplaners missdeutet haben, jedenfalls standen Paula und ich plötzlich am Ufer des Simssees. Ein malerisches Gewässer, das aber aus Gründen, die mir auf den ersten Blick nicht einleuchteten, relativ unbeachtet von Touristenmassen ruhig eingebettet in einer malerischen Hügellandschaft liegt. Ich staunte und wunderte mich, dass ich von diesem See noch nie gehört hatte. Dumm war jetzt bloß, dass der Simssee gar nicht auf unserer Route lag. Ich war offenbar genau in die entgegengesetzte Richtung unseres Tagesziels losgelaufen. Das würde uns rund zwei Stunden kosten. Fünf Kilometer bis zum See, fünf Kilometer zurück. Das schmerzte. Dabei sollten wir heute Abend im *Röslerhaus* noch vor Einbruch der Dunkelheit ankommen, wenn wir schon nicht erwartet wurden …

Bis zum Mittag marschierten wir zackig bis nach Lauterbach hinein. So langsam knurrte uns der Magen. Unsere Vorräte hatten wir beim *Hirzinger* nahezu vollständig aufgebraucht, jetzt wäre ein *Big Spender* willkommen gewesen. Ich hatte schon zwei-, dreimal in den letzten Tagen bei Bäckern nach alten Brot- oder Kuchenresten gefragt. So machte es auch Michael Holzach. Er hatte auf seiner Wanderung in Bäckereien häufig ein paar Schrippen abgestaubt. Was vor dreißig Jahren funktioniert hatte, klappte auch 2011 vorzüglich: Altes Brot, eine Semmel oder manchmal sogar eine Laugenstange durften Paula und ich uns fast immer in die Taschen oder Mäuler stecken.

In Lauterbach wirkte die Bäckerei *Neumüller* schon von außen recht vielversprechend. Neben dem üblichen Angebot gab es dort ein Extraregal mit feinen Leckereien, zudem eine riesige Kuchenauswahl. Wir fackelten nicht lange, hier musste doch auch für uns etwas zu holen sein?

Das kleine Örtchen Lauterbach in der Nähe von Rohrbach werde ich aus zwei Gründen in Erinnerung behalten: Zum einen, weil ich dort zum ersten Mal gegen das eigene Regelwerk verstieß. Zum anderen wegen genau dieser Bäckerei und einem Phänomen, das ich beim Betteln erstmals bewusst registrierte. Ich nenne es seitdem den «Blitzunmut».

Wer kennt diese Szene nicht: Ein Bettler steuert Ihren Platz in der Kneipe oder in einem Café an und hält die Hand auf. Mir passiert es in solchen Fällen immer wieder, dass ich sofort unwillig abwinke ... *man kann ja nicht jedem helfen* ... und dann erst nach ein paar Sekunden wieder mit dem Überlegen beginne. Das ist der *Blitzunmut*. Manchmal folge ich diesem Bettler dann durch das ganze Lokal, weil ich mich für meine barsche Reaktion schäme, und gebe ihm dann doch etwas Geld. Das ist dann der *Blitzunmut mit Läuterung*. Warum ich das hier ausbreite? Offenbar scheint dieses Phänomen im Kontext der Bettelei weit verbreitet zu sein. Jedenfalls wurde ich in der Bäckerei *Neumüller* von einer vielleicht vierzigjährigen Dame genau so empfangen.

«Haben Sie vielleicht etwas altes Brot für mich und den Hund», hatte ich höflich gefragt. Die Verkäuferin musterte mich verdrossen und schüttelte schon mit dem Kopf, bevor ich noch zu Ende gesprochen hatte. *Nein!* Sie hat nix, sie gibt nix, und sie will mich außerdem ganz schnell raus haben aus ihrer hübschen Bäckerei. Ich bedankte mich höflich für die Auskunft und ging, ich wusste ja: Niemand ist verpflichtet, mich zu beschenken.

Draußen vor der Türe schlug ich wieder einmal die falsche Richtung ein, was ich erst nach dreihundert Metern mit Hilfe des blauen iPhone-«Hier sind sie gerade»-Pünktchens merkte. Das nennt man Lerneffekt, heute Morgen hatte mich so ein falscher Weg noch zwei überflüssige Stunden Fußmarsch gekostet. Der Hund und ich kehrten also um und passierten die Bäckerei *Neumüller* ein zweites Mal. Und was soll ich sagen: Es klopfte an der Scheibe. Die Dame von gerade eben winkte uns zu sich heran und packte einen großen Beutel für uns zusammen: Semmeln, Brezeln, ein kleiner Laib Brot, einen Frischkäse, bestimmt zehn Jagdwurstscheiben und, ganz ehrlich: ein Ferrero Rocher zum Dessert. Rührend. Ich bedankte mich überschwänglich.

«I hab erst gar net g'schnallt, wos Sie wullten», sagte die Bäckersfrau verlegen. Möglich ist das. Aber eher unwahrscheinlich. Man muss kein Abitur haben, um zu merken, was ein Mann ohne Geld in einer Bäckerei will. Nein, ich tippe auf *Blitzunmut mit Läuterung*. Offenbar war diese Frau wie die meisten Menschen einfach hilfsbereit und nett. Sie brauchte nur ein paar Sekunden, um sich daran zu erinnern.

In den nächsten Wochen passierte das immer wieder. Meine «Bettelopfer» wichen im ersten Moment vor mir zurück, offenbar fühlten sie sich bedroht. Der erste Reflex war fast immer Ablehnung und der Impuls, mich schnell wieder loszuwerden. Ich lernte mit der Zeit, damit umzugehen: Wenn es nicht unbedingt nötig war, fiel ich nicht mit der Tür ins Haus und forderte erst einmal gar nichts ein. Ich ließ meinem Gegenüber so viel Zeit wie möglich, mich in Ruhe zu mustern und sich auf die Situation einzustellen. Mit Blitzangriffen, das merkte ich schnell, war eine Bettelschlacht nicht zu gewinnen.

Paula und ich waren mit unserem großzügigen Carepaket noch nicht ganz raus aus Lauterbach, da begann es auch schon wieder leicht zu regnen. Durch unseren unfreiwilligen Besuch am Simssee waren wir sowieso schon spät dran, noch achtzehn Kilometer trennten uns von Bad Feilnbach, und dann mussten wir ja auch noch diesen steilen Berg hinauf zum *Röslerhaus*. Um nicht schon wieder in die Irre zu laufen, sprach ich einen jungen Mann an, der gerade aus einem Auto stieg, und erkundigte mich nach dem schnellsten Weg nach Rohrbach. Die Fahrerin des Wagens hörte mit und unterbrach mich: «Wenn Sie wollen, kann ich Sie ein Stück mitnehmen, ich muss in diese Richtung!»

Das war jetzt ein kleines Dilemma. Eigentlich war die Fahrt in einem PKW ein No-Go. Das hatte ich jedenfalls vor dem Antritt der Reise so entschieden. Andererseits: Es regnete inzwischen schon stärker, wir waren spät dran, hatten heute schon rund zehn Kilometer Umweg auf dem Buckel und noch fast zwanzig Kilometer vor uns.

Keine schwere Entscheidung also: Ich bedankte mich für

das Angebot und schnallte meinen Rucksack ab. Wandern würden wir in den nächsten Wochen noch genug. Jetzt kam es erst einmal darauf an, rechtzeitig nach Bad Feilnbach zu kommen. Selbst der Hund, kein eifriger Autofahrer normalerweise, ließ sich nicht zweimal bitten. Unsere Fahrerin hieß Sophia, war neunzehn Jahre alt, ziemlich hübsch und stand kurz vor dem Abitur auf der Fachoberschule in Rosenheim, wie sie erzählte. Im Sommer wollte sie erst einmal eine große Reise machen, nach Australien vielleicht. Sie erkundigte sich interessiert nach meinem Projekt und bot mir an, mich noch ein Stück weiter zu fahren, sie habe Zeit. Ich lehnte ab, schweren Herzens, denn Sophia schien ein nettes Mädchen zu sein, mit dem ich mich gerne länger unterhalten hätte. Als sie mich irgendwo auf der Höhe von Neubeuern schließlich aussteigen ließ, fragte sie mich, ob sie mir etwas Geld für meine Tour geben dürfe. Das kam mir bekannt vor: Offenbar sind junge Erwachsene in dieser Region besonders hilfsbereit. Nach dem Rabattenbiesler Kevin vom Vortag war sie nun schon die Zweite, die mir ungefragt Geld anbot. Ich war einverstanden, natürlich, aber als sie mir dann gleich drei Fünf-Euro-Scheine in die Hand drückte, war ich doch etwas beschämt. Sophia war noch Schülerin, sollte ich von ihr fünfzehn Euro annehmen? Andererseits wäre es doch fast unverschämt und unhöflich, das *nicht* zu tun. Hatte es nicht etwas arrogant Gönnerhaftes, solch eine von Herzen kommende Spende zurückzuweisen, mit dem Subtext: *Lass ma', Mädchen, du hast ja selber kaum was!*

Das wollte ich nun auch wieder nicht. Ich nahm die drei Scheine dankbar an und nahm mir vor, mich dafür irgendwann einmal zu revanchieren. Zumal Sophia auch eine entwaffnend pragmatische Begründung für ihre Gabe anführte: «Wenn ich demnächst selbst auf Reisen bin, freue ich mich ja auch darüber, wenn mir jemand hilft.»

Wir tauschten *Facebook*-Adressen aus, aber leider vergaß ich, ein Foto von ihr zu machen, um sie auf meinem Blog zur «guten Täterin des Tages» zu küren. In den nächsten Tagen «freundeten» wir uns dann wirklich auf *Facebook* an, doch nachdem ich sie bat, mir ein Foto für meinen Blog zu schicken, hörte ich nie wieder von ihr. Ich hoffe, sie hält mich jetzt nicht für einen perversen alten Sack, der Pin-ups von jungen Mädchen sammelt. Ich wünsche ihr, dass sie sich gerade die Welt anschaut und dabei auf Leute trifft, die ihr ebenso so freundlich und offen gegenübertreten, wie sie das bei mir tat.

Schweißgebadet erreichten der schwarze Hund und ich das *Röslerhaus* gerade noch vor Einbruch der Dunkelheit. Paula legte sich gleich unter den großen Holztisch auf der Veranda und würdigte mich keines Blickes mehr. Als ob *mir* dieser anstrengende Aufstieg gefallen hätte. Die Eingangstür zum Haus stand offen. Bevor ich meine Ankunft meldete, setzte ich mich für eine Weile auf die dunkle Holzbank vor dem Haus und genoss die Aussicht. Allein dafür hatte sich der beschwerliche Weg hierher gelohnt. Eine Freudenwelle durchflutete mich, plötzlich war ich mir ganz sicher: Niemand würde uns heute Abend hier noch wegschicken.

Amely benötigte ein paar Minuten länger, um zu dem gleichen Schluss zu kommen. Sie ist die Tochter von Christine Schmitt und eigentlich Grafik-Designerin, hatte lange in London gearbeitet und danach eine große Reise gemacht, vor allem durch Südamerika. Vor einiger Zeit kehrte sie nach Bayern zurück, um das *Röslerhaus* zusammen mit ihrer Mutter weiterzuführen – in die nächste Generation, wenn man so will. Das alles wusste ich natürlich noch nicht, als mich die junge Frau mit den lachenden Augen an der Tür begrüßte und nach meinen Wünschen fragte. Ich sagte leise mein Sprüchlein auf. Dass ich vor zwanzig Jahren zum ersten Mal hier gewesen und nun auf einer Wanderreise sei, dass ich um ein Bett für die Nacht bitten würde, aber – diesmal, ausnahmsweise, leider – kein Geld dabeihätte. Ob das ein Problem sei. Amely musterte mich ein wenig skeptisch, lag da sogar etwas Spott in ihrem Blick?

«Ich spreche mal mit meiner Mutter», antwortete sie schließlich und verschwand im Bauch des Hauses, in dem jede Bodenbohle gemütlich knarzte. Christine Schmitt war älter geworden, aber das hatte ihrer eleganten und warmherzigen Ausstrahlung nicht geschadet. Ein wenig unsicher, aber mit einem offenen Lächeln begrüßte sie mich und fragte wie schon ihre Tochter zuvor nach meinen Wünschen. Ich wiederholte meinen Text, fügte aber hinzu, dass in meiner Vorstellung ein romantischer Abend auf der Terrasse des *Röslerhauses* mit der tollen Aussicht hinunter ins Rosenheimer Tal immer einer der Höhepunkte meiner Reise gewesen sei. Was stimmte. Ich kann viele Stunden dort sitzen und einfach nur schauen. Ich weiß nicht, ob dieser Satz bei Amely und ihrer Mutter den Ausschlag gegeben hat. Danach aber ging alles ganz schnell und reibungslos.

«Ich gebe Ihnen das obere Zimmer mit dem Balkon!», sagte Christine Schmitt. «Da haben Sie die beste Aussicht, die Sie sich wünschen können.» Weiter ging es Schlag auf Schlag: ein Begrüßungstee auf der Veranda. Eine warme Dusche. Ein frischer Gemüse- und Salatteller. Ein kaltes Bier. Ein lodernder Kamin. Schließlich versuchte Amely mir sogar noch mühsam das Kartenlesen beizubringen, damit ich am nächsten Morgen den schönsten Weg nach Weyarn nicht verfehlen würde. Doch hier musste selbst die geduldige und sanfte Amely die Segel streichen.

Am nächsten Morgen bereitete mir Christine Schmitt dieses grandiose Frühstück zu, mit selbstgemachten Konfitüren und frischen Broten, mit Silberbesteck und Teekannen, die sich auch bei den Windsors gut machen würden. Als sie mich fragte, ob ich dazu ein bisschen Musik hören möge, dann das 21. Klavierkonzert von Mozart auflegte, der Nebel im Rosenheimer Tal sich langsam auflöste und der Hund sich wohlig in der Sonne wand, erlebte ich den ersten perfekten Moment auf der ganzen Reise.

Beseelt verabschiedete ich mich, fest entschlossen, bald wiederzukehren. Manchmal bin ich ein treuer, aber auch störrischer Esel, und oftmals lohnt es sich nicht, den alten Lieben hinterherzuweinen. Im Falle des *Röslerhauses* allerdings bin ich froh drüber. Für mich hat es seine Magie nicht verloren.

10 Die Beinahe-Begegnung

Im Prinzip ist es ganz einfach, zum Kräuterwastl zu finden. Man folgt der Mangfall in Richtung Weyarn, bis man im tiefen Wald plötzlich auf Spuren ausgeprägter menschlicher Gestaltungsfreude stößt ... Ich war verblüfft, als ich diesen Platz zum ersten Mal wahrnahm, zufällig natürlich, denn ich hatte noch nie vom Kräuterwastl gehört. Auf einer Bank vor einem kleinen Wirbel der Mangfall – einen Wasserfall konnte man es wirklich noch nicht nennen – standen zwei Gläser und eine schmucke Flasche auf einem Holztisch, Blickrichtung Wasser, wie für ein Designmagazin dekoriert. Die Szene wirkte so lebendig, als sei hier noch vor einer Minute fröhlich gezecht worden. In der unmittelbaren Umgebung dieses Stilllebens fanden sich reihum ungeordnet Skulpturen aus Holz und kuriose Fundstücke aus dem Wald, an einem aufgeschichteten Holzhaufen pinnte ein weißes Blatt Papier mit der Botschaft: «Warum tut der Bauer mir das an. Tut weh! Der Baum – das Wesen!»

Ich schaute mich neugierig um. Wo war der Mensch bloß, der sich hier verwirklicht hatte? Weit konnte er nicht sein, seine Präsenz war in jedem der liebevoll arrangierten Stillleben spürbar. Nach ein paar Schritten stieß ich auf einen kleinen Wohnwagen in Holländischorange mit einem Schild: «Kräuterwastl». Ein Klebesticker verriet auch gleich, dass hier ein traditionsbewusster Bayer schamlos die hiesigen Chauvinismen auslebte: «Tschüssfreie Zone».

Aha. Jetzt war ich gar nicht mehr so sicher, dass ich den Kräuterwastl treffen wollte. Vielleicht meinte er das ja gar nicht so ironisch? Ich fragte mich, ob der Kräuterwastl der regionale Schrat war, ein verstörter Baum-Umarmer mit Axtmörder-Phantasien, und ob er vielleicht schon wie ein Gollum hinter dem nächsten Busch lauerte und den tschüsselnden «Saupreiß» beobachtete. Ich klopfte halbherzig an die Tür des Wohnwagens. Ich wollte es immerhin mal versucht haben, schließlich war ich doch ein unerschrockener Diener der Wahrheitsfindung. Der erleichterte Seufzer, dass sich da drin nix rührte, amüsiert dann aber sogar den Hund.

Später in Weyarn erfuhr ich, dass meine Ängste völlig unbegründet gewesen waren: Der Kräuterwastl ist eine lokale Attraktion, ein lizenzierter «Kräuterpädagoge», der Wanderungen im Mangfalltal mit anschließender Verköstigung anbietet. Ob Preußen willkommen sind, blieb allerdings auch im Ort unklar. Im *Gasthof Pritzl* wurde aber sogar ein, ich zitiere, «raffiniertes Drei-Gänge-Menü» basierend auf der Rezeptur des Kräuterwastls angeboten. Sogar eine eigene Homepage hat der Waldfex. Auf seinem Foto sieht er mit dem weißen Rauschebart eigentlich ganz freundlich aus, der Wastl.

11 Kerngeschäft Barmherzigkeit

Die E-Mail von Pater F. erreichte mich am Freitag, den 6. Mai um 13:08 Uhr auf dem Weg nach München mitten im Wald in der Nähe von Niederpframmern.

Ich weiß zwar nicht, wie Sie zu dieser Geschichte gekommen sind, aber was Sie dort veröffentlicht haben, ist leider so nicht richtig. Sie haben eben nur eine Seite gehört. Schade!!! Schon mein Name ist falsch zitiert und einiges andere auch. Bitte löschen Sie umgehend das Foto, welches wir nicht erlaubt haben zu veröffentlichen, und löschen Sie auch die Unwahrheiten, die Sie geschrieben haben. Ich würde das Ganze gerne richtigstellen.
Hochachtungsvoll
Pater F.

Nun, da war offenbar jemand ziemlich aufgeregt. So aufgeregt, dass er nicht viel Zeit auf eleganten Stil und nüchterne Zurückhaltung gelegt hatte. So aufgeregt, dass er nicht einmal ganz genau verstand, wem er da eigentlich geschrieben hatte. Ich muss zugeben, dass mich das amüsierte. Offenbar ging Pater F. der Arsch auf Grundeis, wenn Sie meine Formulierung entschuldigen mögen, und ich fand, dass das auch seine gerechte Strafe war. (Mit gerechten Strafen kennen sich Katholiken ja aus …)

Aber um was ging es hier eigentlich? Ganz einfach: Nach den schönen Stunden im *Röslerhaus* war ich frühmorgens bei bestem Wetter Richtung Weyarn aufgebrochen. Nicht weil ich zu der Miesbacher Gemeinde über dem Mangfalltal eine persönliche Beziehung gehabt hätte. Bei der Planung meiner Route aber hatte ich darauf geachtet, hin und wieder Orte zu berücksichtigen, in denen ein Kloster beheimatet ist. Weyarn war ein solcher Ort, und ich hatte mir vorgenommen, als müder Pilger am Abend ans Tor zu klopfen und um Einlass zu bitten. So ein Orden würde mich ja wohl kaum zurückweisen – ich hatte gelesen, dass einige Bruderschaften sogar in ihrer Satzung verankert hatten, dass man Wanderern ein Nachtmahl und ein Bett anzubieten habe. Leider schien das nicht für den Deutschen Orden zu gelten, auf dessen Vertreter ich nun in Weyarn traf.

Was ich damals nicht wusste: In Weyarn war die Hauptverwaltung des Deutschen Ordens, der sogenannte Provinzsitz, und damit so etwas wie die Zentrale der gesamten Bruderschaft zu Hause. Als ich am späten Nachmittag dort eintraf, sah ich nur ein riesiges, schmuckes Gebäude auf einem ebenso ausladenden Gelände. Der Wohlstand lugte aus allen Fensterritzen. Inzwischen habe ich das nachgeblättert: Auf der jetzigen Klosteranlage waren im elften und zwölften Jahrhundert die Grafen von Neuburg-Falkenstein ansässig, 1133 dann ließ ein Graf Siboto von Falkenstein die Burganlage zu einem Augustinerchorherrenstift umgestalten. Die Augustiner sind lange fort. Man kann allerdings auf den ersten Blick sehen, dass die schmucke Anlage seitdem ein paar Mal restauriert und vom Deutschen Orden bestens instand gehalten worden ist. Hier würde sich doch wohl ein kleines Räumchen finden lassen, in dem Paula und ich übernachten könnten. So ganz traute ich dem Braten allerdings nicht, wir reden hier schließlich von der katholischen Kirche. Die ist ja quasi immer für eine Überraschung gut, in jeder Hinsicht.

Deutschland umsonst Gleich versuche ich im Kloster Weyarn zu landen. Bin sehr gespannt, ob die Brüder sich die Barmherzigkeit nur auf die Fahnen geschrieben haben.
04. Mai um 17:20

Um es kurz zu machen: Ich wurde abgewiesen. Ziemlich brüsk. Ich war dem diensthabenden Pater einfach nur lästig. Im Nachhinein möchte ich sagen: Gut so. Schließlich habe ich später in Weyarn noch einige sehr nette Menschen kennengelernt und ein prima Bett für die Nacht gefunden. Außerdem merkte ich an diesem Abend zum ersten Mal, dass da draußen im *Facebook*-Universum eine Menge Menschen meinen Weg verfolgten und sich nicht nur zusammen mit mir über die unfreundliche Behandlung im Kloster echauffierten. Einer von ihnen versuchte sogar noch am gleichen Abend, ein Bett für mich in der Region zu finden. Ich war gerührt. «You'll never walk alone» … so fühlte sich das also an.

Deutschland umsonst Überraschung …: Benedikts Boyband vom Kloster Weyarn sieht keine Möglichkeit, mir ein Nachtlager anzubieten. Sind ja auch bloß drei Fußballfelder Fläche. Ich dachte, Barmherzigkeit sei das Kerngeschäft von den Brüdern? Jetzt wird's eng in Weyarn.
04. Mai um 10:11

Sandra Buh!
04. Mai um 19:12

Peter Bruder Willi bzw. Schwester Christina hat vielleicht die Lösung. Gib ihnen mal ein paar Minuten.
04. Mai um 19:29

Nina Warum wundert mich das jetzt kein bisschen?
04. Mai um 19:31

Winfried Das ist gelebte Nächstenliebe.
04. Mai um 19:33

Nelly Fleckhaus Gibt es eine Begründung, warum sie dir kein Nachtlager anbieten können?
04. Mai um 19:36

Nina Harald zahlt keine Kirchensteuer?
04. Mai um 19:42

Udo Freiwillig ins Kloster? Ts, ts, ts ... ;-)
04. Mai um 21:04

Susanne Holzach hatte in so einer Situation ja mal die ideale Replik: «Und wenn ich jetzt der Heiland wäre?» Und – schwupps – hatte er zumindest einen Zehn-Mark-Schein in der Hand.
05. Mai um 09:42

Charlene Ja, der Dt. Orden hat sich schon immer mehr darauf verstanden, in die Häuser anderer zu gehen und nicht ein Bett im eigenen Haus anzubieten. ;-)
05. Mai um 19:59

Julia Da könnte ja jeder kommen!
05. Mai um 21:49

Okay, bei Pater F. und seinen frommen Brüdern war ich abgeblitzt. Wohin jetzt bloß? Heute hatte zwar tagsüber die Sonne geschienen, aber meine Wetter-App sagte für die Nacht kühle Temperaturen um die fünf Grad voraus. Das klang nicht gut. Ich verspürte wenig Lust, zusammen mit dem Hund und der *Schafskälte* eine Nacht im Zelt zu verbringen. Auf dem Weg durch Weyarn war mir eine Gastwirtschaft mit angeschlossenem Biergarten gleich neben den Sportplätzen aufgefallen. Sie nannte sich *WeyHalla* und firmierte als Musikkneipe. Das klang gut. Wo Musiker zusammenkommen, geht es in der Regel locker zu. Wie im *Gleis 1* in Übersee zum Beispiel. Vielleicht hockte ich mich einfach ins *WeyHalla* und hoffte darauf, dass ich nette Leute traf, die mich bei sich übernachten ließen?

Vor dem Biergarten hing zudem gut sichtbar ein Hinweisschild auf Sky, den Pay-TV-Kanal. An diesem Abend spielte Schalke 04 gegen Manchester United im Halbfinale der Champions League. Das würde ich mir anschauen.

Ich setzte mich an einen freien Tisch im Biergarten und bat

um ein wenig Wasser für den Hund. Paula schlief gleich ein. Offenbar machte das Wandern den Hund müder als mich. Der Wirt vom *WeyHalla* war mir auf den ersten Blick sympathisch. Lange graue Haare, ein lustiges Schmunzeln im Gesicht. Er sei der Girgl, stellte er sich vor, und ich könne sitzen bleiben und ausruhen, so lange ich will. Und Fußballgucken später sei auch kein Problem. Ich bedankte mich und klappte meinen Laptop auf. So lange mein Ärger über den unfreundlichen Pater noch frisch war, wollte ich mein erstes wirklich negatives Erlebnis auf der Reise in meinem Blog verarbeiten. Ich wusste natürlich, dass ich mich auf dünnem Eis bewegte, wenn ich den echten Namen des Paters preisgab und alles im Stil eines Tatsachenberichts verfasste. Wer weiß, am Ende würde ich Ärger bekommen und müsste den Beitrag von der *WordPress*-Seite nehmen. Oder Schlimmeres. Also entschloss ich mich, meine Erlebnisse ein wenig zu verfremden. So entstand der Text, den ich am nächsten Tag ins Netz stellte.

deutschlandumsonst.wordpress.com

MEINE GÜTE

Kloster Weyarn im schönen bayrischen Land, später Nachmittag. Ein Wanderer rüttelt am Tor des Klosters. Es ist nicht verschlossen. Ein smarter, optisch ein wenig an den jungen Paul Weller erinnernder Pater kommt ihm entgegen.
«Guten Tag, ich suche ein Nachtlager für mich und meinen Hund, können Sie mir sagen …»
Der Pater winkt ab. «Ich glaube, wir sind voll. Gehen Sie mal ins Pfarrbüro, gleich rechts, da fragen Sie mal Pater F.»
Noch während er den Satz beendet, dreht er sich weg und verschwindet. Der Wanderer läutet an der Tür. Nichts geschieht. Er versucht es ein zweites Mal. Wieder keine Reaktion. An der Nebentür versucht er es bei Schwester Philomena und Schwester Monica, so steht es jedenfalls auf

der Klingel. Wiederum keine Reaktion. Das ganze Kloster – flächengroß wie drei Fußballplätze – wirkt wie eine Geisterstadt. Schmuck renoviert, der Wohlstand blitzt auf an allen Ecken, aber nirgendwo Leben.
Der Wanderer versucht es ein drittes Mal im Pfarrbüro. Er drückt die Klinke der Eingangstür hinunter. Die Tür ist offen. Er geht hinein, hört eine Männerstimme am Telefon, eine Frau – die Pfarrsekretärin – sieht ihn und schaut verschreckt.
«Ja BITTE?»
«Guten Tag, mein Hund und ich suchen nach einem trockenen, überdachten Plätzchen für unser Nachtlager.»
«Oh!», sagt die Gemeindesekretärin. «Das ist jetzt schlecht.»
«Wieso?», fragt der Wanderer. «Ich finde das eher gut, in der Nacht nicht draußen campieren zu müssen.»
«Aber wir haben hier keine ... äh ... also, ich glaube nicht ... warten's einmal kurz, der Pater F. telefoniert noch.»
Das kann der Wanderer zwar nicht sehen, aber gut hören, denn Pater F. verfügt über ein lautstarkes Organ. Es geht um den Bau oder auch die Restauration eines Gebäudes.
«Wir holen dann noch ein Angebot ein, und dann geht das alles schnell los.»
Es dauert sieben, acht Minuten, dann hat Pater F. das Gespräch beendet. Er wird von seiner Mitarbeiterin über den Wanderer informiert und erscheint in der Tür.
«Ja BITTE?»
Der Wanderer sagt seinen Spruch ein drittes Mal auf, erklärt, dass er kein Geld für eine Unterkunft in einem Hotel habe und sich auf einer Wanderung befinde, beteuert, dass er JEDEN Raum im Kloster akzeptieren würde, Schuppen, Lager, Scheune – egal. Pater F. – in den Vierzigern, Brille mit coladicken Gläsern, rundes, wohlgenährtes Gesicht – ist es gleich sehr unbehaglich zumute.
«Leider sind wir darauf gar nicht eingestellt», sagt er, der Wanderer schweigt.

«Wo könnten Sie denn mal hingehen?», überlegt Pater F. «Weil bei uns, das ist schlecht.» Der Wanderer schweigt. «Wir haben da leider keine Möglichkeit», wiederholt Pater F. «Aber das ist doch ein riesengroßes Kloster», sagt der Wanderer. «IRGENDEINEN Raum werden sie doch sicher finden, für eine Nacht. Wir schlafen auch auf dem Boden.» Er zeigt auf den murrenden Hund.
Pater F. wird die Sache jetzt sichtlich zu blöd. Er fühlt sich nicht zuständig, das ist ihm deutlich anzumerken.
«Versuchen Sie es doch mal bei einem Bauern», sagt er schließlich, «da kann man ja manchmal in der Scheune schlafen!?»
«Oder ich könnte es auch in einem Eselstall versuchen?», sagt der Wanderer. «Wie Ihr Boss.»
Pater F. versteht nicht, was ihm der Wanderer damit sagen möchte, er nickt nur eifrig und dreht sich zur Seite, gedanklich schon wieder bei der akkuraten Restauration seiner Kirchensäle.
Der Wanderer versucht es ein letztes Mal. «Ich dachte, Barmherzigkeit sei so was wie Ihr Kerngeschäft?»
Pater F. dreht sich noch einmal um und sagt: «Jetzt werden Sie mal nicht unverschämt!»
«Sie haben doch angefangen!», sagt der Wanderer, nimmt seinen Hund und marschiert zum Klostertor hinaus. Er muss lächeln. In den letzten Nächten hat er immer jemanden gefunden, der ihm ein Bett angeboten hat, meist noch eine Mahlzeit und eine gutes Gespräch dazu. Pater F. war der Erste, der ihm das verwehrt hat.
Aber so leicht wird Pater F. und seine Firma den Wanderer nicht los. Er hat noch zwei Monate und 1500 Kilometer zu gehen – das nächste Kloster kommt bestimmt.
Mai 5, 2011

Okay, okay. Vielleicht ist dieses Dramolett ja ein klein wenig polemisch geraten. Etwas. Ein bisschen. Ich weiß ja, dass ich keinen Anspruch darauf habe, überall umsonst eingelassen und verköstigt zu werden. Aber unter dem Strich bleibt es dabei, dass Pater F. sich einen feuchten Kehricht darum kümmerte, wie der Hund und ich die Nacht überstehen würden. Hätte er sich nur ein wenig ins Zeug gelegt, ein bisschen Interesse gezeigt, wäre er einfach nur freundlich gewesen, wer weiß, vielleicht hätte ich es ihm wirklich abgekauft, dass es im ganzen Kloster keine noch so kleine Möglichkeit gab, mich für eine Nacht zu beherbergen. (Was aber, mal ehrlich, ziemlicher Quatsch ist: Selbst in einem Seminarraum oder dem Raum für die Getränke hätten wir unsere Matten ausrollen können, und ein Waschbecken hätte es auf der Toilette wohl auch gegeben …)

So aber bleibt Pater F. mir als der Prototyp des bigotten Pfaffen in Erinnerung, der die Nächstenliebe bloß verwaltet, in einem möglichst adretten Ambiente, ohne lästige Eindringlinge aus dem richtigen Leben.

Als ich «Meine Güte» online stellte, rechnete ich nicht damit, je wieder von Pater F. zu hören. Doch mein Kölner Freund Roland wollte die Brüder offenbar nicht einfach so davonkommen lassen. Ohne mich darüber zu informieren, schickte er eine E-Mail ans Kloster in Weyarn und hängte einen Link zu meiner *WordPress*-Seite an.

Wo habe ich das noch mal gelesen: Was ihr dem Geringsten meiner Brüder tut, das habt ihr mir getan. Schreibt euch das hinter die Ohren, ihr herzlosen Klosterbrüder. Ein Freund des Wanderers

Damit war mein kleiner literarischer Rülpser bei den Patern in Weyarn gelandet und sorgte dort offenbar für Verstimmung. Roland jedenfalls erhielt zwei Stunden später schon eine Antwort auf seinen Mahnruf.

Wenn Personen nicht bei einem Gespräch dabei waren, dann sollten sie am besten k e i n e Aussagen darüber machen. Alles falsch beschrieben, wie auch mein Name. Vieles ist einfach nicht richtig ge-

schrieben. Aber wenn Sie keine Möglichkeit haben, jemanden übernachten zu lassen, weil es hier nur Büroräume gibt, dann zeigen Sie mir doch bitte einmal, wie man (Kloster) das machen soll!!!
Pater F.

Wiederum kurze Zeit später schrieb mir Pater F. dann die eingangs zitierte Mail. Offenbar war er zu diesem Zeitpunkt noch der Ansicht, ich sei bloß der Multiplikator der gestrigen Geschehnisse und nicht der Wanderer selbst. Offenbar war es für Pater F. nicht vorstellbar, dass so ein hergelaufener Vagabund in der Lage sein soll, einen Computer zu bedienen und ein paar Sätze geradeaus zu schreiben.

Ich antwortete Pater F. auf der Stelle.

Lieber Pater F., schämen Sie sich denn kein bisschen? Selbstverständlich habe ich Ihren echten Namen nicht verwendet und die – wie SIE wissen durchaus authentische Rekonstruktion unseres Gespräches – stilistisch in einen fiktiven Rahmen übertragen. Wenn Sie das wünschen, werde ich das Foto – mit einem entsprechenden Kommentar – gerne löschen. Außerdem haben Sie selbstverständlich wie jeder andere Mensch auch die Gelegenheit, meine Blog-Beiträge zu kommentieren und Ihre Perspektive auf das – sachlich ja wohl unstrittige – Geschehen zu skizzieren. Ich empfehle Ihnen allerdings, beim nächsten Bittsteller einfach menschlich und freundlich zu reagieren. Mit freundlichen Grüßen,
Harald Braun

Einige Minuten später antwortete mir Pater F. wiederum.

Sehr geehrter Herr Braun!
Nun, wenn Sie selbst der Herr waren, der mit dem Hund hier war, dann wissen Sie auch, dass ich Ihnen gesagt habe, dass wir kein Zimmer frei haben und auch keinen Raum, wo Sie mit Ihrem Hund unterkommen könnten. Ich habe Sie jedoch gebeten, bei einem Bauern nachzufragen, der ja hier auch in der Gemeinde bekannt ist, wie hätte ich Ihnen sonst helfen können.

Ich schäme mich nicht und bin mir auch nicht bewusst, dass ich oder auch meine Sekretärin unhöflich gewesen wären.
Liebe Grüße
Pater F.

Na gut, einmal noch würde ich diesem Herrn antworten, nahm ich mir vor, zumal mir ja jetzt auch schon «liebe Grüße» übermittelt wurden.

Ja, ich war der Herr mit dem Hund, und es stimmt, dass Sie uns mit dieser Begründung weggeschickt haben. Und Sie waren nicht unfreundlicher, als ich es geschildert habe. Es war Ihnen nur gleichgültig, wo zwei Hilfesuchende unterkommen in einer kalten Nacht. Wenn Sie sich nur fünf Minuten Zeit genommen hätten, wäre das Problem auf dem riesigen Gelände zu lösen gewesen, uns wäre jeder Abstellraum recht gewesen. Ich bin dann bei einem mitfühlenden Gastwirt in seiner Privatwohnung aufgenommen worden. Das war eine Selbstverständlichkeit für ihn. Stellen Sie sich die richtigen Fragen, wünsche ich Ihnen. Freundliche Grüße, Harald Braun

Na ja, möglicherweise klingt das ein wenig selbstgerecht, das kann sein, aber ich wollte dem Mann ja schließlich auch vors Schienbein treten. Ich bin nicht so der Typ, der die andere Backe hinhält, wenn er auf die eine geschlagen worden ist. Mit «Auge um Auge» kann ich schon mehr anfangen.

Lieber Herr Braun, noch einmal möchte ich Ihnen antworten. Leider ist es auf dem «riesigen» Gelände nicht möglich gewesen, Sie unterkommen zu lassen. Wir hatten bis vor kurzem auch eine Gästewohnung gehabt, aber die ist leider nicht mehr da bzw. die ist vergeben; und wenn ich jemandem Unterschlupf gewähre, dann schon richtig. So habe ich dann entschieden, Sie nicht nächtigen zu lassen und Ihnen den Bauern empfohlen, da ich hier keinen Platz sah.
So hoffe ich doch auch auf ein wenig Verständnis von Ihnen. Alles Gute und Gottes Segen.
Pater F.

Ein bisschen Verständnis? Ja, in der Tat, das bringe ich auf. Ich bin selbst ja manchmal ein gedankenloser Blödmann, der seine Mitmenschen respektlos und unhöflich behandelt. Aber das sehe ich dann meistens irgendwann auch ein und kann mich dafür entschuldigen, auch wenn's schwerfällt. Ich bin sicher, dass Pater F. beim nächsten armen Wanderer, der vor der Klostertür steht, ein wenig länger darüber nachdenkt, wie er helfen kann. Als Klosterbruder und Mitmensch.

PS: Gefällt Ihnen der Satz *«Und wenn ich schon jemandem Unterschlupf gewähre, dann schon richtig»* auch so gut?

PPS: Der Fairness halber sei noch erwähnt, dass ich nichts gegen den Deutschen Orden habe, überhaupt nicht. Ich erhielt auf meinem Blog auch einen Kommentar, den ich anhängen möchte und der zweifelsfrei klärt, dass man auch gute Erfahrungen mit dem Orden machen kann. Ist offenbar tagesformabhängig.

deutschlandumsonst.wordpress.com

Markus Das ist ja schade, was Du da erlebt hast. Letztes Jahr war ich mit meiner Frau auf dem Jakobsweg unterwegs, und die Brüder vom Deutschen Orden haben uns sehr freundlich aufgenommen. Wir hatten ein feines Apartment mit Dusche, TV und Telefon. Sie haben uns zu allen Mahlzeiten eingeladen, und wir hatten großartige Zimmer. Als wir weiterzogen, hat uns dieser Pfarrer gesagt – als wir ihm sagten, wir könnten aber nichts bezahlen –, wir sollen am Grab des heiligen Jakobus ein Vaterunser für ihn und seine Brüder beten. Ich fand die Männer sehr überzeugend.
9. Mai 2011 um 7:37

12 Beharrlich freundlich

Den Girgl traf ich also im Biergarten von seinem Musiklokal *WeyHalla*. Was heißt Musiklokal. Es ist gleichzeitig Café und Biergarten, es gibt eine Kegelhalle und eine riesige Turnhalle, auch größere Events wie Konzerte oder Flohmärkte finden hier statt. Ursprünglich war das *WeyHalla* so etwas wie die Vereinsgaststätte vom TSV Weyarn, dem größten Sportclub der Gemeinde, doch nachdem hier gleich eine Handvoll Wirte mit einem ambitionierten Vollküchenprogramm scheiterten, fand sich erst mal niemand mehr, der die Bewirtung für die modernen, aber doch eher sterilen Räume übernehmen wollte.

Bis der Girgl kam. Der hatte gerade seinen Kultclub *Kant'n* am Bahnhof Neuhaus-Fischhausen am Schliersee zusperren müssen, eine Art gegenkulturelles Zentrum für die gesamte Region. Jetzt sollte dort, wo die charismatisch angeranzte Holzkantine war, ein Park-and-ride-Parkplatz entstehen. Das machte den Girgl auch heute noch sauer, fast fünf Jahre später. Aber er ist keiner, der aufgibt. Der Girgl ist beharrlich. Und er hat Phantasie: Wer sich zutraut, aus ein paar gesichtslosen Räumen an einer Weyarner Turnhalle einen funktionierenden Musikclub zu machen, der die Leute aus der Region mit einem abwechslungsreichen Kleinkunstprogramm anlockt, der kann kein Schubladendenker sein.

Der Girgl Ertl lebt jetzt seit 2007 in Weyarn, aber erst seit dem letzten Jahr läuft der Laden kostendeckend, Tendenz steigend: «Es war mühsam, die Leute aus der *Kant'n* hierher zu locken, die haben sich natürlich gefragt, was sie in einem solchen Bau sollen.» Inzwischen haben der Girgl und seine Mitstreiter vom *MUKK* («dem Verein zur Förderung von Musik und Kleinkunst im Oberland im Kulturforum *WeyHalla*») wenigstens ihrem Café mit der kleinen Bühne so viel Patina verliehen, dass sie sich hier wohlfühlen können. «Es ist mein kleines Biotop in diesem Planquadrat-Bayern», sagt der Girgl. Er kann sich vorstellen, später mal mit einem Pferdewagen durch Deutschland zu fahren, ganz, *gaaaanz* langsam: «Im Hochgeschwindigkeits-Mitteleuropa wird der Mensch doch nicht mehr artgerecht gehalten.»

Mir bot der Girgl einen Schlafplatz an. Nicht sofort, nachdem wir uns kennenlernten. Erst hörte er sich meine Geschichte an, stellte uns in der Gaststätte ein Bier auf den Tisch, das auf ihn ging. Ich fragte ihn, ob er einen Heustadel kenne, in dem ich übernachten könne, doch da fiel ihm erst mal keiner ein.

«Früher habe ich alle Stadel in der Gegend gekannt», sagte er grinsend. Glaube ich ihm sofort. Wir unterhielten uns ein wenig, irgendwann kam der erlösende Satz: «Wenn du willst, kannst du bei mir in der Gästewohnung übernachten, die Frau, die da normalerweise wohnt, ist gestern nach Hause gefahren.» In mir erklang ein leises Hallelujah, ungefähr einen Kilometer Luftlinie vom Kloster Weyarn entfernt.

Während ich später fröhlich in der Kneipe vom Girgl saß und mir Schalkes Champions-League-Untergang in Manchester ansah, erhielt ich eine SMS von einem Freund. Ich hatte via *Facebook* schon einen kurzen Notruf abgesetzt und von der Pleite am Weyarner Klostertor berichtet. Jetzt kümmerte sich auch meine *Facebook*-Community um Hilfe. Schmunzelnd las ich die Nachricht von Peter:

> **Peter** Wenn du noch einen Schlafplatz in Weyarn suchst, hätte ich einen Tipp. Frag doch mal den Wirt der örtlichen Musikkneipe, den Girgl. Das ist ein netter, offener Typ!

Konnte man wohl sagen.

13 Mein Treffen mit Heike Makatsch

Der Girgl war nicht der einzige angenehme Zeitgenosse, den ich im *WeyHalla* traf. Während ich am späten Nachmittag noch draußen im Biergarten hockte, kam ein Mann etwa in meinem Alter an den Tisch und fragte mich, ob man hier wohl am Abend Fußball zeigen würde. Ich nickte zustimmend und denke, oha, noch so einer, der deine Krankheit teilt. Überflüssig zu erwähnen, dass mir Volker gleich sympathisch war.

Später tauchte er dann tatsächlich im Fernsehraum der Kneipe auf. Der war mit einem Kicker, einem Flipper und einem Dart-Automaten offenbar ganz auf die Bedürfnisse der Weyarner Sportler eingestellt, die hier in der Regel verkehrten. Während auf der Leinwand noch die Vorberichterstattung zum Spiel lief, unterhielten wir uns ein wenig. Was Volker erzählte, klang spannend. Drei Jahre noch, schätzte er, dann will er sich aus seinem Job zurückziehen. Nicht mehr die ganze Woche mit dem Wohnmobil durch Deutschland kreuzen. Jetzt wurde mir auch klar, warum Volker nach einem Platz zum Fußballgucken Ausschau halten musste: Auf dem Parkplatz vor der Türe stand sein fahrendes Schlaf- und Wohnzimmer, mit dem er gerade erst aus Norddeutschland angereist war. Nur um morgen einen geschäftlichen Termin in Miesbach wahrzunehmen. Das klang hektisch, war Volker aber sehr viel angenehmer, als im Flieger durch die Welt zu jetten und in anonymen Hotels abzusteigen. «Meinen Rhythmus bestimme ich selbst.» Trotzdem: Lange wird er das nicht mehr machen. Nicht mehr gestern in Niebüll, heute in Miesbach und morgen in Celle einen Termin absolvieren, als Projektleiter und Repräsentant der eigenen Firma, die große Systemhallen baut.

Aber man darf das nicht falsch verstehen. Wer Volker zum ersten Mal sieht, der merkt sofort: Der Mann hat keinen

Grund, auf ein schöneres Leben zu *warten*. Ihm geht es jetzt auch schon gut. Klar und freundlich sprach er, seine Augen lächelten, fit wirkte er, der Körper stand unter Spannung. Er fuhr auch mit siebenundvierzig noch Motorrad bei der Langstrecken-WM, spielte als Torhüter Fußball, und wenn ihn sein Wohnmobil in die Nähe eines Strands führte, holte er schnell die Kite-Surf-Ausrüstung aus dem Trailer.

«Ich genieße es, nicht immer erreichbar zu sein», sagte er, «ich könnte keinen Bürojob mehr machen.» Auch die Familie geht sein Tempo mit: «Am Wochenende kommt meine Frau so oft wie möglich dazu, und wir sind von Freitag bis Montag im Wohnmobil unterwegs!» In Bewegung bleiben lautete sein Motto, als Nächstes stand ein Umzug aufs Land an: «Darauf freue ich mich, eine völlig neue Erfahrung!» Es steht nicht zu befürchten, dass Volker auf dem Land versauert. Vermutlich wird der Mann eher sein Dorf aufmischen als umgekehrt. Hauptsache: «Leben. Ich meine LEBEN – darauf kommt es doch an!»

Nachdem Schalke in Manchester verloren hatte, verabschiedete sich Volker in sein Wohnmobil. Am nächsten Morgen, als ich meine erste Runde mit Paula drehte, saß er davor und trank in Ruhe einen Kaffee. Er bot mir auch einen an, ein bisschen Zeit blieb noch für eine kurze Unterhaltung.

Ich beneidete ihn fast ein wenig für sein mobiles Gefährt. So etwas hätte ich in den nächsten Wochen auch gern. Ich könnte immer unterwegs sein und hätte trotzdem überall ein Dach über dem Kopf. Aber natürlich war so eine Idee nicht mit dem «Deutschland umsonst»-Konzept vereinbar, wusste ich ja. Doch ich merkte schon nach vier Tagen, dass mich die Unsicherheit, wo ich abends wohl unterkommen würde, ein wenig stresste. Das Wandern selbst war kein Problem. Keine Blasen bislang, kein nennenswerter Muskelkater. Ein wenig Rückenschmerzen, das war's. Selbst das Betteln um Essen klappte eigentlich ganz hervorragend. Hunger musste ich noch keine Minute leiden, bislang gaben mir auch meine Gastgeber so viel Proviant für mich und den Hund mit, dass ich selbst ohne die regelmäßigen Schnorrer-Touren in Bäckereien gut über die Runden gekommen wäre.

Als Volker längst weg war und auch der Girgl sich von mir verabschiedet hatte, setzte ich mich noch ein paar Minuten an einen der Biergartentische vor dem *WeyHalla* und genoss die Sonne. Das Wetter war grandios, und so sollte es auch bleiben in den nächsten Tagen. Ich freute mich auf das lange Wochenende, denn um Übernachtungsmöglichkeiten musste ich mir dann erst mal keine Sorgen mehr machen. Heute Abend wurde ich in Glonn von einem alten Freund erwartet, mit dem ich früher beim ruhmreichen FC Freischütz Fußball gespielt hatte, einer Münchener Freizeittruppe. (Nur falls Sie fragen wollten: Benannt nach einer Kneipe, nicht nach der Oper. So eine Mannschaft waren wir nicht.) Peter und ich hatten uns nach langen Jahren über *Facebook* wiedergetroffen. Er begleitete meine Reise vom ersten Tag an. Für den heutigen Abend hatte er mir nicht nur seine Blockhütte im Garten angeboten, sondern auch ein zünftiges Abendessen in einem bayrischen Biergarten. Warmes Essen, ein dunkles Weißbier dazu! Mir lief schon beim Gedanken daran das Wasser im Mund zusammen. Doch, man wurde schon dankbarer, wenn die Selbstverständlichkeiten des Alltags plötzlich gar nicht mehr so selbstverständlich waren.

Am Samstag und Sonntag würde ich in München bei meinem Bruder ein Wochenende Wanderpause machen. Das war früh, das wusste ich. Es wäre auch nicht unbedingt nötig gewesen, Paula und ich hatten uns gerade eingelaufen, körperlich waren wir noch gut dabei. Aber diese Pause war unvermeidlich, denn ich musste noch zwei Texte für Magazine schreiben, die ich vor dem Beginn meiner Reise nicht mehr geschafft hatte. Dieser elende Erwerbsdruck. Der Girgl hatte recht: Wir werden alle nicht artgerecht gehalten.

Als Wanderer durch deutsche Kleinstädte konnte man eine Menge lustige Leute kennenlernen. Man musste nur die Augen offen halten und ein wenig Zeit haben. Auf dem Weg nach Glonn begegnete mir in Unterlaus, einem Ortsteil der Gemeinde Feldkirchen-Westerham, Heike Makatsch. Sie saß da einfach in einem kleinen grünen Auto bei offener Tür und wühlte im Handschuhfach. Ich fand das hochinteressant, was machte denn Heike Makatsch in einem Kaff wie Unterlaus? Nicht einmal zweihundert Einwohner lebten hier, eine der nächsten Ortschaften hieß Pups. Das war die Wahrheit. Möchten Sie in einem Ort leben, der Pups hieß? Oder Unterlaus? Ich wechselte die Straßenseite und näherte mich dem Filmstar so lässig wie möglich.

«Wie komme ich denn von hier nach Glonn?», fragte ich scheinbar ahnungslos, dabei kannte ich den Weg zu meinem nächsten Ziel ausnahmsweise einmal ganz genau. Heike schaute skeptisch zu mir hoch, doch dann nahm auch schon Paula Kontakt auf und machte die Sache für mich klar. Sofort waren Heike und ich beste Freunde. Sie erzählte, dass sie auch einen kleinen Hund habe, der sei aber gerade in der Wohnung. Sie zeigte mit dem Finger auf ein paar Häuser gleich neben einem Biergarten.

Es stellte sich sehr schnell heraus, dass Heike gar nicht Heike war, sondern ihr nur verdammt ähnlich sah. Sie hieß in Wahrheit Csilla und stammte aus einem Ort in Siebenbürgen im Norden Rumäniens. Sie sprach perfekt Deutsch mit einem lustigen Akzent, studierte in Salzburg und ist nach Deutschland gekommen, weil sie sich in einen Mann verliebt hatte. Der war aber leider ziemlich verrückt und auch nicht treu gewesen, und jetzt sei sie halt deutsche Staatsbürgerin und bald mit dem Studium in Österreich fertig. Csilla sprach Ungarisch, Rumänisch, Deutsch und Englisch und außerdem war sie ein Fan von Dieter Bohlen. Ich bin nicht sicher, ob sie mich in dieser Hinsicht veräppelte, aber es war ihr zuzutrauen. Bevor ich nachfragen konnte, erzählte sie bereits neue Geschichten, zum Beispiel, dass sie bald nach Erding ziehe, weil sie da ein Praktikum bei einem Fotografen machen wolle. Das sei aber eigentlich nur studienbegleitend, danach ginge sie sowieso zur Bundeswehr. Ich fragte dann doch noch einmal nach, ich meine: Dieter Bohlen? Echt? Aber sie bestätigte mir, das sei durchaus keine Ironie, schließlich sei sie mit *Modern Talking* groß geworden. Dass sie auf ihrer *Facebook*-Seite auch Paul Hardcastle, den englischen Jazz- und Elektromusiker, sowie *Metallica* aufführte, machte das alles noch rätselhafter.

Die Unterhaltung mit Csilla am Straßenrand in Unterlaus wurde minütlich turbulenter, die smarte Neudeutsche wechselte die Themen schneller als ein Springfrosch die Straßenseite, ich wurde bestens unterhalten. Csilla mag ein wenig schräg sein, aber auf jeden Fall war sie nicht auf den Kopf gefallen – dass Schach auch zu ihren Hobbys gehörte, kam da schon nicht mehr nicht überraschend. Nach ein paar Minuten holt sie ihren Pekinesen Pummi aus ihrer Wohnung. Mit mehr Zeit (und Geld!) hätte ich sie sicher später noch zum Essen eingeladen, das wäre ein sprudelnder Abend geworden. Irgendwann konnte ich nicht mehr anders, es musste jetzt einfach raus: «Weißt du eigentlich, wem du ähnlich siehst?», frage ich Csilla, als sie mit Pummi, Zigaretten für sich und Wasser für Paula zurückkehrte. Sie guckte nicht mal erstaunt.

«Ja, weiß ich, aber die ist viel größer als ich.» Wir lachten beide. Musste doof sein, einem Star ähnlich zu sehen. Csilla zuckte mit den Schultern: «Es gibt Freundinnen von mir, die nennen mich Heike …» Nicht ihr Lieblingsthema, offenbar.

«Du willst zur Bundeswehr?», wechselte ich also besser das Thema, ehrlich verblüfft über diesen merkwürdigen Wunsch. «Was suchst du denn bei denen?»

Csilla lachte bloß. Offenbar hatte sie auch diese Frage schon einige Male gehört.

«Weiß ich auch nicht, ich wollte das schon immer. Ich glaube, weil ich selbst so chaotisch bin.»

Das war die plausibelste Begründung, die ich mir für einen

Job beim Militär vorstellen konnte. Schade, dass ich nicht mehr Zeit hatte. In Glonn warteten Peter und sein uriges Blockhaus auf mich, in dem ich heute Abend übernachten würde. Ich warf Csilla, der smarten Frau aus Siebenbürgen, einen letzten vergnügten Blick zu, dann zogen Paula und ich weiter. Ich schüttelte den Kopf: Als Wanderer durch deutsche Kleinstädte konnte man wirklich spaßige Leute kennenlernen. Einige davon sogar mit einem ganz eigenen Kopf.

14 Wo bleibt das Leid?

Biergärten, gutes Wetter und idyllische Gewässer im Blick sind die natürlichen Feinde des seriösen Wanderers. Ständig spürt er den Impuls, mit Erfrischungsgetränken auf einer lauschigen Bank zu pausieren oder *noch* ein Foto zu machen. Schließlich muss so viel bayrische Pracht für die Nachwelt (und *Facebook*) festgehalten werden.

Die Wanderung um den Ammersee war für mich eine echte Herausforderung. Ständig frönte ich dem Müßiggang wonnigblöde grinsend in bayrischen Amüsierstadeln, die mit unverstelltem Blick auf den See aufwarteten. Dass Paula und ich heute trotzdem rund zwanzig Kilometer schaffen würden, lag nur daran, dass wir in aller Herrgottsfrühe losmarschiert waren und am späten Nachmittag zwischen Stegen und Grafrath noch einen kleinen Zwischenspurt eingelegt hatten.

Ursprünglich lag der Ammersee ja gar nicht unbedingt auf der schnellsten Route, wenn man sich schon mal von Traunstein nach München durchgeschlagen und als grobes Ziel nun Augsburg und später Stuttgart im Sinn hatte. Aber was war schon der direkte Weg bei einem Projekt, das im Prinzip gar keinen Umweg kannte? Es kam doch schließlich nicht drauf an, dass ich durch Deutschland raste, als ob ich einem höheren Plan folgen würde?

Ich wusste das alles. Das Problem war nur, dass ich mich manchmal selbst daran erinnern musste. Ich zwang mich regelrecht dazu, meinen Weg auch mal bewusst zu genießen, innezuhalten und nicht bloß zu knipsen, sondern auch schon mal vor Ort zu schauen, wie Gerhard Polt es einmal genannt hat. Das fiel mir nicht ganz leicht. Um genau zu sein: ziemlich schwer. Ich war irgendwie immer auf Sendung, dachte ständig daran, wie man dieses schöne Motiv oder jene kleine Begegnung «verwerten» könne, für das Buch, den

Blog, die *Facebook*-Seite. Das war recht anstrengend, denn auf diese Weise würde ich in Sachen «Entschleunigung» wenige Fortschritte erzielen, das war mir klar.

Die Entscheidung, von München aus einen «Umweg» über den Ammersee einzuschieben und anschließend in größerem Bogen Augsburg anzusteuern, hatte ich zum Glück schon vor dem Start der Reise getroffen. Das war, wie sich jetzt herausstellen sollte, auch notwendig. Womöglich hätte ich sonst ja aus Zeitgründen auf den Ammersee verzichtet. Aber Effizienz ist nicht alles: Am Ammersee wurde ich dank *Facebook* schon von Susanne erwartet. Da konnte ich jetzt nicht einfach umdisponieren.

Schon in den achtziger Jahren, als ich sieben Jahre in München gelebt hatte, gefiel mir der Ammersee von den Seen, an die es den gemeinen Münchener am Wochenende zog, am besten. Starnberger-, Tegern- oder Chiemsee mögen auch ihre Reize haben, unbestritten, aber am Ammersee war es nicht so unerträglich chic und *chi chi*, wie ich fand, und an seinen Ufern traf man hin und wieder Leute, die nicht aus Bogenhausen oder Grünwald angereist waren.

Meine Erinnerung hatte mich nicht getrogen. Die zwölf Kilometer Wegstrecke zwischen Herrsching und Stegen, die Paula und ich immer eng an der Ideallinie am See entlangspazierten, würden auf jeden Fall zu den Höhepunkten der Reise zählen, Abteilung Naturerlebnis. Nicht meine Domäne normalerweise, ich finde es im Grünen ja meistens dann am schönsten, wenn man weiße Kreidelinien drum herum zieht und zwei Tore draufstellt. Am Ammersee aber ging mir das Herz auf.

Schon am Abend zuvor hatte ich sprachlos einem traumhaften Sonnenuntergang in bizarren Farben am Herrschinger Ufer zugesehen. Meine Gastgeberin Susanne – eine mir bis dahin unbekannte *Facebook*-Bekanntschaft – empfing mich in einem modernen, lichtdurchfluteten Architektenhaus mit Seeblick, wir tafelten auf der Terrasse vor dem Haus, später spielte eine ihrer beiden Töchter ein wenig auf dem Klavier. Das hier war nicht unbedingt das Ambiente, vor dem ich mich gefürchtet hatte, bevor ich zu meiner «Landstreicherei» aufgebrochen war. Statt wie Michael Holzach in Bahnhofsmissionen oder gleich unter freiem Himmel zu übernachten, logierten wir in schmucken Pensionen oder gläsernen Villen. Meistens wurde ich noch zu einem feinen Essen eingeladen und am nächsten Morgen mit exquisiten Speisen im Ranzen verabschiedet. Ich schämte mich fast ein wenig dafür, wie reibungslos unser Projekt lief. Abgesehen von unserem Gewittermarsch und der Ungewissheit vor unserem Treffen mit dem Lenzi in Söllhuben hatten wir bislang nur schöne, sorglose Tage erlebt. Selbst die Zurückweisung vor dem Klostertor hakte ich als Katholen-Folklore ab.

Zunehmend grummelte und rumorte es allerdings auf meiner «Deutschland umsonst»-Seite. Offenbar wollten einige unserer virtuellen Begleiter endlich Blut sehen.

Andrea Schöner Urlaub. :)
09. Mai um 17:04

Ben Profane Jetzt habe ich gerade den Bettentest durchgeklickt und bekomme den Eindruck, dass ich hier eine *****-Reise verfolge. Mich dürstet nach einem Nachtlager in freier Wildbahn (vor allem aus der Follower-Perspektive), gerne neben einem Ameisenhügel. Der Sommer ist doch schon angekommen in Bayern – genieß die Natur. ;-)
09. Mai um 23:33

Peter Strandbad, Seeblicke, Sonnenuntergänge – wird Zeit, dass die Tour mal Maloche wird. ;-)
10. Mai um 12:24

Nina Wann musst Du eigentlich mal draußen schlafen? Im Moment erscheint mir das alles noch wie «Deutschland, ganz bequem»...
10. Mai um 16:02

Susanne Ich prangere das an! Das ist überhaupt kein bisschen strapaziös, das ist URLAUB! Auf Kosten des Verlags, jawohl. Ich prangere das an.
10. Mai um 16:34

Christian @Susanne: Endlich spricht mal eine aus, was wir alle denken, hihi. Andererseits: Du wusstest das doch schon vorher.
10. Mai um 16:37

Susanne Lieber Christian, hörst du das laute Klatschen meiner Hand auf meiner Stirn? Mannmannmann, du hast so recht, mit dem Braun war die Spazierfahrt ja schon vorprogrammiert …
10. Mai um 16:40

Ich musste zugeben, dass mir der Aufstand der Sesselpupser in der Heimat so langsam auf den Wecker ging. Was sollte ich denn machen? Etwa freiwillig ablehnen, wenn ich in gemütliche Blockhütten, Hotelzimmer oder Architektenhäuser am Ammersee eingeladen wurde, und stattdessen vogelwild unter einer Brücke campieren? Alles, was uns da gerade an glücklichen Fügungen widerfuhr, war ja auch schließlich *umsonst* und *Deutschland*, interessante Begegnungen mit originellen und amüsanten Köpfen inklusive. Also entschloss ich mich zu einer kleinen Publikumsbeschimpfung, um aus meinem Herzen keine Mördergrube zu machen. Sollte keiner sagen, ich sei ein Typ für Magengeschwüre. Versehen mit dem Foto eines sehr hässlichen Hängebauchschweines postete ich folgenden Eintrag auf «Deutschland umsonst»:

deutschlandumsonst.wordpress.com

FIESE MÖPPEN

Was ist denn bloß mit euch los?
In den letzten Tagen schien die Sonne über Bayern, als ob die Auferstehung Franz Joseph Strauß' knapp bevorstehen würde, man nennt das ja auch nicht umsonst Kaiserwetter. Ich gebe zu, ich habe das sehr genossen. Es ist sehr viel angenehmer, mit einem großen trockenen Hund durch Deutschland zu marschieren als mit einem nassen, mürrisch vor sich hin mosernden. Es hebt die Stimmung, wenn die Menschen auf den Straßen fröhlich sind und die noch etwas ungelenken Versuche, Ihnen Kleingeld, Hundefutter oder altes Brot aus den Rippen zu leiern, auf wohlwollendes Verständnis stoßen.
Ich weiß nicht, ob das jetzt jemanden überraschen wird: Ein Dach über dem Kopf zu haben, wenn sich da draußen die Temperaturen des Nachts bis auf zwei Grad runterschrauben, ist viel besser, als unter freiem Himmel zu übernachten, möglicherweise sogar gesunder, wer weiß das schon. Auch wenn es sehr viel romantischer klingt, nur eine dürre Zeltplane zwischen sich und den Sternenhimmel zu schieben.
In den letzten Tagen aber erbricht sich hier auf diesen Seiten so ein wenig die grunddeutsche Jammer- und Leidensseele: Ach nein, geht's diesem Kerl nicht viel zu gut auf dieser Wanderung? Zu essen hat er, eine Sonne scheint, und die Kulissen sehen auch aus, als ob ein Postkartenfotograf nachgeholfen hätte. Darben soll er doch, hungern und frieren möglicherweise, und wenn schon ein Dach über dem Kopf, dann möglichst in einem Kohlenkeller oder einem windigen Eselstall. Das kann doch nicht sein, dass ein Kerl ohne Geld zu Fuß durch Deutschland rennt und dabei offenbar auch noch Spaß hat. Das ist ja Urlaub, das klingt ja gar nicht anstrengend, UNVERSCHÄMTHEIT!

Sorry, Leute. Ich kann's auch nicht ändern. Die Menschen, die ich in den ersten zehn Tagen getroffen habe, waren fast ausnahmslos hilfsbereit und interessiert. Möglicherweise war das Anfängerglück oder eine regionale Besonderheit, noch habe ich mich ja aus Bayern nicht rausbewegt.
Es wird nicht immer so weitergehen, das ist mir klar. Schließlich habe ich noch fast 1000 Kilometer vor mir, die Gegenden werden unwirtlicher, das Wetter mieser, der Hund unleidlich. Wird alles kommen. Ganz sicher. Wer von euch fiesen Möppen das allerdings kaum abwarten kann (sehe ich da zwei, drei verschämte Grinsegesichter?) und mir die Seuche an den Hals wünscht, dem sei gesagt: Reinkarnation ist gar nicht mal so unwahrscheinlich. Schaut euch Igor auf dem Bild an. Der war früher auch mal bitchy und wenig wohlwollend. Wer von euch will das riskieren?
Mai 11, 2011

In den nächsten Tagen warfen sich tatsächlich ein paar der «fiesen Möppen» gebremst reumütig vor mir in den Dreck. Das vergnügte mich beinahe noch mehr als mich ihre Frotzeleien vorher geärgert hatten. Komischerweise schrieb keiner, dass ich ein weinerlicher, selbstgerechter Stinkstiefel sei, der sich jetzt endlich mal aus der Komfortzone verabschieden solle, um am richtigen Landstreicherleben teilzunehmen (oder ersatzweise vom Sonnendeck, wie es ein deutscher Verlagschef mal ausdrückte, bevor er ein paar hundert Leute auf die Straße setzte). Ich nehme an, ein paar werden es wenigstens gedacht haben. Wenn ich meinen Brandbrief heute so lese – ich könnt's verstehen.

15 Schlossträume

Die Gemeinde Moorenweis im Landkreis Fürstenfeldbruck werde ich vermutlich nie mehr kennenlernen. Geplant war das anders. Ich war sogar schon bis nach Grafrath gekommen, fast zwanzig Kilometer von Herrsching am Ammersee entfernt, meinem Ausgangspunkt an diesem Tag. Die restlichen acht Kilometer hätte ich wohl auch noch geschafft. In Moorenweis, da war ich bei dem herrlichen Wetter im Prinzip wild entschlossen, wollte ich endlich einmal bei einem Bauern übernachten und vielleicht sogar herausfinden, wie es sich in einem Heustadel schläft. Doch leider wurde wieder nichts daraus. Kurz vor Grafrath rief Knut an, ein alter Freund aus Hamburg, der vor kurzem erst nach Süddeutschland umgesiedelt ist.

«Hast du Lust, dir mal Schloss Blumenthal anzusehen?», fragte er, «das ist ganz in der Nähe, ich kann dich hinbringen.»

In dem Satz stimmte gleich eine Menge nicht. Zum einen durfte ich mich nicht ohne guten Grund in der Gegend herumfahren lassen – und ein Burgen- und Schlösser-Sightseeing *ist* kein guter Grund. Also antwortete ich eher abweisend:

«Nett gemeint, aber …»

Knut ließ mich gar nicht erst ausreden.

«Das ist ein interessantes Mehrgenerationenprojekt», sagte er. «Da wohnen Leute, die nach alternativen, nachhaltigen Lebenskonzepten suchen. Das wäre für dein Buch doch sicher interessant?»

Das stimmte möglicherweise sogar.

«Außerdem habe ich schon eine Übernachtung für dich arrangiert!», legte Knut nach. «Die erwarten dich.»

Er kannte offenbar eine junge Fotografin, die auf dem Gelände lebte, Lisa, und hatte bei ihr angefragt, ob sie mein Vorhaben nicht unterstützen wolle. Lisa antwortete prompt:

«Soll kommen. Er kann im Bauwagen übernachten, er kriegt ein frisches Ei von unseren eigenen Hühnern, und wenn er wieder geht, geben wir ihm ein Lama mit.»

Das gab den Ausschlag. Nicht das Lama. Der Bauwagen. In so einem Bauwagen hatte ich noch nie übernachtet, stellte mir das aber gemütlich und wild romantisch vor. Der Heustadel musste warten. Knut las mich schon eine Stunden später in Grafrath auf. «Ganz in der Nähe» lag Schloss Blumenthal von hier aus dann doch nicht, in Zahlen ausgedrückt: vierzig Kilometer entfernt. Das Gute an meinem spontanen Kurswechsel aber war, dass ich am nächsten Tag auch von Aichach aus ganz prima nach Augsburg weiterwandern könnte. Fünfundzwanzig Kilometer würde ich ja wohl an einem Tag schaffen. Perfekt.

Auf den ersten Blick wirkte Lisa wie ein zweiundzwanzigjähriges fröhliches Mädchen. Auf alle anderen Blicke wie eine ernsthafte, von einem ganz besonderen Verantwortungsgefühl geprägte junge Frau. Sie kümmert sich auf Schloss Blumenthal um die Lamas und die Gemüsebeete, daneben hat sie noch einen ganz regulären Job als Fotografin in München. Den sie aber nicht mehr so gerne mochte, jedenfalls meistens. Sie würde lieber ständig auf Schloss Blumenthal leben, bei ihren Leuten, den Tieren, in der Natur.

Das konnte ich schon nach zehn Minuten auf dem Schloss gut verstehen. Das idyllische Areal mit seinen halb verfallenen, aber malerischen Gebäuden und den Wiesen und Gärten drum herum wirkte wie aus der Zeit gefallen, wie eine romantische Filmkulisse. Hier lebte Lisa zusammen mit den «Blumenthalern» der ersten Generation, etwa fünfundzwanzig Leuten. Lisa nannte es: die Gemeinschaft. 2006 kaufte «die Gemeinschaft» das idyllische, aber ziemlich vernachlässigte Schloss samt anliegenden Grundstücken für knapp anderthalb Millionen Euro. Seit März 2007 versucht sie dort den Traum von einem anderen, unabhängigen, weniger konventionellen Leben in die Praxis umzusetzen. Ein nachhaltiges, in mehrere Phasen untergliedertes Projekt, mit eigener Brauerei, gastronomischen Konzepten und einem kleinen Schlosshotel. Man sei noch mittendrin im Findungsprozess. Bis zu dreißig Menschen würde man hier in Zukunft einen Platz anbieten können. *Gemeinschaft*, das war das Kernwort in diesem Drei-Generationen-Projekt, Lisa benutzte es sicher zehn Mal in unserer Unterhaltung. Vorsichtig geschätzt. Momentan würden vor allem Leute unter vierzig gesucht, um eine ausgewogene Altersstruktur auf Schloss Blumenthal zu schaffen.

Für wen das jetzt so ein wenig nach Kommune, Sekte oder einer sonst wie verdächtigen Wohnform klingt, den kann Lisa beruhigen: «Wir sind völlig unabhängig, wir gehören zu niemandem, hier kann jeder sein, was er möchte – solange er sich als Teil der Gemeinschaft wahrnimmt und sich dafür engagiert.»

Klar, man kann es Gemeinschaft nennen. Oder auch Ersatz-Familie. Das klang verlockend und idealistisch in meinen Ohren, aber ich vermutete gleich, dass es auch ganz schön anstrengend sein konnte, sich mit so einer großen «Familie» ständig auf *einen* Kurs zu einigen.

Lisa bestätigte das lächelnd: «Es herrscht sehr viel Diskussionsbedarf, wir lernen gerade, uns gegenseitig Vertrauen zu schenken. Wir können nicht alles immer wieder aufs Neue ausdiskutieren, wir müssen lernen, bestimmte Sachen zu delegieren und dann die Person, die verantwortlich ist, auch machen zu lassen!» Das bezog sich vor allem auf die wenigen, kleinen Betriebe, die auf Schloss Blumenthal bereits existierten. Noch rechneten sich einige nicht, noch waren längst nicht alle Projekte angeschoben, auch das Hotel auf dem Schlossgelände sei erst in Teilen in Betrieb, erwähnte Lisa. Für einen Besucher wie mich aber waren diese ökonomischen und zwischenmenschlichen Unwuchten gar nicht spürbar, die es hier geben musste. Für mich wirkte Schloss Blumenthal als Lebensmodell an diesem Abend sehr verführerisch. *So könnte ich auch gut sein*, dachte ich insgeheim, als ich mit Knut und Lisa im Schloss-Biergarten saß, Ochsenbratwurst und ein dunkles Weißbier vor mir. *Einfach nur leben, schreiben, den Sozialsound von angenehmen Menschen im Ohr.*

«Viel hängt davon ab, dass man sich auf die *Gemeinschaft* einlässt», sagte Lisa. «Niemand wird glücklich, der hier nur ein bisschen wohnen will und sich isoliert. Solche Menschen möchten wir auch gar nicht haben.»

Okay. Vielleicht könnte ich doch nicht hier leben. In einem Plenum Rechenschaft darüber abzugeben, warum ich beim Unkrautjäten gefehlt habe oder mich nicht an der Renovierung der Remise beteiligen will, wäre vermutlich nichts für mich. Meine sozialen Talente sind recht überschaubar, für mich besteht ein perfekter Tag darin, lange Zeitung zu lesen, ein wenig zu schreiben und mit meiner Frau bis in die Nacht hinein an einem rustikalen Holztisch zu sitzen und zu essen. (Ich rede von den Tagen, an denen ich nicht Fußball spiele oder St. Pauli dabei zuschaue).

An diesem Abend auf Schloss Blumenthal bedauerte ich sehr, dass ich kein Typ war, der gern mit den Händen arbeitete und besonders eng mit vielen Menschen zusammenleben wollte. Das hier wäre der Ort gewesen, an dem es passen könnte.

Lisa war an diesem Abend anzumerken, wie sehr sie sich mit dem Projekt identifizierte, auch wenn die erforderliche Sozialarbeit sie dabei manchmal ein wenig zu ermüden schien. Hin und wieder kam ein Blumenthaler auf einen Schwatz an unseren Tisch, es gab da einiges zu organisieren, am kommenden Wochenende sollte das Elfenfest gefeiert werden, zu dem der halbe Landkreis erwartet wurde.

Lisa bot mir eine Dusche an, ein gemeinsames Frühstück war leider nicht drin: Sie musste am nächsten Morgen früh los nach München, der Brotjob rief. Ich könne aber einfach ihre Sachen nehmen, sagte sie, die Tür zu ihrer Wohnung stehe immer offen. Auch wenn sie selbst nicht auf dem Gelände sei. Sie fragte mich, ob ich in der Früh die Lamas füttern könne.

«Kann ich?»

«Das ist nicht schwer, die Tiere sind zwar neugierig, aber harmlos. Sie werden nur nicht gern angefasst.»

Sie zeigte mir den Stall der Lamas und den «kreativ» in Grün-, Blau- und Rosatönen gestrichenen Bauwagen. Er stand etwas abseits an einem Winkel des Gemüsebeets und machte einen ganz gemütlichen Eindruck. Strom gab es zwar keinen in meiner Bleibe für diese Nacht, aber dafür ein gemütliches Bett und ein paar Kerzenstummel, die ich später anzündete und mit deren Wachs ich die Laken des Bettes einsaute, weil ich in dieser gemütlichen Umgebung auf der Stelle einschlief. Als ich am nächsten Morgen aufwachte, war Lisa schon lange weg. Ich fütterte die Lamas und setzte mich wieder in den Biergarten, um ein wenig zu schreiben. Ich beobachtete, wie einige Blumenthalerinnen das Gelände schmückten, vermutlich schon für das Elfenfest. Ein Engländer, der aussah wie ein cleaner Bruder von Hermann Brood, setzte sich an meinen Tisch, obwohl auch alle anderen Tische frei waren. Er grüßte nur knapp und rauchte schweigend, ich aß ein wenig Käse und Brot. Ein merkwürdiger, aber auch ein schöner Moment: einvernehmliches Männerschweigen, genau die richtige Balance aus Nähe und Distanz. Nach ein paar Minuten wollte er doch mehr wissen über mein Projekt, erzählte, dass er selbst seit ein paar Jahren hier sei und dabei half, die alten Gebäude wieder auf Vordermann zu bringen. Er sei zwar kein *ordentliches* Mitglied der Gemeinschaft, aber eigentlich immer und gern da. Viel Arbeit, sagte er, aber ein guter Ort. Beides glaubte ich ihm. Ich wäre gern noch länger geblieben auf Schloss Blumenthal, aber in Augsburg wartete bereits mein nächster Gastgeber. Gegen Mittag machte ich mich wieder auf den Weg. Nicht zum ersten Mal auf dieser Reise mit einem wehmütigen Blick zurück. Ich hoffte sehr, ich würde hierhin zurückkehren, irgendwann und etwas länger bleiben.

16 Die Medien sind dran

Es war heiß in den letzten Tagen, der deutsche Frühling zeigte sich von seiner besten Seite. Der Hund entwickelte bei diesem Wetter eine interessante Wandertechnik. Wenn wir das Glück hatten, über kleine Wanderwege oder sogar im Wald laufen zu dürfen, sprintete er hundert Meter vor, legte sich ins Gras oder unter einen Baum und wartete, bis sein Rudelführer ihn überholte. Das konnte dauern. Wenn ich auf seiner Höhe war, schaute er mich eindringlich an wie die Schlange Kaa und versuchte billige Hypnose-Tricks. «Pause! Du willst es doch auch!», sagten seine Augen, und die Pupillen drehten sich in Spiralen. «Wir brauchen eine Paaaauuuuseeeee!» Leider war das nicht immer mit unserem Marschplan zu vereinbaren, obwohl ich vollstes Verständnis für seine manipulativen Einlassungen hatte.

Wandern bei schönem Wetter mag ja eine nette Sache sein, aber wandern bei großer Hitze ist es nicht. Nicht für den Hund, der in seinem schwarzen Kleid langsam heiß lief und nach einem Kilometer schon hechelte, als hätte er einen Marathonlauf hinter sich. Und auch nicht für mich, mit dem fünfzehn Kilogramm schweren Rucksack auf dem Rücken und den schon spürbar müder werdenden Beinen. Ich war ja schon froh, dass sich keine Blasen unter meinen Füßen bildeten. Schorfige, blutige Füße waren mir prophezeit worden, von nahezu jedem, der in seinem Leben auch nur dreimal um den Baggersee gelatscht war. Doch bislang hatte ich Glück. Keine Blasen. Das würde noch kommen, da war ich mir sicher. Viel mehr aber machte mir der unfeine Dunst meiner *Falke*-Wandersocken zu schaffen, der mich an jedem warmen Tag von *recht früh* bis *ganz spät* begleitete wie der Buckel einen Lahmen. Auch der Hitzestau unter Hose und Funktionsunterwäsche (die charmanterweise mit dem Label «no stink» warb) lastete mir zunehmend auf der Wanderseele.

Salzige Schweißschlieren musterten meine Hose im Waden- und Schienbeinbereich, manchmal hatte ich den Eindruck, beim Gehen vor Feuchtigkeit zu quietschen.

In Dasing pausierten wir in einem Gasthof an einer riesigen Baustelle nahe der Autobahn nach München, dem *Dasinger Hof*. Wir hockten uns halb verdurstet an einen Tisch im Außenbereich. Der Kellner, ein freundlicher Mensch aus einer südeuropäischen Region, brachte ungefragt Wasser für den Hund und spendierte ohne viel Heckmeck eine Apfelschorle für mich, nachdem er sich nach unserer Geschichte erkundigt hatte. Offenbar sind Wanderer mit Hund und Rucksack in Deutschland nur noch selten zu beobachten, ganz im Gegensatz zu Landstreichern mit Einkaufswagen. Ich war froh, dass der kleine Unterschied offenbar immer noch wahrgenommen wurde, auch wenn ich jetzt schon ein wenig verwilderte.

Während wir noch da saßen und ich ein schickes Foto meiner gespendeten Apfelschorle auf *Facebook* postete, erhielt ich eine Mail vom Girgl. Mein Retter aus Weyarn hatte dem *Miesbacher Merkur* in der Zwischenzeit ein Interview gegeben. Auf welchem Weg auch immer die Lokalpresse von meinem Besuch Wind bekommen hatte, ist weder ihm noch mir so ganz klar. Aber man wollte nun ganz genau wissen, was es mit diesem dubiosen Wanderer in Weyarn auf sich hatte. Einerseits amüsierte mich das, ich meine: So spannend kam es mir aus Sicht der Miesbacher Bevölkerung nicht vor, dass da jemand übers Land zog und sich durchschnorrte. Andererseits konnte ich froh sein über jede Information, die über «Deutschland umsonst» verbreitet wurde. Je mehr Leute davon wussten, umso mehr potenzielle Helfer würde ich finden. Außerdem war ich froh, dass der Girgl mich offenbar als angenehmen Zeitgenossen wahrgenommen hatte – das beruhte schließlich auf Gegenseitigkeit.

Ich schickte dem Girgl noch ein paar Grüße, bevor Paula und ich uns aus dem *Dasinger Hof* verabschiedeten, und wunderte mich ein wenig über die mediale Eigendynamik meines

Wanderprojektes. Auf meiner *Facebook*-Seite mischten von Tag zu Tag mehr Leute mit, die mir Mut zusprachen, Tipps für die Reise gaben oder einfach nur Späße machten, gern auch mal auf meine Kosten. Ich muss zugeben, dass ich mich besonders über Kommentare der Kategorie III freute. Ich nahm das hier schließlich alles nicht ernster als unbedingt nötig. Ich machte doch keine Himalaja-Expedition, um Himmels willen.

Vor ein paar Tagen, während ich gerade in Prien am See die Füße im Wasser baumeln ließ, hatte mich ein Frauenmagazin aus Hamburg angerufen und um ein kleines Interview gebeten. Das Gespräch lief sehr nett, die Dame klang ganz reizend, nicht dass Sie mich missverstehen. Ich war ja auch dankbar, dass man «Deutschland umsonst» sogar überregional zur Kenntnis nahm. Doch als ich ihre letzte, im verlegenen Hüstelmodus vorgetragene Frage – «Solche Wanderprojekte wie Ihres liegen ja jetzt voll im Trend, nicht wahr?» – mit einem launigen Karl-Valentin-Zitat beantwortete, schnappte meine Interviewerin hörbar nach Luft. Aber das musste sie abkönnen. Der Subtext ihrer Frage lautete doch wohl, warum zum Teufel ich denn jetzt *auch* noch losrannte, nach den ganzen «Ich bin dann mal wegs» und «Deutschen Wandersommern» der letzten Zeit. Brauchte das die Welt wirklich? Und wenn ja: Was würde ich der Weltbevölkerung an bedeutenden Erkenntnissen präsentieren können, die den ganzen Aufwand rechtfertigten?

Ich wusste nur so viel: Ich *persönlich* war noch nie einfach so losgelaufen, und für mich *war* das alles neu und aufregend, voll im Trend hin oder her.

«Es ist schon alles gesagt, nur noch nicht von allen», antwortete ich ihr also salopp, «jetzt bin ich halt dran!» Ich verlieh meiner Hoffnung Ausdruck, meinen nichtswürdigen Eindrücken auf der Reise im Buch einen halbwegs unterhaltsamen Anstrich zu geben. Punkt. Das kam aber ganz schlecht an, das merkte ich gleich. *Frechheit aber auch*, ich konnte sie durchs Telefon empört denken hören: Wie kann denn ein so seriöser Ansatz wie der von «Deutschland umsonst» *unterhaltsam* präsentiert werden, am Ende vielleicht noch *lustig*? Über Armut und Mittellosigkeit macht man doch keine Witze!

Sie sagte es nicht explizit, aber ich spürte deutlich, dass sie mir meine fehlende Ernsthaftigkeit insgeheim zum Vorwurf machte. Ein wenig mehr Betroffenheit und ein bisschen weniger wurschtige gute Laune hätte sie da schon vorausgesetzt … Das aber kann man von *mir* nicht erwarten. Ich lebe nach dem Prinzip: *Mische ein bisschen Torheit in dein ernsthaftes Tun und Trachten! Albernheiten im rechten Moment sind etwas ganz Köstliches.* Das ist *meine* Einstellung. Auch wenn sie von Horaz geklaut ist.

Am späten Nachmittag gegen siebzehn Uhr erreichten der müde Hund und ich Friedberg, das hübsche Städtchen an der Lechleite, ganz in der Nähe von Augsburg. Hier erwarteten mich später Bernd und Nadine, während Tochter Michelle hauptsächlich an Paula interessiert war, wie mir schon vorab freimütig mitgeteilt wurde. Bevor ich mich bei ihnen meldete, trottete ich noch ein wenig in der idyllischen Altstadt von Friedberg herum, die ihren Namen wirklich verdient. Anschließend setzte ich mich durstig vor ein Café gleich neben der Kirche und fragte die Kellnerin, ob sie mir nicht ein Getränk ihrer Wahl ausgeben könne, ich sei von weit her gewandert und leider mittellos. In guten Momenten schaffte ich es inzwischen auch außerhalb von Bäckereien, um etwas zu bitten, aber es fiel mir nach beinahe zwei Wochen auf der Walz noch immer nicht leicht. Die Kellnerin blieb freundlich, erklärte mir aber ohne weitere Begründung, dass das leider nicht möglich sei. Ich wollte nicht lange diskutieren und entschied mich, dann halt ein wenig von meinem Geld zu opfern, das ich in den letzten Tagen «erschnorrt» hatte – hauptsächlich also die fünfzehn Euro von Sophia. Das war ein Fehler, den ich nur einmal machte: Die Kellnerin, vorher zwar nicht gerade freigiebig, aber ganz freundlich, erstarrte. Sie nahm meine Bestellung mit dem Ausdruck größter Verachtung entgegen. Klar, sie musste denken, ich hätte es einfach mal probieren wollen und nichts an meiner Geschichte sei wahr. Wortlos brachte sie mir die bestellte Apfelschorle, stellte Paula ungefragt auch einen kleinen Wassertrog vor die Nase (vermutlich dachte sie, der Hund kann ja nichts dafür) und kassierte die Rechnung sofort. Danach ließ sie sich an meinem Tisch nicht wieder sehen. Ich schämte und ärgerte mich über meine Dummheit. Von da an entschied ich mich in Zukunft immer vorher, ob ich nur Lust auf ein Getränk hatte oder ob ich es dringend *brauchte*. Ein großer Unterschied. Wenn Letzteres der Fall war (hauptsächlich frühmorgens, wir reden über Kaffee!) und ich noch Kleingeld in der Tasche hatte, sparte ich mir meine Geschichten und ging das Risiko gar nicht erst ein, abgewiesen zu werden.

Nach meinem Aufbruch fotografierte ich vor einem Haus in Friedberg eine Gedenktafel für einen gewissen Thomas Böller, 1770 bis 1827. Bis auf den Namen und die Daten gab es keine Ausführungen zu dem Mann, sehr rätselhaft. Wenn das jetzt Goethe gewesen wäre oder von mir aus auch Xavier Naidoo, okay. Aber wer zum Teufel war dieser Böller? Ich stellte die Publikumsfrage:

Deutschland umsonst Ankunft in der Heimatstadt von Thomas Böller. Preisfrage: Wo bin ich und für wen hat der gespielt?
11. Mai um 17:31

Christian Augsburg? Aber der ist nicht googlebar … also ein kleines Licht?
11. Mai um 17:38

Oliver Du bist in Regensburg und Johann Thomas Böller war dort Zinngießer.
11. Mai um 17:44

Deutschland umsonst Nah dran, aber nein.
11. Mai um 17:45

Frank Feuerwerk? Böllerkanone?
11. Mai um 17:51

Deutschland umsonst Du meinst so eine Art schwäbischer Guy Fawkes? Setzen, Braun, geh Steine kloppen.
11. Mai um 17:54

Peter Friedberg?
11. Mai um 17:58

Oliver Bizarrerweise gibt/gab es einen Thomas Böller, der für die finnische Mannschaft Irjalan Pallo gespielt hat – wenn auch nur virtuell bei hattrick.org. Die Lebensdaten sind allerdings die von Beethoven.
Nutzloses Wissen …
11. Mai um 17:58

Deutschland umsonst @Peter: Streber!
11. Mai um 18:00

Wer dieser Mensch nun wirklich war, habe ich bis heute nicht herausgefunden. Ich unternahm natürlich auch keine großen Anstrengungen, muss ich zugeben, aber allein der Umstand, dass sich im Internet nichts über einen solchen Menschen finden lässt, finde ich ein wenig obskur. Er war doch offenbar berühmt genug, dass ihm die Friedberger ein Gedächtnisschild an eine Häuserwand pappten. Kein einziger Hinweis im Netz, und das in Zeiten, in denen selbst Informationen über die Intimrasur von Sky du Mont die Suchmaschinen verstopften. Da stimmte doch die Verhältnismäßigkeit nicht! Auch meine Gastgeber Nadine und Bernd konnten mir in dieser Frage später nicht weiterhelfen. Aber das war auch die einzige Enttäuschung an diesem Abend. Die beiden gehörten zu meinen inzwischen zahlreichen *Facebook*-Unterstützern, Bernd bot mir gleich zu Anfang der Reise einen Schlafplatz an. Ich kannte Bernd nicht, aber er mich schon, irgendwie jedenfalls. 2010 hatte ich einen Roman bei einem Münchener Verlag veröffentlicht. Der Titel lautete «Der mieseste Liebhaber der Welt», vermutlich werden Sie ihn alle kennen … Ich sag's trotzdem noch einmal: Er handelte von einem Provinztrottel, der guten Sex nicht von einer Raufaser unterscheiden konnte und dem die Liebe darüber abhandenkam. Diesen Roman, der hauptsächlich in zwielichtigen Etablissements spielt, hatte Bernd nicht nur gelesen, nein, er hatte ihn sogar «hergestellt». Bernd nämlich arbeitet bei diesem Münchener Verlag und ist dort für einige ästhetische und technische Abläufe bei der Gestaltung von Büchern zuständig, wenn ich das mal so laienhaft ausdrücken darf. Ich rechnete ihm hoch an, dass er mich trotzdem eingeladen hatte. Wir verbrachten einen grandiosen Abend bei seinem Stammgriechen (*El Greco*). Nach jahrzehntelanger Abstinenz mutete ich meinem Magen endlich wieder einmal die unvergleichliche Kombination aus Bifteki und Samos zu, mit dem üblichen Ergebnis. Zum Glück ist Wandern ein einsames Geschäft …

17 Abenteuer bis zum Abwinken

Die Routenplanung von heute klang nach einem netten Spaziergang. Bis Fischach wären es von unserem Startpunkt bloß knappe zwanzig Kilometer – gewesen. Als wir dort bereits früh um vierzehn Uhr eintrafen, regnete es in Strömen. Das ist das Gute an Regentagen: Zu langen Pausen besteht wenig Veranlassung. Wir machten Kilometer, als wenn wir dafür bezahlt würden. Im Grunde wollten der Hund und ich ja nur schnell weiter, wenn es draußen unbehaglich nass und kalt war. In so desolaten Situationen hätten wir sonst einfach zu viel Zeit gehabt, melancholisch zu werden und noch deutlicher als sonst zu spüren, wie verloren wir uns manchmal auf den Landstraßen Deutschlands fühlten.

Nur nicht drüber nachdenken, einfach weiterlaufen, das war in der Regel meine Strategie gegen diese drohende Tristesse. Oder mit zu Hause telefonieren, wie E. T. Aber das funktionierte auch nicht immer. Wenn meine Frau gerade mit einem Kaffee in unserem Garten saß und von den Tieren eingekreist wurde, die nicht auf Wanderschaft abkommandiert worden waren, fühlte ich mich hinterher noch ein wenig desolater. «Was machen wir eigentlich hier!», habe ich den Hund in solchen Momenten gern gefragt. In Steppach, in Diedorf oder in Gessertshausen, an Orten, für die ich mich noch nie interessiert hatte und die mir auch keinen Anlass boten, diesen Umstand zu überdenken. Der Hund streifte mich in solchen Momenten nur verächtlich mit einem Blick, in dem Fatalismus und Unglaube miteinander rangen. Ich hatte den Verdacht, dass er langsam anfing, an meiner Eignung als Rudelführer zu zweifeln. Ausgiebige Spaziergänge mögen ja prima sein für einen Hund, in dem sich die Eigenschaften von Labrador und Weimaraner zusammengetan hatten. Aber jeden Tag? Über Stunden? Auf Asphaltstraßen und Schotterpisten? Jedes Mal, wenn wir uns abends häuslich einrichteten und auch für ihn abzusehen war, dass wir das Tagesziel erreicht hatten, schien er für ein paar Momente richtig sauer zu werden. Grummelnd und knurrend stülpte er seine Vorderpfoten maulig über den Kopf und warf sich auf den Boden, als ob er sich eingraben wollte. «Das ist schon wieder nicht zu Hause!», schien er mir mitteilen zu wollen. «Du unfähiger, nichtsnutziger Pfadfinder! Wo ist mein Sofa?»

In Fischach wollte ich nach einem langen Marsch ohne Pause eigentlich ein wenig am Blog arbeiten, doch hier schien nirgendwo eine Kneipe geöffnet zu haben. Als wir endlich ein Restaurant mit Biergarten gefunden hatten, schloss uns die ältere Bedienung die Tür vor der Nase zu, obwohl bis zur offiziellen Mittagspause des Ladens um vierzehn Uhr noch zwanzig Minuten fehlten. Offenbar mochte sie keine Wanderer mit Gepäck in ihrer guten Stube. Oder die langen Märsche hatten Paula und mich so mürbe gemacht, dass wir den Vagabunden-Status schon von weitem nicht mehr verbergen konnten. Ich klopfte an die gläserne Tür des Restaurants, wenigstens die Toilette wollte ich einmal kurz aufsuchen. Doch entweder die Dame war stocktaub, oder sie ignorierte uns ungerührt. Gastfreundliches Fischach. Uns blieb nichts anderes übrig, als den nächsten Ort anzusteuern. Meine Beklommenheit nahm zu, der Regen ebenso. Zu allem Überfluss waren wir jetzt in einer Region gelandet, in der sich für die nächsten Tage noch kein *Facebook*-Gastgeber gefunden hatte. Wir waren auf uns allein gestellt.

In den nächsten Stunden passierten wir Orte mit eigentümlichen Namen, Elmischwang zum Beispiel oder Vorderschellenbach. Kurz hinter Vorderschellenbach erreichten wir Maria Vesperbild, einen kleinen Wallfahrtsort, der zu Ziemetshausen gehört. Vor der Wallfahrtskirche hatten wir uns kaum auf eine Parkbank gesetzt, als der Regen einen neuen Anlauf nahm und so langsam Söllhubener Ausmaße annahm. Ein paar eng zusammenstehende Bäume vor der Kirche boten zwar ein wenig Schutz, doch besonders angenehm war unsere Lage nicht. Kein Dach über dem Kopf weit und breit, in die Kirche konnte ich mit dem Hund ja schließlich auch nicht. Derweil füllte sich der kleine Vorplatz mit einer Gruppe von älteren Frauen und Männern, die offenbar gerade die Wallfahrtskirche besucht hatten. Ein paar von ihnen kehrten sofort um, als sie den Regen bemerkten, aber drei ältere Frauen spannten ihre Regenschirme auf und gesellten sich zu uns unter die Bäume.

«Wo wollen's denn heut' noch hin?», fragte eine forsch. «Bei dem grauslichen Wetter?»

«Ich weiß noch nicht», antwortete ich achselzuckend, «mal sehen, wie weit wir kommen.»

Das schien die Damen jetzt doch zu interessieren. Als ich ihnen beichtete, dass ich und der Hund vermutlich im Freien schlafen müssten, im Zelt vielleicht, waren sie sehr erschrocken.

«Um Gottes willen», sagte die eine, «das ist ja furchtbar.» Ehrlich gesagt, fand ich das auch.

Die Damen waren schon über siebzig und aus Günzburg hergekommen, eigentlich wollten sie über einen Kreuzweg zur nahe gelegenen Fatima-Grotte spazieren, aber das ginge ja jetzt nicht, bei dem Wetter. Ich erklärte ihnen, das ich kein Jakobspilger sei und was mich nach Maria Vesperbild verschlagen hatte. Natürlich folgte die übliche Frage: «Wie machen Sie das denn mit dem Essen, so ohne Geld?»

«Ach, das ist gar kein großes Problem», antwortete ich. «Ich finde eigentlich immer nette Menschen, die uns mit einer Semmel und einer Suppe aushelfen. Oder etwas Geld!» Bei diesen Worten schaute ich die Damen auffordernd an. Verlegen hüstelten sie und schauten in eine andere Richtung. Keine sagte mehr einen Ton. Vermutlich hatten sie bereits den Opferstock in der Kirche gefüttert, oder es war ihnen einfach unangenehm, plötzlich mit einem Menschen in einer so konkreten Situation konfrontiert zu werden, der Hilfe suchte. Innerlich amüsierte es mich beinahe, wie unbehaglich sich die freundlichen Frauen plötzlich fühlten.

«Können *Sie* mir vielleicht mit etwas Kleingeld weiterhelfen?», fragte ich schließlich in die Stille hinein, sprach aber keine der Damen direkt an. Das war das allererste Mal auf der ganzen Reise, dass ich ausdrücklich nach Geld fragte. Ich stellte fest: Wenn so etwas gut vorbereitet wurde, tat es gar nicht weh. Obwohl sich erst einmal keine der Damen rührte. Schließlich wagte sich diejenige von ihnen, die auch unser Gespräch begonnen hatte, aus der Deckung: «Mein Mann hat den Geldbeutel, ich frage ihn, wenn er gleich kommt.» Ich bedankte mich freundlich, meine potenzielle Gönnerin nickte verhuscht, auch die beiden anderen Frauen lächelten, wie mir schien, ein wenig huldvoll. Ob sie auch kein eigenes Geld dabeihatten oder einfach nur der Ansicht waren, die Kollegin würde mit ihrer Spende eine Art Kollektivschuld begleichen, brachte ich nicht in Erfahrung. Darüber konnte ich ja auch kaum mit ihnen debattieren … Als der Regen ein paar Minuten später nachließ, tröpfelte die Gruppe der Wallfahrer nach und nach Richtung Parkplatz, wo der Bus der Reisegesellschaft ein wenig abseits auf seine Fracht wartete. Auch mein Damentrio schüttelte sich kurz, nickte mir zu und setzte sich in Bewegung. Kein Wort des Abschieds. Aber wenigstens eine von ihnen würde ja gleich noch einmal wiederkehren. Ich beobachtete, wie sich die frommen Alten vor dem Bus sammelten, ihre Regenschirme ausschüttelten und schnell einstiegen, schließlich regnete es ja immer noch. Es dauerte offenbar ein wenig, bis meine Gönnerin ihren Ehemann gefunden hatte. Kurze Zeit später startete der Busfahrer sein Gefährt und bog auch schon langsam in die Straße ein. Zehn Sekunden später war der Spuk vorbei, der Bus weg, und ich konnte langsam wieder daran arbeiten, meinen Mund zu schließen …

«Hermann, hör's dir erscht emol an, bevor du na sogst!», bat Traudl ihren Gatten Hermann, und bevor ich ihn überhaupt sehen konnte, rief er schon bockig, aber mit unüberhörbarem Schalk in der Stimme: «Naaa!!!» Dann erschien sein schlohweißer Schädel in der Tür, und ich wusste: guter Mann! Wie bei seiner Frau, die schon vor dem Haus einen freundlichen, geradezu gütigen Eindruck gemacht hatte, blitzten die Augen vor Lebensfreude, er musterte mich, dann den Hund, und sagte: «A Dach überm Kopf, wos?»

Stimmt. Danach hatte ich gefragt, in Ziemetshausen, nach siebenundzwanzig Kilometern Fußmarsch am heutigen Tag. Eine bessere Idee hätte ich nicht haben können. Nachdem ich zwei Stunden in einer Kneipe gesessen hatte, ohne dass einer der anwesenden Gäste – auch keiner der jüngeren – ein Wort mit mir gewechselt hatte und in der ich mich gleich entschlossen hatte, meinen Kaffee besser zu bezahlen, um das Risiko eines Rauswurfs zu umgehen. Anschließend war ich ein wenig ratlos durch den Ort spaziert. Gleich würde es dunkel werden, der Regen hatte zwar aufgehört, aber angenehm versprach eine Nacht im Zelt trotzdem nicht zu werden. Vor allem aber: Wo hätte ich es aufstellen sollen?

Ich nahm die wenigen Bauernhöfe in Ziemetshausen in Augenschein, doch keiner wirkte sonderlich einladend. Bis ich Traudl sah, die mitten im Dorf vor einer großen Scheuneneinfahrt stand und Hühner fütterte. Sie wirkte auf den ersten Blick vertrauenerweckend, manchen Leuten muss man nur einmal in die Augen schauen, und man weiß Bescheid. Da war kein allgemeiner Verdruss, da war keine Ablehnung, da war nur Neugier und Güte. «Kommen Sie mit», sagte Traudl, nachdem ich ihr meine Situation geschildert hatte, «ich werde mal schauen, was der Hermann meint.»

Ihr Gatte Hermann schien zuerst noch ein wenig unschlüssig, erst müsse er seinen Sohn Albert fragen. «Der ist ja jetzt der Herr hier auf dem Hof!», sagte Hermann, aber wieder mit diesem spitzbübischen Schalk im Blick. Albert wohnte mit seiner Familie über Traudl und Hermann im ersten Stock des

Bauernhauses. Ich hatte ein gutes Gefühl. Die beiden Alten gefielen mir. Zum Glück hatte ich offenbar auch ihrer Musterung standgehalten, denn sie legen sich bei Albert für mich und Paula ins Zeug. Und tatsächlich, alles wurde gut. Albert war einverstanden. Die ganze Familie nahm mich unter ihre Fittiche, Albert und seine Frau Claudia gleich am Abend, Hermann und Traudl wollten am nächsten Morgen das Frühstück übernehmen.

Im ersten Moment machte Albert einen mürrischen Eindruck, aber das täuschte. Er war ein freundlicher, zurückhaltender Mann, dem man seine klaren Prinzipien anmerkte. Zusammen mit seiner Frau Claudia hatte er drei Kinder großgezogen, Lilli war nach grandios bestandenem Abitur gerade in Rom, Leonie und Lennart noch auf der Schule. Seine Frau Claudia machte einen liebenswürdigen, mädchenhaften Eindruck, sie zuckte nicht mal, als der fremde Wanderer und sein großer, schwarzer Hund plötzlich vor der Tür standen und auf Einladung des Gatten in die Dusche wollte. Albert hatte mir unterdessen ein Nachtlager auf dem alten Heuwagen im Schober angeboten, umgeben von Traktor, Hennen und allerlei landwirtschaftlichem Retro-Gerät. Er lud mich auf ein Nachtessen ein, zusammen mit der Familie tranken wir dabei noch ein kleines Dunkles zusammen. Albert war kein Bauer mehr. Der Hof sei schon seit 1991 nicht mehr bewirtschaftet, erzählte er, es lohne sich einfach nicht. Albert arbeitet in Augsburg, am nächsten Morgen musste er um fünf Uhr das Haus verlassen, da würden wir noch selig schlafen, Gott sei Dank. Oder besser: Albert.

Die Nacht in der Scheune auf dem alten, ausrangierten Heuwagen war speziell. Trotz der Matten war das eine harte Unterlage für einen geplagten Rücken. Aber ich stellte fest, dass es mir hier drin, gleich neben dem alten Trecker und den Landmaschinen, gut gefiel. Das hier schien doch jetzt das Country-Abenteuer zu sein, von dem ich immer geträumt hatte. Und die Steckdosen für die Computer- und Telefon-Akkus befanden sich gleich beim Hühnerstall. Mehr *Wildlife* ging gar nicht. Auch Paula schien zufrieden und kuschelte sich auf dem Wagen unter dem Schlafsack an mich. Dass der Hund siebenundzwanzig Kilometer Wegstrecke auch nicht so einfach wegsteckte, merkte ich daran, dass ich ihn auf den Wagen hoch- und am nächsten Morgen auch wieder hinunterheben musste. Zu Hause im Horst sprang Paula auch schon mal über den Gartenzaun, wenn sie der Hafer stach. Doch sie hatte Kräfte gelassen in den letzten Tagen, das wurde mir hier zum ersten Mal so richtig bewusst.

Das Frühstück am nächsten Morgen entpuppte sich als rührende Reise in die Vergangenheit. Es war so, als ob ich wieder ein Kind sein und noch einmal bei meinen Großeltern am Küchentisch sitzen dürfte. Der Bohnenkaffee stand duftend auf dem Tisch, Käse- und Wurstscheiben bogen sich auf Frühstücksbrettchen, im Hintergrund lief die Radiomusik von Bayern 3. Kein Schnickschnack, kein verlegenes Gehüstel, nur nette Menschen, die geradeaus sagten, was ihnen in den Sinn kam, die einfach herzlich und gastfreundlich waren. Hier hätte ich Stunden hocken bleiben können, auch der Hund sah das genauso: Er räkelte sich gemütlich unter dem Küchentisch und döste. Das machte er normalerweise bloß zu Hause, wenn er sich wohl- und sicher fühlte. Hermann erzählte, dass er mit seinem Sohn seit Ewigkeiten unter einem Dach lebe, «und noch nia gab's an Streit!». Traudl und Hermann sind beide stolz auf ihre Enkelkinder, ein Foto aus der Zeitung wurde herausgekramt, auf dem die Nichte Lilli mit einigen anderen Schülern zu sehen war, wie sie für ihr überragendes Abitur geehrt wird. «Sie studiert Medizin», sagte Traudl, «schaun mir amol, wo sie an Platz bekommt.» Die beiden schauten sich an, vermutlich dachten sie: Schad', dass das Mädchen dann nicht mehr zu Hause ist. «Es ist doch schön, dass drei Generationen beieinander in einem Haus leben», sagte Hermann. «Das ist ja nicht mehr die Regel heute!»

Traudl zeigte auf ihren Mann: «Mit neunundfünfzig haben's ihn im Sanker aus der Arbeit ins Spital gebracht, das

Herz», und Herrmann fiel ein: «Vor sechzehn Jahren war das, mein letzter Arbeitstag!» Seinen Hof hatte er 1991 schon aufgegeben, vorher war er Bauer und Vollzeitbeschäftigter in einer Firma zugleich. «So ein kleiner Hof ist nicht rentabel», sagte er, machte eine Pause, holte kurz Luft, und dann fuhr er fort: «Wissen's, wenn mir damals im Krankenhaus einer gesagt hätte, sie haben noch zehn Jahre, dann wäre ich ihm um den Hals gefallen.»

«Und jetzt sind's schon sechzehn», sagte Traudl und schaute ihren Mann dankbar und liebevoll an. Sie drehte sich zu mir. «Wissen Sie, ich bin bei den Zeugen Jehovas! Die Erste im Ort.» Jetzt musterte sie mich prüfend, wie das bei mir ankam. Ich war überrascht. Bislang war ich hier kein Stück missioniert worden oder musste den Eindruck gewinnen, bei merkwürdigen Menschen gelandet zu sein. Aber die Angst hätte ich mir sparen können, so eine Person war Traudl nicht. Hermann lachte: «Ich bin nicht in ihrem Verein, das brauchen Sie nicht zu glauben. Hier im Haus geht's tolerant zu.» Das konnte ich nur bestätigen. Und *herzlich*, würde ich noch ergänzen. Beim unserem Abschied steckte Traudl mir ein kleines Büchlein zu, beinahe verlegen. Sie wusste, und ich wusste, dass sie das tun *musste*. Das Büchlein hieß «Was wirklich in der Bibel steht», ich habe es immer noch. Traudl sagte: «Vielleicht schauen Sie ja einmal hinein.»

Dankbar verabschiede ich mich von diesen lieben Menschen. Und denke mal wieder: Ganz egal, was die Leute antreibt, an wen sie glauben und was sie erzählen, wenn der Tag lang ist: Am Ende zählt nur, was sie *tun*. Ob sie nun Pater in einem Kloster sind, Wallfahrer in Maria Vesperbild oder Zeugen Jehovas in Ziemetshausen. Traudl jedenfalls hat das Herz auf dem rechten Fleck – und eine Familie, die sie verdient.

Am nächsten Morgen postete ich erst einmal das Beweisfoto meiner romantischen Scheunenübernachtung an die *Facebook*-Gemeinde. Sollte keiner mehr behaupten, ich sei bloß an der Sterne-Hotellerie interessiert. Doch ein paar der Kapeiken waren immer noch nicht zufrieden. Was musste ich tun, um ein echter Abenteurer zu werden? In einem Abwasserkanal übernachten, Kakerlaken grillen und auf fahrende Güterzüge aufspringen?

Deutschland umsonst Na, ist das jetzt Wanderfolklore genug? :-)
13. Mai um 07:11

Nina Ach Du liebe Güte. Das wollte ich dann auch wieder nicht. Rücken?
13. Mai um 07:34

Nelly Sieht gut aus. Und die Scheune? Hatte hoffentlich auch ein Dach. Und Wasser zum Waschen hattest du auch?
13. Mai um 07:44

Johannes Paul Ich find's gemütlich. :-)
13. Mai um 08:01

Deutschland umsonst War grandios, warm, neben uns die weißen Backhähnchen, und der Hund hat sich angeschnuffelt.
13. Mai um 08:17

Peter Immer noch gehobene Outdoorklasse. Ich sehe Bett, Kleiderschrank, Schreibtisch und ein Platzerl für Paulinchen.
13. Mai um 08:24

Susanne Hähnchen rupfen, Feder zupfen, weich betten ;-) – Wie sagt man bei uns in Bayern: «Was einen nicht umbringt, das macht einen nur härter.» Gut Walk!
13. Mai um 08:31

Frank Geht so. Erst wenn zum ersten Mal das Zelt steht (ohne Heringe natürlich, die braucht man ja nicht … !!!), dann sind wir zufrieden.
13. Mai um 11:13

18 Trecker, Kicker und Kloster

Es gibt so Tage, da läuft es einfach.

Hinter Ziemetshausen marschierten wir bei allerschönstem Wanderwetter locker auf Thannhausen zu, da schnitt uns plötzlich ein Trecker mit Jaucheladung den Weg ab, der gerade noch auf dem Feld neben uns zugange war. Mir fuhr der Schreck in die Glieder. Was hatten ich und der Hund ausgefressen? Hatten wir Wegerechte verletzt oder Mundraub begangen, was zum Teufel wollte dieser Mensch mit seiner Maschine von uns? Doch bevor wir auch nur guten Tag sagen konnten, sprudelte es schon aus dem Treckerfahrer heraus: «Wo geht's hi? Ach egal, i würd so gern mitkomme!»

Siegfried der Name, sprach er weiter, *angenehm*, und ein Wanderer sei er genau wie wir, viel zu wenig Zeit habe er dazu gehabt im Leben, aber bald, da wolle er noch ein Stück vom Jakobsweg laufen, drei, vier Stunden am Tag vielleicht, und am Abend soll ihn seine Frau dann «aufläsa von dr Stroß»! Einkehren, das sei ja auch eine schöne Sache, aber er hätte da ganz spezielle Vorlieben: «I geh net in d'Wirtschaft, i suach mir an Sportplatz und setz mi in die Gaststättn von dänna und drink mei Bier!» Zeit genug habe er schließlich dazu, denn: «I bin Rentner!»

Der Siegfried strahlte über das ganze Gesicht. Ein Gesicht, mit dem im Leben schon viel gelacht wurde, das konnte ich sehen: Der Siegfried war ein fröhlicher Mensch und die Grübchen kaum zu zählen, die sein Gesicht durchpflügten. Im Moment würde er zwar Jauche fahren, was nicht ganz zu seiner Behauptung zu passen schien, ein Pensionär zu sein. Aber ein Bauer sei ja eigentlich nie ganz aus dem Geschäft: «Mei Sohn hat den Hof übernomma», sagte er, «da hilf i eahm natürli scho.» Fünfunddreißig Hektar, erklärte er, ein sogenannter Einzelhof, schön gelegen, ganz in der Nähe von Thannhausen.

Es war ihm offenbar ein Herzensbedürfnis, uns einen guten Weg zu wünschen, und er schaute uns beinahe wehmütig nach, als wir uns wieder auf den Weg machten. «I bin der Siegfried», sagte er ein zweites Mal und drückte mir zum Abschied fest die Hand, «i wünsch euch a schönen Tog!» Mit dem Siegfried hatte er auf jeden Fall schon einmal gut angefangen.

In zwei Tagen wurde ich in Neu-Ulm erwartet, bei einem alten Bekannten aus Münchener Tagen. Wieder eine Fußballbekanntschaft, wieder aus dem Umfeld meiner Freizeitkicker vom FC Freischütz. Den Hansi hatte ich schon lange Jahre aus den Augen verloren, erst über *Facebook* hatten wir wieder voneinander gehört, auch er begleitete als Outdoorliebhaber und passionierter Fahrradwanderer meine Reise mit Interesse und vergnügtem Wohlwollen. Ich mochte seine hintergründigen Kommentare, das war der Hansi, den ich in Erinnerung hatte: ein verschmitzter, empathischer Mensch mit einem guten Humor, der ihm nur gelegentlich beim Fußball abhandenkam. Der Plan war, heute schon so nah wie möglich an Neu-Ulm heranzuwandern. Dann würden uns am Samstag drei, vier Stunden strammer Marsch schon reichen, um die hübsche Universitätsstadt mit dem berühmten gotischen Münster früh zu erreichen. Heimlich spekulierte ich darauf, dort schon am frühen Nachmittag einzutreffen, um mir den letzten Bundesligaspieltag der Saison irgendwo in einer *Sky*-Kaschemme anzusehen. Bestimmte Dinge im Leben ändern sich nie. Ob ich nun zu Hause in der Stadt hockte oder ohne Geld durchs ganze Land lief – ich nahm mich und meine möglicherweise etwas albernen Vorlieben immer mit, egal, wohin es mich verschlug und unter welchen Umständen.

Um Samstag rechtzeitig zum Anstoß in Neu-Ulm zu sein, mussten wir also heute in der Hitze ordentlich Kilometer machen. Hinter Neuburg an der Kammel wurde es schon anstrengend, es ging in mörderischer Hitze über Berge und Täler, vorbei an Wattenweiler bis nach Wiesenbach. Bis Biberachzell oder sogar bis nach Pfaffenhofen an der Roth wollten wir es irgendwie noch schaffen, auch wenn ich keine Ahnung hatte, wo wir da übernachten würden. Doch das wurde ja langsam schon zur Routine, und einen Heuwagen in einer Scheune wie in Ziemetshausen würden wir schon finden, hoffte ich. Auch wenn ich bezweifelte, dass alle Gastgeber so freundlich und offen sein würden wie Traudl und ihre Familie.

Wir liefen gerade querfeldein über Wiesen und Felder Richtung Wiesenbach, da erhielt ich in kurzer Folge gleich zwei Anrufe. Der Hansi meldete sich und fragte an, ob er mir für den Abend eine Unterbringung in Pfaffenhofen organisieren solle, er kenne da einen Pfarrer, der sei okay und sicher bereit, mich für eine Nacht zu beherbergen. Mir war das recht, und es wunderte mich nicht einmal: Es gibt halt so Tage, da läuft es einfach – da spürt man, dass nichts schiefgehen kann. Außerdem lagen die Katholen nach dem Debakel in Weyarn noch 0:1 hinten, höchste Zeit, dass da jemand Wiedergutmachung betrieb. Der Hansi versicherte mir, sich schnell wieder zu melden. Als mein Telefon schon ein paar Minuten später wieder in meiner Hosentasche vibrierte, dachte ich zunächst, das sei der Hansi mit der erhofften Vollzugsmeldung. Doch es meldete sich Walter aus München. Er sei zufällig an diesem Nachmittag in der Nähe und wolle mich kurz abfangen: «Ich muss doch noch dieses Interview mit dir machen!»

Nun, das würde ein Freischütz-Kicker-Tag werden, das war klar. Auch Walter gehörte zum Dunstkreis meiner Münchener Studententruppe vom FC Freischütz. Einer unserer Spieler heiratete im nächsten Monat, und Walter hatte den undankbaren Job übernommen, einen kleinen Film zu produzieren, der am Hochzeitstag Premiere feiern sollte. Aus diesem Grund reiste Walter nun durch die Republik, um mit allen Spielern – aktuellen wie ehemaligen – kurze Interviews zu führen. «Hast du Zeit?», fragte er mich. «Ich les dich irgendwo auf und spendiere dir Bier und ein g'scheites Essen.» Ich lachte in mich hinein. So konnte das weitergehen. Und Zeit war nun wirklich das Einzige, was ich im Moment im Überfluss hatte. Es gab Tage, da …

Einige Minuten später klingelte auch Hansi wieder durch mit einer guten und einer schlechten Nachricht: Sein Pfarrer sei den ganzen Abend unterwegs und ein freies Bett bei ihm nicht verfügbar. Das sei schlecht. Die gute Nachricht aber: In Roggenburg ganz in der Nähe gebe es ein feines barockes Kloster, da habe sein Freund, der Pfarrer, schon ein Bett für mich klargemacht. Ich müsse nur bis sechs Uhr da sein und mich an der Rezeption melden. *Hallelujah.* Ich dankte dem Hansi und googelte gleich mal «Kloster Roggenburg». Aha, ein Prämonstratenorden, auch als die Norbertiner bekannt. Mit dem Deutschen Orden hatten sie nichts zu tun, das war erst einmal alles, was mich interessierte.

Jetzt musste ich nur noch Walter dazu bringen, mich auf der Strecke aufzusammeln und mir einen kurzen Lift zum Kloster zu gewähren. Kein Problem: In Stoffenried lud er mich und den dankbaren Hund in seinen Wagen und fuhr uns auf direktem Weg zur Klostergaststätte, damit wir rechtzeitig im Kloster vorstellig werden konnten. Obwohl der Walter ein Clown ist – also nicht privat, sondern hauptberuflich –, zeigte er sich auch im alltäglichen Leben als sonniges Gemüt, der es sich nicht nehmen ließ, mir im Roggenburger Klosterbiergarten eine Maß Schorle, Kässpätzle und Erdbeerkuchen zu spendieren. Während er mich vor der Kamera zu ein paar leichtsinnigen Bemerkungen über unseren gemeinsamen Sportsfreund animierte, kaute ich mit wachsender Begeisterung auf der schwäbischen Nationalspeise herum. Man vergisst ja schnell, wie gut warmes Essen schmeckt, wenn man es nur jeden dritten oder vierten Tag genießen kann. So wurde der Walter der erste Clown in meinem Leben, der mich auch ohne einen einzigen Gag fröhlich stimmte.

Eine Schrecksekunde gab es aber doch noch an diesem nahezu perfekten Tag: Als ich mich an der Rezeption des Klosters meldete – der Begriff ist durchaus angemessen, denn das Kloster Roggenburg ist nicht nur ein Chorherrenstift, sondern betreibt auch eine Bildungsstätte mit angeschlossenem Gästehaus –, zuckte die junge Empfangsdame beim Anblick Paulas kurz zusammen. «Sie wissen schon, dass Hunde auf dem Zimmer nicht erlaubt sind?»

Paula hatte sich schon zu meinen Füßen niedergelassen und tat so, als ob sie mit dieser Diskussion nichts zu tun hätte. Ich hätte es ihr gerne gleichgetan, doch lächelte ich stattdessen unsere hübsche Klosteraufseherin charmant an, wie ich hoffte. «Was soll ich denn jetzt machen, ich kann sie doch nicht draußen vor der Tür übernachten lassen?»

Das leuchtete ihr ein, andererseits: «Ich kriege Riesenärger, wenn ich das erlaube!»

«Vielleicht haben Sie es ja gar nicht gesehen?», fragte ich vorsichtig nach. «Und morgen zum Frühstück lasse ich den Hund auf dem Zimmer!»

Das junge Mädchen dachte einen kurzen Moment nach, dann lächelte sie. «Stimmt, wenn ich Ihren Hund gar nicht gesehen habe, ist das natürlich etwas ganz anderes.»

Daraufhin legte sie mir den Zimmerschlüssel auf die Theke und wünschte uns eine gute Nacht. Ich dankte ihr für ihre unbürokratische Gastfreundschaft. «Dafür stelle ich Ihnen eine Kerze auf!», sagte ich zum Abschied scherzhaft, doch daran hatte die hübsche Fachkraft gar kein Interesse, Kloster hin oder her. «Trinken Sie doch lieber ein Bier auf mich», antwortete sie keck, und ich erinnerte mich plötzlich wieder daran, was ich an den bayrischen Frauen immer so gemocht hatte. «Da haben wir beide was davon!»

Es gibt so Tage, da läuft es einfach.

19 In Ulm, um Ulm und um Ulm herum

Der Plan mit der Bundesliga ging auf. Es war allerdings eine knappe Geschichte. Nicht, weil wir uns verspätet hätten. Nach dem zeitigen Aufbruch im schönen Kloster Roggenburg, das nicht nur auf den ersten, sondern auch auf den zweiten und dritten Eindruck weniger wie ein karges Konvent, sondern eher wie ein schmuckes Boutique-Hotel wirkte, schlugen wir uns bei erneut bestem Wetter über Weißenhorn und Witzighausen bis nach Reutti durch, da kannten wir kein Pardon. In Reutti erlaubten wir uns sogar den Luxus, auf einer Blumenwiese neben einem lauschigen Fußballplatz und den Hallen der freiwilligen Feuerwehr ein Stündchen im Gras zu liegen und einen Mittagsschlaf zu halten. Plötzlich standen zwei flachsblonde Dreikäsehochs vor mir, beide mit einem Fußball unter den Arm geklemmt, und musterten mich neugierig. Ich blinzelte hoch: «Alles klar, Jungs?» Stille. Sie bewegten sich nicht vom Fleck, sagten aber auch nichts. Hatten sie Angst vor dem Hund? Aber Paula hatte sogar darauf verzichtet, ihr Begrüßungsgeheul anzustimmen und wild mit dem Schwanz zu wedeln, das Wetter schwächte sie zusehends. Das war also unwahrscheinlich. Endlich fasste sich einer der Jungs ein Herz: «Bischt du a Gratler?»

WAS? Eigentlich hätte ich empört sein sollen. Für Menschen, die mit dem bayrischen Idiom nicht so vertraut sind, möchte ich kurz übersetzen, was Gratler meint: Es ist die bayrisch-landläufige Umschreibung für ein dubioses Objekt, einen Penner oder auch einen Asi. Das war jetzt nicht freundlich. Andererseits: Der Kleine sah gar nicht so aus, als ob er mich rotzfrech beleidigen wollte. Dazu war er trotz seiner offenbar bayrisch-patriotisch eingefärbten Sozialisation noch viel zu klein. Ich schätze, er war wirklich neugierig. Was war das für ein komischer Erwachsener, der da seinen ganzen

Hausstand in einem Rucksack mit sich herumschleppte und von der Sonne gebräunt am helllichten Tag im Gras herumlag? Das musste doch ein Tagedieb sein, ein obskurer Vagabund, Kleinganove oder eben: Gratler. Ich antwortete ihm schließlich, ich sei ein Wandersmann auf der Durchreise, morgen sei ich in Ulm und bald darauf auch schon in Stuttgart.

«Und des machst zu Fuaß?»

«Genau.»

«Warum?»

«Nur so, weil … weil … Ich hab halt Lust dazu.»

Ich hielt es für besser, die Jungs nicht mit der *ganzen* Geschichte zu verwirren. Sie zogen bald darauf wieder ab, höchstwahrscheinlich werden sie zu Hause erzählt haben, dass sie auf der Wiese einen Gratler getroffen haben, der behauptete, ein Wanderer zu sein.

Den ganzen Weg bis Neu-Ulm ging mir diese lustige Begegnung nicht mehr aus dem Sinn. Ich dachte darüber nach, was ich denn tatsächlich auf dieser Reise sei, wie ich mich selbst bezeichnen würde? Es gab ja auch in «Deutschland umsonst» eine Stelle, in der Michael Holzach in einer ähnlichen Situation über sein Selbstverständnis Auskunft geben sollte. Ich erinnerte mich nicht, was er damals antwortete, aber auch er hatte seine Probleme damit. Das war ja auch nicht einfach. Was sind Menschen, die aus freiem Willen auf ihr Obdach verzichten und durch die Lande ziehen? Als Penner fühlte ich mich nicht, das klang doch viel zu abwertend, auch ein Clochard, Vagabund oder Herumtreiber wollte ich nicht sein. Wanderer und Spaziergänger allerdings trafen es auch nicht, Flaneur schon eher, darin steckte jedenfalls eine gewisse wurschtige Taugenichtigkeit, mit der ich mich identifizieren konnte, zugleich hatte es aber auch etwas unpassend Mondänes. Am besten gefiel mir die Bezeichnung Landstreicher, das klang ja rein lautmalerisch schon schön, da war Phantasie drin; vielleicht würde ich mich ab jetzt sogar «Landstreichler» nennen, wegen der hübschen musikalischen Konnotation dieses Begriffes. Allerdings hatte mich seit diesem Nachmittag in Reutti niemand mehr um solch eine Selbstauskunft gebeten. Schade eigentlich.

Ulm erreichten wir noch rechtzeitig, um in Ruhe nach einer Fußball-Kneipe zu suchen. Ich landete im *Flair*, einer besseren Bierhalle, die in früheren Jahren wohl mal einem französischen Bistro nacheiferte, jetzt aber längst zu einer dieser deprimierenden Raucherclub-Kaschemmen geworden war, in der eine Menge Tagestrinker und Zufallsgäste verkehrten. Kaum hatte ich mich an einem Ecktisch mit Blick auf den großen Monitor niedergelassen und meinen sperrigen Rucksack verstaut, rauschte die Kellnerin heran und erkundigte sich nach meinen Wünschen, ohne eine Miene zu verziehen. Ich konnte nicht umhin, sie staunend anzustarren: Ihr Haar trug sie in selbstbewusstem Lila.

«Kann ich mich nur etwas aufwärmen und ein bisschen Wasser für den Hund haben?», sagte ich automatisch meinen Spruch auf, was hier drin aber aus zweierlei Gründen schlecht ankam. Erstens: Bei diesen Temperaturen in Ulm würde sich nicht mal ein Brasilianer aufwärmen wollen. Zweitens: Im *Flair* stand freundliche Nächstenliebe einfach nicht sonderlich hoch im Kurs. Die Kellnerin runzelte die Stirn. «Wir sind doch keine Wartehalle!», lautete ihre Antwort. Sie bewegte sich keinen Meter von meinem Tisch fort.

Entweder ich würde jetzt etwas bestellen oder meine kleine Trutzburg aus Hund und Rucksack in der Ecke gleich wieder abbauen müssen. Das kam nicht in Frage, ich bezweifelte, so schnell noch eine andere Kneipe zu finden, die den letzten Spieltag der Bundesliga zeigte. Also stand ich auf, setzte ein zweifelndes Gesicht auf und wühlte eifrig in meinen Hosentaschen. Reinstes Schmierentheater. Ich hoffte, das würde in der internationalen Gesten- und Gebärdensprache so viel bedeuten wie: *Ich bezweifle es zwar, aber ich schau mal nach, ob ich nicht doch noch überraschend etwas Geld in meiner Tasche aufspüren kann.*

Natürlich «fand» ich dann noch etwas Kleingeld und einen Fünf-Euro-Schein, ich musste sogar aufpassen, dass ich nicht versehentlich einen auf dicke Hose machte und den Zehner ans Tageslicht beförderte, der da auch noch irgendwo stecken musste – Geld wurde mir ja in den letzten Tagen immer mal wieder zugesteckt. Triumphierend zeigte ich der übellaunigen Thekenkraft meine Ausbeute. «Dann nehme ich eine Apfelschorle.»

«Gerne», antwortete die lila Kellnerin mechanisch ohne einen Anflug von Ironie und zog ab. Auf dieser Apfelschorle hockte ich dann fast zwei Stunden, argwöhnisch beobachtet von ihr und den festgepflockten Jungs an der Theke, die alle fünfzehn Minuten ein neues Bier anbranden ließen. Aber es half ja nichts: Erst als alle Spiele zu Ende und Eintracht Frankfurt abgestiegen war, konnte ich das *Flair* beruhigt verlassen, allerdings durchgeräuchert wie der Marlboro-Mann.

Wenn ich sagen würde, ich hätte den Steinle, Hansi gut gekannt, dann würde ich lügen. Gemocht aber habe ich ihn immer schon. Er hatte in den achtziger Jahren zum harten Kern der Fans von 1860 München gehört. Zur «Service Crew». Ihr Service bestand darin, gegnerischen Fans ordentlich einen auf die Glocke zu hauen und alles inbrünstig zu hassen, was im Verdacht stand, mit dem FC Bayern zu sympathisieren. Ich hatte damals einen Heidenrespekt vor der Service Crew, obwohl ich in den Bayernliga-Zeiten der Löwen im Grünwalder Stadion in der richtigen Kurve stand. Diese Jungs aber waren unberechenbar. Nur ein wachswarmer Sympathisant der Löwen zu sein, ohne die richtige Überzeugung oder gute Gründe anzuführen, konnte für *Zug'roaste* wie mich ziemlich gefährlich werden. Der Hansi aber wirkte nicht bedrohlich. Seine listigen, lachenden Augen und sein bacchantisch-bayrisches Gemüt flößten mir gleich Vertrauen ein, als ich ihm bei Freunden in Schwabing zum ersten Mal begegnete.

Ich erfuhr, dass der Hansi Konzerte organisierte und überhaupt ein Mann war, der anpacken konnte: Wer etwas zu «checken» hatte, wie das damals hieß, oder Kontakte in alle vorstellbaren Milieus der Stadt brauchte, für den war er der richtige Mann. Einer, der gern und laut erzählte und immer sehr präsent, aber nie ein Dampfplauderer war. Man hörte gern zu, wenn er erzählte. Ich behielt ihn als originellen Entertainer in Erinnerung, als ich München in den neunziger Jahren verließ. Und es war unverkennbar der Hansi, der sich da über *Facebook* meldete:

> **Hansi** Sog amoi, brauchst Du für heit auf d'Nacht aa wos zum Schlaffa oder host scho wos?? Weil i eventuell in Pfaffenhofen/Roth wos wüsst (eigentlich aa in Weissenhorn, aber des san leuter Sechzga und de san heit olle im Sechzger Stadion, weil do richtig wos los is heit ..., insofern also wär Pfaffenhofen besser).
> 13. Mai um 15:29

Inzwischen lebte der Hansi in Neu-Ulm. Das war die erste Überraschung. Mehr München als Hansi Steinle ging eigentlich nicht, dachte ich immer. Was hatte diesen Inbegriff eines Müncheners nach Ulm verschlagen? Die zweite Überraschung: Aus dem wilden Hansi war mit den Jahren ein ruhiger, verantwortungsbewusster Familienvater geworden. Einer mit drei Kindern: Simon. Josef. Gabriel. Sieben, drei Jahre und acht Monate alt. Seine Frau Ulrike, Lehrerin in Elternzeit, war ein ganzes Stück jünger als Hansi, und sie nannte ihn tatsächlich Hans. Hans organisierte keine Konzerte mehr, und die Spiele der Löwen besuchte er auch nur noch hin und wieder. Zu seinen besten Freunden gehörte ein Pfarrer aus der Gegend, und am Sonntagmorgen stand er in aller Herrgottsfrühe auf, um bei der Kinderkommunion als Musiker an der Klampfe zu helfen. Abends übte er beim Essen – von ihm selbst zubereitete Pizza – gewissenhaft die Musikstücke, die er am nächsten Tag in der Kirche zum Vortrag bringen wollte. Das Chaos, das drei lustige Jungs mit sehr viel Energie währenddessen in der Wohnung verbreiteten, moderierte er mit ruhigem, aber bestimmtem Ton. Mit Simon, seinem Ältesten, war er an diesem Tag beim Fußballturnier gewesen, und der konnte mir am Abend alle Resultate des Vormittags hersagen, inklusive der Torschützen. Hansi kümmerte sich auch um die Kassenführung im Kindergarten seines Sohnes Josef, «weil's kein anderer macht». So nebenbei wies er mir auf der Klampfe nach, dass bayrische Zithermusik und der Blues (den er selbst liebt und gerne spielt) verblüffende Ähnlichkeiten aufweisen. Der Hansi erzählte immer noch viel, manchmal ohne Punkt und Komma, aber es ist genau wie damals auch heute noch ein unterhaltsamer Spaß, ihm dabei zuzuhören. Und es war eine fast noch größere Freude zu sehen, wie sich da jemand sehr verändert hatte im Laufe der Jahre und trotzdem ganz bei sich geblieben war.

20 Kein schöner Land

Schon merkwürdig, wie wenig man vom eigenen Land kennt. Das war mir in den letzten Wochen schon einige Male aufgefallen: Ich brauchte nicht Tausende von Kilometern zu reisen, um an atemberaubende Orte zu gelangen. Ulm hatte ich bislang bloß leidlich gekannt. Ich hatte Bilder vom Münster gesehen (sehr hoch) und ein Bundesliga-Zwischenspiel des örtlichen Fußballvereins verfolgt (sehr kurz). Doch schon der Weg vom Kloster Roggenburg nach Neu-Ulm gehörte zu den schönsten Strecken, die ich bislang auf unserer Reise mit dem Hund getippelt war. Und Ulm selbst entpuppte sich als idyllisches mittelkleines Universitätsstädtchen mit schönen Gassen und vielen jungen Menschen. Wobei meine Gastgeberin Ulrike – Hansis Gattin – mir zusammen mit ihrem Burschentrio Simon, Josef und Gabriel vermutlich nur die schönsten Ecken Ulms zeigten, als ich zusammen mit ihnen zu meinem nächsten Ziel aufbrach. Aber das war ja auch ihr gutes Recht: Jeder sollte stolz auf seine Heimat sein dürfen.

Vorbei am Hauptbahnhof begleitete sie mich an den Lauf des malerischen Flüsschens Blau, welches uns – Überraschung – geradewegs nach Blaubeuren und zum dortigen Touristikhighlight Blautopf führte. Man musste jetzt nur noch ungefähr einundzwanzig Kilometer gehen und etwas Zeit mitbringen.

Der Blautopf ist außergewöhnlich schön, der Weg an der Blau entlang unbeschreiblich. Und das meine ich genau so. Ich bin ohnehin kein Freund der Naturbeschreibung. Es ist, mal ehrlich, doch eher öde, wenn seitenlang über die Schönheit der Natur gefaselt wird. Die wenigsten Schreiber können das gut, und beschreiben lässt sich das harmonische Zusammenspiel von elegant geschwungen Flussläufen, grünen Tälern und prächtigen Wäldern ohnehin selten präzise: Meistens kommen Wasser, kleine Bergsträßchen und Bäume darin vor, mehr muss man nicht wissen. Wenn dann auch noch die Sonne scheint – wie an diesem Tag, obwohl Dauerregen angesagt war –, fühlte ich mich schon ein bisschen wie Hans im Glück, der munter und naiv in die Welt hinauszog. Und nicht weiß, wo er heute Nacht bleiben wird …

Okay, das war jetzt die schlechte Nachricht. Nach diesem herrlichen, aber auch anstrengenden Wandertag hatte ich mich in Blaubeuren in der Musikkneipe *No Name* niedergelassen und wartete auf den richtigen Moment, um mal wieder einen potenziellen Gastgeber anzusprechen. Blaubeuren erschien mir in seiner restaurierten Niedlichkeit ein wenig wie ein großes Freilichtmuseum, aber weit und breit war kein einladender, von echten Menschen bewohnter Hof zu sehen, bei dem ich um ein Nachtlager bitten konnte. Die Hauptattraktion des Städtchens am Ostrand der Schwäbischen Alb war der Blautopf, eine Karstquelle von wirklich verblüffender Färbung, aus der die Blau entspringt. Ein sagenumwobener, magischer Ort – dass die Leute früher glaubten, es würde täglich ein Fass Tinte ins Wasser geschüttet, um die tiefblaue Färbung der Quelle zu konservieren, konnte ich sofort nachvollziehen. Der Hansi hatte mir auch von der «schönen Lau» erzählt, einer Geschichte von Eduard Mörike über die Tochter einer Menschenfrau und eines Wassernixes, die von ihrem Mann in den Blautopf verbannt wird, weil sie nicht lachen kann. Mythen, die zu solch einem Ort passten, wie ich fand.

Später war ich auch ein wenig auf dem Gelände des Klosters Blaubeuren umhergewandert, das heute noch als altsprachliches Gymnasium mit angeschlossenem Internat genutzt wird. Ich spielte sogar mit dem Gedanken, in einem der versteckten grünen Winkel des Klosters heimlich mein Zelt aufzuschlagen. Doch ich fand einfach kein perfektes Eckchen dafür, zudem traf ich hier überall auf Schüler des Klosterinternats. Vielleicht hätten sie mir sogar geholfen, einige von ihnen, die ich lesend oder lachend auf Wiesen liegen sah, strahlten eine jugendliche Neugier und diese gewisse naive

Frische aus, die nötig ist, um sich auf solch eine Bitte überhaupt einzulassen. Doch an diesem Abend wollte ich keine Erklärungen abgeben und Fragen beantworten. Ich war ein wenig bedrückt, weil ich mir Sorgen um meine Begleiterin machte, um Paula.

Der Hund. In den letzten Tagen mein eifrigster (und meistens einziger) Zuhörer. Ich gebe zu: Ich redete mit Paula. Über den Straßenverlauf natürlich und die aberwitzige Strecke, die noch vor uns lagen. Über das Wetter und unsere favorisierten Straßenbeläge. (Sie liebte Wiesen, ich mochte Schotter.) Ich versprach dem Hund eine Pause in der nächsten Ortschaft und überhörte pfeifend sein Murren, wenn mir der Ort dann doch nicht gefiel und wir einfach weitergingen. Ich zerrte Paula von trüben Pfützen weg und erklärte ihr die Vorzüge sauberer Quellen. Manchmal winselten wir trübselig gemeinsam, wenn wir an den Rest des Rudels dachten, der sich in unserem Horst rund siebenhundert Kilometer entfernt befand.

Es war manchmal ein wenig mühselig, Paula zu beaufsichtigen, sie machte beispielsweise keinen Unterschied zwischen Bürgersteig und Straße, nahm Autos nicht zwangsläufig als gefährliche Bedrohung wahr und wollte partout ihr eigenes Tempo gehen. Immer wieder musste ich sie an die Leine nehmen, doch dazu war sie auch nicht gemacht – niemand wird mir jemals einen beleidigteren Hund zeigen als Paula, wenn sie an die Leine musste. Ich dachte einige Male an das Bonmot eines ehemaligen deutschen Präsidenten, der über seinen Vierbeiner gesagt hatte: «Als Hund eine Katastrophe, als Mensch unverzichtbar.» So ging mir das auch mit Paula. Ich liebe dieses Tier sehr, aber manchmal brachte es mich auf der Reise mit seiner Sturheit zur Weißglut.

Für die aktuellen Probleme allerdings konnte sie nichts: In den ersten Wochen hatte sich Paula – immerhin auch schon neun Jahre alt – körperlich wacker gehalten. Doch seit zwei, drei Tagen schien sie immer wieder kleine Humpelphasen einzulegen, irgendetwas war da mit ihrer rechten Pfote. War das jetzt raffinierte Wanderverweigerung oder das Anzeichen einer ernsten Sache? Ich untersuchte meine graunasige Begleiterin, aber kein Dorn, kein Stein steckte in der Pfote fest, nur ein wenig Abrieb war da zu erkennen. Der Hund aber beharrte auf einer Verletzung und verstärkte seine Schräglage zunehmend. Als mich bereits Passanten in Ulm argwöhnisch musterten – «quält dieser Typ etwa sein Tier?» –, musste ich langsam über Gegenmaßnahmen nachdenken. Ich steckte Paula eine Art Lederschuh aus dem Hause *Walker* über die wehe Pfote, die mir von meiner Gattin vor Antritt der Reise in den Rucksack gesteckt worden war. Keine schlechte Idee, würde ich im Nachhinein sagen. Obwohl der Hund erst einmal so reagierte, als hätte man ihm ein Bein amputiert. Mit Rehblick hüpfte er dreibeinig durch die Ulmer Straßen, mitleidig beäugt von vorbeispazierenden Ulmern. Ich blieb erst einmal entspannt. Die Tierärztin hatte vorausgesagt, dass der Hund auf seinen Lederhuf so reagieren würde. Nach ein paar Minuten sei der Spuk in der Regel vorbei. Paula aber hielt die Dreibeintaktik länger durch, als ich vermutet hatte, möglicherweise simulierte der Hund ja doch nicht? Was sollte ich tun? Ich konnte doch nicht mit einem humpelnden Hund durch Deutschland wandern? (Obwohl ich einen – winzigen – Moment darüber nachdachte, dass der Mitleidsbonus uns sicher eine Menge Übernachtungen und Futter einbringen würde.) Zerknirscht rief ich meine Frau an und schilderte ihr die Lage.

«Ich glaube, du musst den Hund abführen. Der schafft das nicht mehr!»

Ich schätze, das war der traurigste Moment auf der Reise bislang. Auch wenn der Hund nicht sonderlich auf meine Ansagen reagierte und seinen eigenen Film drehte: Er würde mir fehlen. Ohne den Hund wäre das hier alles nicht halb so gut. Ich würde mich einsam fühlen ohne meine Begleiterin.

Möglicherweise war Paula ja sensibler, als ich dachte –

oder sie wollte sich einfach einen Spaß mit mir machen. Kaum hatte ich das Gespräch mit meiner Frau beendet und sie in Alarmbereitschaft versetzt, überlegte Paula es sich anders. Plötzlich, ohne großes Tamtam, benutzte mein Hund seine rechte Vorderpfote wieder. Und auf wundersame Weise wurde auch von einem Moment auf den anderen nicht mehr gehumpelt. Ich blieb skeptisch, wartete eine halbe Stunde, eine ganze Stunde: unverändert. Der Hund lief rund und munter seinen Weg. Also rief ich Sabine zurück: «Alles gut, der Hund ist wieder heil!»

Das glaubte sie mir natürlich nicht. Ich musste erst ein Video von Paula drehen, wie sie fröhlich im Dum-Di-Dum-Modus vor mir her tänzelte und es via *WhatsApp* nach Horst in die Heimat funken, bevor sie mir diese Wunderheilung abnahm. Nach der schönen Wanderung an der Blau entlang bis nach Blaubeuren lag sie erschöpft, aber pumperlgesund zu meinen Füßen im *No Name* auf dem Boden und schaute so frech zu mir hoch, als ob sie sagen wollte: *Wehe, wenn morgen keine Würstchen drin sind, dann hinke ich sofort wieder!* Aber ich ließ mich nicht erpressen. «Dann sperre ich dich mit einem Pinscher ins Zimmer!», habe ich ihr mit zwei, drei ernsten Blicken geantwortet.

Offenes Rennen, würde ich sagen.

21 Nur die Freiheit: Zelt

Es scheint wirklich zu den letzten Abenteuern der Zivilisation zu gehören: wildes Campen in Deutschland. Dass ich mich täglich in Lebensgefahr begab, indem ich auf engen Kreisstraßen aufgetunten GTIs in den Kühlergrill schaute, die in Zentimeterabständen an Hund und mir vorbeibrausten, interessierte offenbar keine Sau. Oder die systematische Mangelernährung durch trockene Brötchen und zähe Landjäger? Egal. Selbst der Umstand, dass Paula und ich uns jetzt bereits zweihundertfünfzig Kilometer über holprige Straßen geschleppt hatten (Extremsport!), weckte in den Reihen unserer *Facebook-Follower* nur mäßiges Interesse. Nur vor einer Sache schien man dort wirklich Respekt zu haben: eine Übernachtung in freier Wildbahn. Wie sonst war das stete Murren zu erklären: *Wann weihste denn mal das Zelt ein, Alter?*

Offenbar manifestiert sich im Bild eines einsamen Zelts auf einer dusseligen Kuhwiese eine tief sitzende Kollektivangst vor der Obdachlosigkeit. Oder eine Nacht im Zelt irgendwo im freien Gelände ist für viele Menschen einfach das Symbol für die «totale Freiheit», was weiß denn ich. Auffällig war es jedenfalls, dass schon in den ersten Tagen unserer Wanderung immer wieder voller Zelt-Einsatz gefordert wurde. Dabei sind die meisten der Leute, die *ich* kenne, nicht einmal bereit, sich eine Nacht mit den eigenen Kindern ins Zelt zu legen, selbst wenn das im heimischen Garten aufgeschlagen wird, im Hochsommer! Aber das ist ein anderes Thema.

Als ich nun in der dritten Woche unserer Tour tatsächlich gezwungen war, zum ersten Mal mein Zelt aufzubauen und eine Nacht darin zu verbringen, waren meine virtuellen Begleiter aus dem Häuschen. Diese Open-Air-Übernachtung war nötig geworden, weil mich keiner der Gäste aus dem *No Name* bei sich unterbringen konnte (oder wollte). Stattdessen erhielt ich dort den durchaus ernstgemeinten Rat, ich solle doch in eine der vielen Höhlen in der Gegend kriechen, darin sei es immerhin trocken. Mir war neu, dass es im Umfeld der Schwäbischen Alb eine Art unterirdischen Geo-Park gab, aber ehrlich gesagt: Wer würde schon allein in einer Höhle übernachten wollen, egal ob sie einen so einnehmenden Namen wie Brillen-, Blautopf- oder Vetterhöhle trug. Ich traue Höhlen nicht: Kalt wäre es da drin gewesen und gruselig, außerdem würde ich vermutlich Paula auch gar nicht für solch einen Geo-Park begeistern können. Also blieb mir nichts anderes übrig, als mich gerade noch rechtzeitig vor Einbruch der Dunkelheit aus dem *No Name* zu verabschieden und mein Glück auf den Wiesen und in den Wäldern der näheren Umgebung zu suchen. Schließlich wurde ich etwa zwei Kilometer außerhalb von Blaubeuren fündig, in einer überschaubaren Ortschaft namens Steigziegelhütte.

Ein kleiner Exkurs zum Thema «Wildes Campen». Vor Antritt der Reise hatte ich mich natürlich schlau gemacht. Wildes Campen ist in Deutschland gar nicht erlaubt, darauf lässt die Bezeichnung ja schon schließen. In einem Outdoormagazin hatte ich aber gelesen, dass es unter gewissen Umständen geduldet wird. Dann nämlich, wenn man das Zelt abseits der Straßen in der Pampa aufstellt, sodass es nicht entdeckt werden kann. Das leuchtete mir ein. Es wäre ja auch schwierig für einen Bauern oder einen Ordnungshüter, etwas zu verbieten und zu sanktionieren, von dem er nicht mal wusste. Im Prinzip riet das Magazin dazu, sich einfach nicht erwischen zu lassen. Aus diesem Grund sei auch ein Feuer vor dem Zelt nicht zu empfehlen, neben der Brandgefahr natürlich. Interessant aber noch eine feine Unterscheidung: Es gibt einen Unterschied zwischen «wildem Zelten» und «Biwakieren». Beim Biwakieren darf man seinen Schlafsack zwar unter freiem Himmel ausrollen, aber kein Zelt aufbauen. Das ist legal in Deutschland. Musste ich das verstehen? Selbst das Aufspannen einer wasserdichten Plane sei zwar eine rechtliche

Grauzone, in der Regel aber erlaubt – nur nicht in Naturschutzgebieten oder Nationalparks. Nun. Ich hatte nicht die Absicht, bloß zu biwakieren, mochte das auch noch so legal sein. Was nutzte es mir, wenn ich mir auf legalem Wege nasse Klamotten holen würde – und eine Lungenentzündung? Dazu war es in Steigziegelhütte auch nachts noch viel zu kalt, außerdem: Wozu hatte ich denn mein zwei Kilo schweres Zelt mitgeschleppt, wenn ich es auf dem freien Feld jetzt nicht zum Einsatz brachte?

Gleich nachdem ich das Zelt aufgebaut hatte, postete ich stolz wie ein Funkenmariechen auf *Facebook* ein Bild vom irritierten Hund, wie er da leicht somnambul vor unserem Lager hockte und noch nicht so genau wusste, was auf ihn zukam. So, hoffte ich, würde ich das Image des Warmduschers endlich los.

Deutschland umsonst Premiere!
15. Mai um 21:37

Löckchen Vom Schlumpf Oh Idylle pur. :-) Gute Nacht und lieben Gruß an Euch beide.
15. Mai um 21:39

Susanne Hui. Und was ist das für ein schlaffer blauer Sack da auf der Wiese? ;-))
15. Mai um 21:43

Gabriele schlaf gut, mit paula als wachhund kannst du ja ganz entspannt sein.
15. Mai um 21:46

Ance Paula als Wachhund oder auch als Wärmespenderin? ;-) Ich wünsche eine gute Nacht.
15. Mai um 21:52

Frank morgen früh kommt der bauer kassieren.
15. Mai um 22:03

Peter ... und die Kalte Sophie kuschelt mit, brrrrr!
15. Mai um 22:58

Rita Ich schiebe eine Ladung Mitleid rüber. Das war ausgerechnet in dieser kalten Nacht bestimmt nicht angenehm.
16. Mai um 08:38

Johannes Paul arme Paula :-)
16. Mai um 10:01

Unterwegs Endlich kommt das Equipment zum Einsatz!
16. Mai um 16:58

Tja, was soll ich sagen: Wer von Ihnen war schon mal auf einem Campingplatz? Fast alle? Na also: *Genau so* war es auch für mich. Nur ohne einen missgelaunten Camp-Kapo, der einem für die Benutzung der bedenklichen sanitären Einrichtungen auch noch Geld abnimmt. Zugegeben: Mein Zeltplatz auf einer kleinen, länger nicht gemähten Blumenwiese war sehr idyllisch und von der Straße nicht einsehbar. Nur die Spitzen der kleinen Baumgruppe konnte man gerade noch erkennen, nicht aber den wilden Camper, der sich da mit seinem verblüfften Hund bettfertig machte. Das kam meinem Plan, nicht zur blauen Stunde von pubertierenden Dorfjünglingen aus dem Zelt gezogen zu werden, sehr entgegen.

Beginnen wir mit den Erfolgsmeldungen: Obwohl der Hund meines Wissens bislang kein großer Camper war, wusste er sofort, wozu so ein – wenn auch dünnes – Dach über dem Kopf gut ist. Er legte sich unaufgefordert diagonal auf die darin ausgebreiteten Matten, bevor ich auch nur die Chance hatte, ihm seinen vorgesehenen Platz zuzuweisen. Das war der Beginn eines harten Territorialkampfes, der eine ganze Nacht andauern sollte und bis zum nächsten Morgen keinen Sieger finden würde.

In den ersten Stunden lag ich zwar bereits leicht abschüssig und irgendwie auch knorpelig – der Untergrund so einer Blumenwiese ist auf Dauer härter, als man glaubt –, aber direkt unkomfortabel war es hier drin nicht. Wenn auch wenig spektakulär. Wie es halt so ist, wenn man sich mit einem müffelnden Hund auf sehr engem Raum befindet, der ständig murrt, weil er sich nicht drehen kann, wie er möchte.

Dann aber wurde es zusehends unerfreulicher auf unseren zwei Quadratmetern Deutschland, ich vermute so gegen eins, halb zwei Uhr in der Nacht: Die Kälte der schwäbischen Nacht schaffte es jetzt irgendwie, mit ins Zelt zu kriechen, und brachte Bruder Klamm gleich mit. Mein Schlafsack und auch Paula kämpften nach Kräften dagegen an, doch es blieb bis zum Schluss ein enger Kampf zwischen der Müdigkeit in der einen Ecke und der aggressiven Kälte in der anderen. Gegen sechs Uhr in der Früh gab ich auf und warf das Handtuch. Technischer K.o. Draußen zeigte sich bereits die Sonne am Himmel, also packte ich zusammen, was in den Rucksack gehörte, und drängte zum schnellen Aufbruch.

Tja, tut mir leid, es sagen zu müssen. Unsere erste Nacht im Zelt war weder sonderlich romantisch noch irgendwie gruselig. Ich glaubte nicht daran, dass sich ein Axtmörder ausgerechnet auf unserer Wiese in Steigziegelhütte herumtrieb, das war mir einfach zu unwahrscheinlich. Und die komischen Geräusche, die man nachts im Zelt hörte, stammten von den Viechern der Umgebung – die durften das. Der schlimmste Moment kam erst noch. Das war, als ich wieder in meine feuchten, nicht sehr frisch riechenden Klamotten vom Vortag stieg, KEINE Dusche in der Nähe und auch KEIN Kaffee. Ich weiß, dass sind bloß Zivilisationsmarker, die so ein echter Überlebenskünstler nicht mehr braucht. Davon war ich aber in Steigziegelhütte noch sehr weit entfernt. Und hoffentlich auch von der nächsten Nacht im Zelt. Zehn Grad mehr, und wir könnten mal wieder drüber reden.

22 Neue Leute kennenlernen!

Man hört ja immer wieder, wie toll das sein muss: neue Leute kennenzulernen. Ich bin da skeptisch, war es schon immer: Wer will das denn noch, wenn er ein bestimmtes Alter erreicht hat? (Es sei denn, man wechselt Job, Stadt oder Land.) Ich jedenfalls nicht. Es ist doch schon anstrengend genug, mit den alten klarzukommen. Ich finde meistens nicht mal die Zeit, gute Freunde regelmäßig zu sprechen. Was soll ich da mit *neuen Leuten* anfangen?

Dummerweise gehörte es aber zu den Voraussetzungen dieses Projekts, sich immer wieder auf Begegnungen mit Fremden einzustellen und dabei höflich, freundlich und interessiert zu sein, das war mir klar. Ich hatte mich innerlich darauf eingestellt: Solange sich das Kennenlernen darauf beschränkte, nach altem Brot oder einem Freigetränk zu fragen, war das auch in Ordnung für mich. Doch vor einer Sache hatte ich im Vorfeld der Reise großen Respekt, um nicht zu sagen: Angst. Wie würde das wohl sein, wenn ich jeden Abend bei fremden Menschen Unterschlupf finde und mit diesen, in der Regel völlig Unbekannten, mehrere Stunden an einem Tisch sitze? Würden wir interessante Gesprächsthemen finden, müsste ich heimlich hin und wieder die Faust ballen, weil mir die politischen oder kulturellen Ansichten meines Gegenübers nicht gefielen? Oder noch schlimmer: Würde ich mir vor Langeweile beim Gähnen meinen Kiefer ausrenken? Wie schlimm auf einer Skala von eins bis zehn würde das wohl sein? Ich vermutete Stufe neun und hoffte auf die sieben.

Nun, nach drei Wochen Reise musste ich zugeben: Alles halb so wild. Nein, das traf es nicht. Es war weit mehr als das: Die meisten Menschen, denen ich über den Weg lief, entpuppten sich bei genauerem Hinsehen als interessante und liebenswürdige Gastgeber, mit denen ich sehr nette, anregende Abende verlebte.

In Kirchheim/Teck zum Beispiel. Meine Ex-Kollegin Katja, mit der ich vor Jahren in Hamburg gemeinsam für ein Hochglanzmagazin gearbeitet hatte, lebte inzwischen in Wien. Über *Facebook* hielten wir leidlich Kontakt, doch als ich «Deutschland umsonst» startete, las sie regelmäßig mit und sprang gleich freundlich in die Bresche, als ich in schwäbischen Regionen um Hilfe bei der Bettenfindung rief.

«Ich habe in der Gegend liebe Verwandte, soll ich die mal anrufen?», mailte sie mir.

Was für eine Frage – eine zweite Nacht im Zelt ohne kurzen Zwischenhalt in der Zivilisation wollte ich unbedingt vermeiden. Also bejahte ich. Freunde oder Verwandte, lieb oder nicht, was hatte ich zu verlieren?

Nun stellen Sie sich einen kurzen Moment vor, Ihre Nichte aus Österreich ruft an und sagt: «Onkel Uwe, Tante Ute, da rennt gerade so ein Ex-Kollege und *Facebook*-Freund von mir ohne Geld durch Deutschland, der hat seit sechsunddreißig Stunden nicht geduscht, ist hungrig und braucht einen Schlafplatz, nehmt den doch mal eine Nacht bei euch auf! Ach ja, einen murrenden, nassen Hund hat er auch dabei.»

Was würden Sie sagen? In neun von zehn Fällen jedenfalls nichts, das mir am Abend ein Bett, ein Rahmschnitzel mit Spätzle und eine nette Unterhaltung eingebracht hätte. Zumal Ute und Uwe gerade erst von einer Reise aus Norddeutschland zurückkehrten und zum Zeitpunkt dieses Anrufs noch auf der Autobahn unterwegs zurück nach Hause waren. Da hätte ich großes Verständnis dafür gehabt, wenn die beiden geantwortet hätten: «Du, Katja, normalerweise gerne, aber heute passt es mal gar nicht.»

Ich würde sogar sagen: Das wäre auch *meine* Reaktion gewesen … Nicht so aber Ute und Uwe. Das selbständige Unternehmerehepaar, beide nur ein paar Jahre älter als ich selbst, lud mich herzlich ein und lotste mich fernmündlich schon mal in ein Restaurant in ihrer Nachbarschaft. Dort wollten die beiden nach ihrer Rückkehr am Abend zu Paula und mir stoßen, ich solle schon mal eine ordentliche Rechnung machen.

An diesem Tag hatten wir schon einen stolzen Marsch hinter uns. Nicht nur, dass wir einen neuen Tagesrekord aufgestellt hatten, wenn man es in Kilometern ausdrücken will – auch die Eigenschaften unserer Strecken stellten echte Herausforderungen dar. Schwäbische Alb eben. Wir waren, von der Zeltnacht gerädert, aus Steigziegelhütte schon um 7:30 Uhr aufgebrochen in Richtung Laichingen und später über Heroldstatt, Westerheim und Wiesensteig bis nach Neidlingen vorgedrungen. Ein zähes Auf und Ab, gerade die Strecke nach Wiesensteig hielt, was der Name versprach. In Heroldstatt stießen wir zudem auf die allererste Bäckerei auf unserer Reise, die unsere Bitte nach einer kleinen Restespende barsch zurückwies. Nein, altes Brot oder Semmeln würde man uns nicht schenken, wo käme man denn da hin? Am Vorurteil der geizigen Schwaben schien was dran zu sein – oder war das nur Pech? So oder so passte das jetzt ganz schlecht, denn auf der Schwäbischen Alb reihten sich die Geschäfte nicht unbedingt aneinander. Ich würde schnellstens zusehen müssen, wo ich etwas Essbares herbekam. Meine ohnehin nur noch bescheidenen Barmittel wollte ich auf keinen Fall dafür opfern. So sehr pressierte das jetzt noch nicht, und es gab Wichtigeres als essen: Ich musste in jeder Situation in der Lage sein, einen lebensrettenden Kaffee *bezahlen* zu können, gerade nach einer Nacht im Zelt.

Ich hatte zwar noch Proviant für den Hund – Futter musste ich kiloweise mit mir herumschleppen, das hatte ich meiner Frau versprochen –, aber nichts mehr für mich selbst im Ranzen. Schließlich versorgte uns in der Nacht vorher kein Gastgeber, sondern ich musste mich vor dem Zelt aus unseren bescheidenen Bord-Beständen (Äpfel, ein bisschen Käse) über Wasser halten. Die waren jetzt aber auch aufgebraucht. Ich will nicht behaupten, dass ich auf der Schwäbischen Alb

Hunger litt, das wäre wohl ein wenig übertrieben. Aber ich dachte für meine Verhältnisse schon sehr häufig darüber nach, wie schön so ein Teller Suppe sei oder ein Steak. Da kam das Angebot von Ute und Uwe gerade richtig.

Ich würde im Nachhinein sagen: Es war ein Triumph des Willens, dass Paula und ich auf die beiden warteten, ohne schon einmal die halbe Karte zu bestellen. Als sie dann eintrafen, machte ich mich über ein Rahmschnitzel her, als hätte ich seit Wochen nichts gegessen. Zum Glück existiert meines Wissens kein Film davon, wie ich diesem Stück Fleisch zu Leibe rückte. Ich fürchte, die Geschichte mieser Tischmanieren hätte sonst völlig umgeschrieben werden müssen. Mit Ute und Uwe unterhielt ich mich (anschließend!) blendend. Sie begegneten mir und meinem Vorhaben mit echtem Interesse, und ich lernte dabei noch eine Menge über die Beseitigung von Schadstoffen: Uwe betrieb erfolgreich eine Firma, deren Kerngeschäft genau darin bestand. Zudem erfuhr ich aus der Sicht von «Betroffenen» einiges über schwäbische Politik im Allgemeinen und «Stuttgart 21» im Besonderen. Ute und Uwe gehörten zu den aufgeschlossensten und nettesten Menschen, die ich bislang auf der Reise getroffen hatte. Und sie ließen es auch nicht zu, dass ich in ihrem Gästezimmer einfach den Schlafsack auspackte: «Sie kriegen natürlich ein ordentliches Plumeau!»

Am nächsten Morgen wurde ich nach einem Fünf-Sterne-Frühstück mit Proviant bepackt wie ein Esel, damit ich auf meinem Weg nach Stuttgart auch nicht Gefahr lief, zu verhungern. Paula erhielt ein lila Strümpfchen für den wunden Fuß, und Ute ließ sich auch nicht davon abbringen, mir noch etwas Kleingeld «für einen Kaffee zwischendurch» zuzustecken. Wenn ich nicht schon prima Eltern hätte, hätte ich mich bei Ute und Uwe um eine Adoption beworben. Ich freute mich über so viel Herzlichkeit, was sollte ich auch sonst tun. Okay, ein bisschen geschämt habe ich mich auch. Es ist schwerer als man glaubt, so warmherzige Freundlichkeit einfach nur anzunehmen. Vor allem wenn man insgeheim ahnt: Du selbst würdest das wohl kaum so überzeugend und selbstlos hinbekommen.

23 Wissenswertes über Stuttgart

1.) Es ist nicht ungefährlich, von Esslingen nach Stuttgart zu wandern und sich dabei immer ganz nah am Neckar zu halten. Ich dachte nach der Erfahrung der letzten Wochen, Autos auf engen Kreisstraßen seien mein Problem. Stimmte nicht. Ambitionierte Radfahrer waren viel schlimmer. Mir kam es auf meinem Weg in die schwäbische Großstadt so vor, als ob es hier besonders viele von ihnen gäbe. Gerade auf der kilometerlangen Strecke vorbei an den Untertürkheimer Automobilbetrieben (die mit dem Stern) schossen die neonblau, grün oder orange gekleideten Zweiradartisten so nah an uns vorbei, dass ich nicht selten einen Luftzug spürte. Selbst der ansonsten eher arglose Hund zuckte mehrere Male bang zusammen. Zu allem Überfluss passierten uns hin und wieder auch noch Jogger und Joggerinnen mit ihren umgebauten Leiterwagen, in denen der eigene Nachwuchs befördert wurde. Sie waren fast so breit wie diese merkwürdigen Dreiradgeschosse, die ebenfalls in einem absurden Tempo sehr, sehr nah an uns vorbeiflitzten. Sie kennen diese Funsport-Figuren sicher auch, die in Harley-Davidson-Manier mit dem Hintern fast über den Boden schubbern und der Welt auf diese Weise mitteilen wollen, dass sie Sport und Spaß auf lässige Art miteinander zu kombinieren wissen. Die Jogger waren lästig, die konventionellen Fahrräder eine potenzielle Bedrohung. Diese Dreiräder aber, die waren richtig gefährlich! Ich kenne mich in Stuttgart nicht so gut aus, aber ich bin sicher: Am Neckarlauf (und gerade auf dem engen Teilstück auf der Höhe des Mercedes-Benz-Museums) musste es regelmäßig eine Menge Unfälle geben. Nicht für viel Geld und gutes Zureden würde ich Paula und mir diese Strecke noch einmal zumuten.

2.) Vielleicht, so hatte ich mir das vorher überlegt, würde ich ja eine Nacht im Stuttgarter Schlosspark verbringen und dort mein Zelt aufschlagen. Ich wollte mich unter die vielen Stuttgart-21-Protestler mischen, die an dieser exponierten Stelle so eine Art Zeltstadt aufgebaut hatten. Die Zeitungen waren ja voll davon. Vielleicht sollte ich es vorher kurz ansprechen: Ich war (und bin) so ein bisschen gegen Stuttgart 21. Ich vermute, das liegt an meinem reflexartigen Impuls, gegen vieles zu sein, das dem Bürger aus wirtschaftlichen Beweggründen von großen Unternehmen und einer willfährigen Politik zugemutet wird. Über die Hintergründe und Detailfragen zu Stuttgart 21 wusste ich zu diesem Zeitpunkt aber nicht mehr als der durchschnittliche Zeitungsleser. Deshalb hatte ich auch keinesfalls den Plan, aktiv zu agitieren und klug daherzuschwätzen, das wollte ich den Einheimischen überlassen – die müssen ja hinterher auch mit dem Ergebnis leben. Mein Wunsch, mich für eine Nacht in dieser Zeltstadt einzuquartieren, war eher von einer unklaren Hoffnung auf Gemeinschaft und Open-Air-Romantik befeuert. Vielleicht treffe ich da ja nette Leute, die mir bei einem Rotwein vor dem Tipi ihr Leben erzählen – und was genau sie hier nach Stuttgart in den Schlosspark getrieben hat.

Ich marschierte also mit dem Hund vom Cannstatter Wasen mitten durch den eindrucksvollen Park bis an die Stelle, wo sich das Stuttgart-21-Zeltdorf befand, und schaute mich um. Der Wunsch, mich hier auch nur für eine Stunde niederzulassen, erstarb innerhalb von Sekunden. Das ganze von rotweißen Plastikbändern wie bei einer Baustelle abgesperrte Terrain erinnerte an ein schmuddeliges Veteranen-Treffen von Goa-Gammlern. Die meisten Parkbesetzer wirkten schon am späten Nachmittag leicht angeschlagen – um nicht zu sagen: breit wie ein Sofa. Wie an irgendeinem Strand in der Ferne jonglierten einige von ihnen mit Feuerkugeln, andere lagen bloß dösend auf dem Rasen. Die Bäume in der unmittelbaren Umgebung waren mit allerlei Papierparolen «geschmückt». Am Rande der Wiese standen ein paar trostlose

(Versorgungs-?)Hütten, und das alles wurde flankiert von Streife laufenden Polizisten. Ich war entsetzt. Nicht nur, weil sich meine Schlafgelegenheit für die Nacht in ein Luftschloss aufgelöst hatte. Das war es nicht, schließlich lebten in Stuttgart alte Freunde, ich verfügte also ausnahmsweise einmal über einen Plan B. Was mich aber wirklich störte, war etwas anderes. Möglicherweise höre ich mich an wie Oma Pasulke und mache mich mit dem populistischen Boulevard gemein, ganz klar, die Gefahr besteht. Aber ich sag's jetzt mal so, wie ich es in diesem Moment im Stuttgarter Schlosspark empfunden habe: Das Zeltdorf hatte mit konstruktivem Widerstand gegen ein absurdes Bauvorhaben so viel zu tun wie Stefan Mappus mit dem Image eines braven, ehrbaren Politikers.

3.) Es war ein großer Unterschied, ob ich mit meinem Rucksack und dem Hund durch Wälder und kleine Ortschaften des Landes lief oder ob ich mich durch ein urbanes Wimmelbild wie der Stuttgarter Innenstadt schob. In weniger besiedelten Regionen war ich für die meisten Menschen, denen ich begegnete, ein harmloser Wanderer, ein Pilger oder eben «Landstreichler» – das kam ganz darauf an, wie ich es selbst in der jeweiligen Situation empfand. Nicht selten wurde ich gefragt, wo ich denn hin wollte und von wo ich hergekommen war. Man schaute mich an, ich wurde wahrgenommen.

In der Stuttgarter Innenstadt aber war das nicht der Fall. Niemand suchte hier Augenkontakt. Für die Passanten, Flaneure und Powershopper war ich ein Störfaktor, einer, der nichts kaufen will, ein ausladendes Hindernis mit einem lästigen Hund, den man besser weiträumig umkurvt, man weiß ja nie. Nirgendwo sonst hatte ich mich bislang so unwohl, so überflüssig und so sehr wie ein Penner gefühlt. Nur in Stuttgart, inmitten dieser aufgeräumten, leistungsbereiten, modisch gekleideten Menschen. Ich vermute, dass dieser Eindruck auch ein wenig mit meiner Enttäuschung über das Schmuddelbild im Schlosspark korrespondierte, ich will das nicht ausschließen. Aber ich bin sicher, dass an diesem Tag mein Bewusstsein auch das Sein beeinflusste: Ich wandte mich genervt ab, und damit war klar, dass auch kein Stuttgarter nur ansatzweise freundlich auf mich zuging.

Ich machte auch noch eine andere Selbst-Beobachtung: In der Fußgängerzone glotzte ich in die Schaufenster wie ein Wüstenwanderer in seinen Trinkbeutel. Man liest ja immer, dass so ein rundum entschleunigter, mittelloser Wanderer schon nach kurzer Zeit die Vorzüge des einfachen Lebens zu schätzen lernt. Dass er nicht mehr so viel braucht, dass er sich nichts mehr wünscht, dass er zufrieden ist mit dem, was er hat. Ich habe keine Ahnung, wer solch eine Idee in Umlauf gebracht hat. Ich konnte das nicht bestätigen nach drei Wochen Entbehrung. In der Stuttgarter Fußgängerzone hätte ich mir am liebsten die schlecht riechenden Klamotten vom Leib gerissen und mich vollkommen neu eingekleidet. Ich gierte nach Eis, Kaffee, Kuchen, Schnitzel und so ziemlich *allem*, was hier um mich herum angeboten wurde. Und ich hoffte in Stuttgart, dass sich diese höhere Bewusstseinsstufe im Laufe des Weges noch einstellen würde. Noch aber hielt ich die «Simplify your life»-Botschaft für eine dieser Strategien, mit der die zu kurz Gekommenen infiltriert werden, um sich nicht ganz so scheiße zu fühlen, wenn sie nichts mehr haben und es so aussieht, als ob das auch so bleiben könnte.

4.) Stuttgart ist sehr hügelig. Ich vermute, es ist kein Zufall, dass in solch einer Stadt die Autoindustrie boomt. Um am Neckar entlang *hinein* in die Stadt zu wandern, muss man gefühlte drei Stunden an Gebäuden von Autobauern vorbeilaufen. Um wieder aus Stuttgart *rauszukommen*, läuft man dann an der anderen Seite der Stadt gefühlte drei Stunden an Autohändlern vorbei. Das ist in beiden Fällen nicht so schön, denn zu Fuß sind das sportlich anspruchsvolle und ästhetisch ziemlich erbärmliche Strecken. Nach einer Übernachtung wollte ich schnell wieder raus aus Stuttgart, und das sprach nicht unbedingt gegen die Stadt. Es hatte auch etwas damit zu tun, dass ich mich als mittelloser Fußgänger in solch einer prosperierenden, beinahe gebirgigen Stadt einfach fehl am Platz fühlte. Ich war gespannt, wie das in Frankfurt aussehen würde, der nächsten Metropole auf meiner Route.

5.) Natürlich hatte ich in Stuttgart auch nette Momente. Der Abend mit Birger in einem Etablissement namens *Fischlabor* in der Ludwigstraße zum Beispiel, in dem zufällig eine Tresen-Fachkraft werkelte, die meinem Projekt bereits auf *Facebook* folgte. Das ersparte mir längere Erklärungen zu meiner finanziellen Situation und verschaffte mir einen vorzüglichen Burger und zwei dunkle Weizenbiere, ein ekstatisches Vergnügen in meiner Lage. Danke, *Bunte Knete*! Dass es beinahe gar nicht zu diesem Abend gekommen wäre, lag an Birger und daran, wie wenig Zeit erfolgreiche Menschen für alte Freunde haben …

Nee, eigentlich passe das jetzt ganz schlecht, hatte er am Telefon gesagt, er sei ein wenig im Stress, hätte wahnsinnig viel um die Ohren, was ich denn eigentlich so plötzlich in Stuttgart machte. Klar, den Holzach kenne er natürlich, aber die Kinder müssten früh raus, außerdem sei da diese Klausurtagung, abends käme er spät, müsste morgens früh wieder raus. Es war Birger anzuhören, dass mein Überfall mieses Timing aufwies. Aber er würde mal drüber nachdenken, ob er wegen meiner Unterbringung was regeln könne, er riefe später wieder an, tschüss erst mal.

Okay, alte Freunde kommen immer irgendwie ungelegen, das wusste ich selbst, und ich war dazu auch noch unangemeldet. Schließlich hatte ich ja bis zum frühen Abend noch geglaubt, ich könnte in der Stuttgarter Zeltstadt im Schlosspark unterkommen. Aber bei Birger war ich sicher, dass er die Kurve kriegte. Schließlich waren wir alte Freunde, hatten gemeinsam eine Kleinstadt-Pubertät zwischen Aachen und Köln verbracht und auch unsere ersten journalistischen Erfahrungen bei derselben Lokalzeitung gesammelt. Wir schrieben für mickrige Zeilenhonorare über Karnevalssitzungen und Invalidenvereine, der Running Gag unserer Treffen – das letzte anlässlich seiner Hochzeit vor rund zehn Jahren – war der Satz: «Dem Umzug der Eschweiler Scharwache wurde ein prächtiger Schellenbaum vorangetragen.»

Das war alles so ungefähr fünfundzwanzig Jahre her, inzwischen hatte Birger Karriere gemacht, war lange Jahre Chefredakteur einer Stuttgarter Zeitschrift gewesen und von dort aus in die Politik gewechselt. Seit der letzten Wahl in Baden-Württemberg hatte er einen Stern mehr am Revers, sein Schreibtisch stand nun im Staatsministerium, sein Arbeitstag war vollgepackt von morgens bis abends.

«Kulturschock», hatte Birger gemurmelt, der Krawatten immer vermieden und nun ein wenig Respekt vor dem hatte, was da in Stuttgart in den nächsten fünf Jahren auf ihn zukam. Der sich aber zugleich voller Energie und Enthusiasmus auf seine neuen Aufgaben stürzte. So war er schon immer: idealistisch und ein wenig hyperaktiv, schnell zu begeistern, aber auch zäh auf Strecke. Und verlässlich.

Natürlich hatte Birger mich dann im Laufe des Tages wieder angerufen und mir einen Platz in seiner Wohnung angeboten. Sogar sein eigenes Bett hatte er mir zur Verfügung gestellt und war für eine Nacht zu seinen Kindern Otto und Hilda ins Zimmer gezogen. Als wir uns nach seiner Arbeit im *Fischlabor* im Stuttgarter Westen trafen, wurde aus Birger, dem Polit-Profi, schnell wieder der Mensch, den ich aus alten Zeiten kannte. Ich genoss es, einmal nicht bei null anfangen zu müssen wie sonst so oft auf der Reise. Birger musste ich die Positionslichter meiner Persönlichkeit nicht groß ausleuchten, Birger kannte mich. Es war interessant zu erleben, wie anders und wie gut es sich anfühlte, plötzlich wieder für ein paar Stunden ein Mensch mit einer Geschichte zu sein.

Bei Birger zu Hause musste ich lachen: In seiner Wohnung herrschte immer noch das popkulturelle Chaos seiner früheren Behausungen. Bücher und T-Shirts, Schallplatten und CDs, alte *Spex*-Ausgaben, überarbeitete Manuskripte – alles auf einem großen Haufen. Bei Birger sah es aus wie in einem

Roman von Nick Hornby, da kamen auch seine Frau und die Kinder nicht gegen an. Ich fühlte mich gleich wie zu Hause. Am nächsten Morgen gab's ein Frühstück im Stehen und einen kleinen politischen Diskurs, dann musste Birger weg, erst eine Menge Zeitungen lesen, dann den Besuch des Präsidenten von Paraguay betreuen.

Es war ein weiter Weg von der Eschweiler Scharwache zum Präsidenten von Paraguay, und Birger hatte sich nichts vorzuwerfen: Es waren immer noch Begeisterung und Idealismus, die ihn antrieben, er hatte nebenbei ein Buch über einen berühmten Stuttgarter Graphiker geschrieben und eine Bürgerinitiative für mehr Kindergartenraum im eigenen Viertel gegründet. «Wir kommen demnächst mal bei dir vorbei», flunkerte er zum Abschied, schwang sich auf seinen Roller und fuhr ins Staatsministerium. Schön, dass bei Birger alte Freunde immer irgendwie willkommen sind.

24 Viel von allem

Wo ich herkomme, da sagt man über Tobi Dinge wie: «Der scheißt sich nix!», und meint das durchaus anerkennend. Das soll heißen: Tobi ist eben, wie er ist. Er verstellt sich nicht. Und das ist auch gut so.

Tobi las mich mit dem offenen Porsche neben der Autobahn auf, eine LKW-Ladung Sushis im Gepäck, hielt mich für leicht meschugge und sagte mir das auch ungefiltert, aber auf eine nette Art. Er kannte mich nicht, hatte bis zu diesem Tag noch nie von mir gehört, aber als ein Freund auf *Facebook* (den ich wiederum nicht kannte) ihm von meiner Wanderung erzählt und nach einer Übernachtungsmöglichkeit in der Nähe von Bietigheim-Bissingen gefragt hatte, ließ sich Tobi nicht lange bitten. Klar, ich konnte kommen. Ein bisschen Angst hatte er um seine beiden kleinen Hunde, ob Paula da irgendwie verhaltensauffällig sei, aber als das geklärt war, durfte ich anrücken. «Magst du Sushi?», war die erste Frage, die mir Tobi am Telefon stellte.

Es war einer dieser heißen Tage, an dem Paula sich in jeden Tümpel stürzte und hechelte, als ob sie ein Sauerstoffzelt benötigen würde. Wir waren über den Killesberg und Zuffenhausen an Industrie- und hässlichen Vorortstraßen entlanggewandert. Auf dieser Strecke präsentierte sich Stuttgart als gefühlte Partnerstadt von San Francisco. Leider nicht in ästhetischer Hinsicht. Es ging nur ständig rauf und runter, und das kostete Kraft. Schon in Kornwestheim am frühen Nachmittag war ich mit meinen Kräften am Ende. In Ludwigsburg pausierten wir auf dem Gelände des Residenzschlosses, einem der weitläufigsten Barockanlagen in ganz Europa. Ich war vorher noch nie in diesem Schloss gewesen, in dem heute einige Museen – unter anderem ein Modemuseum – beheimatet sind. Vor allem von der riesigen Gartenanlage, die unter dem Namen «Blühendes Barock» als überregionales Ausflugsziel bekannt ist, war ich beeindruckt, obwohl ich nur einen kleinen Teil davon zu sehen bekam. Das Prinzip «Deutschland umsonst» griff hier leider nicht. Die Jungs an der Kasse wollten Cash sehen, acht Euro, um genau zu sein. Mit meinen üblichen Texten biss ich hier auf Granit. Niemand der Verantwortlichen ließ sich davon überzeugen, dass ein mittelloser Wanderer genau wie Essen und Trinken auch hin und wieder etwas kulturelle Zuwendung benötigte. Und als ich dann zum letzten Mittel griff und von meinem Buchprojekt erzählte, grinsten die beiden Herren am Eingang nur nachsichtig. *Klar, und mein Oppa war der Kaiser von China …* Vielleicht fürchteten sie auch, dass ich mir mit dem Hund ein nettes Plätzchen suchen und dort übernachten wollte. (Da drin gab's ja bestimmt auch Lustschlösschen.) Das konnte ich verstehen. Wir machten in dieser Hitze nach dem Gewaltmarsch, der heute schon hinter uns lag, nicht mehr den allerbesten Eindruck. Paula hatte sogar wieder begonnen, leicht zu hinken. Und bis Bietigheim waren es noch fast zehn Kilometer.

Zum Glück rief Tobi von Stuttgart aus an, wo er beruflich zu tun hatte, und bot an, uns auf der Strecke einzusammeln. Tobi ist der Boss eines Sanitärunternehmens, «wir planen exklusive Bäder und bauen die auch ein», er beschäftigt um die fünfundzwanzig Mitarbeiter, aber kam trotzdem gerade mit den Aufträgen nicht mehr nach. Der Laden brummte. Tobi arbeitete hart, daran ließ er keinen Zweifel, aber nach Feierabend musste es auch krachen in seinem Leben. Ordentlich. Dazu steht er: «Weißt, meine Eltern haben das Geschäft aufgebaut, aber sich wenig gegönnt, nie gezeigt, was sie da eigentlich erreicht haben!» Tobi hat viel, er zeigt es, und er gibt viel.

Auf den ersten Blick könnte man ihn für eine Spur zu laut, zu grell, zu heftig halten. Klar, Porsche, modern designtes Haus, zwei Pythonschlangen … und das alles in seinem jungen Alter. Doch das wäre ein Fehler, ein armseliger Reflex auf die Oberflächenreize, die Tobi offensichtlich mit spitzbübischer Freude an der Provokation setzt. Er polarisiert, doch damit kann er leben. Tobi hat nichts und niemandem etwas zu beweisen, er ist mit sich im Reinen, Tobi tut das alles für sich und vielleicht noch für seine Freundin Veronika. Und er mag es genau so. Mir gegenüber trat er ohne Argwohn auf, öffnete generös sein Haus, hatte gleich Getränke, Essen, Gästezimmer mit Balkon parat. Als er hörte, dass ich für den nächsten Tag noch ohne Unterkunft war, hängte er sich gleich ans Telefon und versuchte, mir einen Platz im Erlebnispark Tripsdrill im Naturpark Stromberg zu verschaffen. Da hatte Tobi beim Umbau neuer Ferienhäuser mitgemischt und fand, das sei ein interessanter Schlenker für meine Geschichte. Am Telefon war er sehr überzeugend. Ein Macher. Tobi drang schnell bis zur zuständigen Pressestelle des Erlebnisparks durch, man wolle sich kümmern und sich wieder melden. Was auch geschah – am nächsten Morgen hatte ich einen Platz in Tripsdrill sicher. Im Prinzip. Die Übernachtung in einem der Schäferwagen scheiterte schließlich nur an Paula. Oder besser: am Umstand, dass Hunde in den Zimmern des Parks nicht erlaubt waren. Diesmal wollte ich es nicht darauf ankommen lassen, dass eine Dame an der Rezeption beide Augen zudrückte und Paula nicht «sah». An Tobi aber hatte es nicht gelegen, dass Tripsdrill und ich nicht zusammenkamen.

Tobis Freundin Veronika stieß an diesem Abend etwas später zu uns, auch sie herzlich und ganz offensichtlich nicht an einem Leben im Sauertopf interessiert. Sie sagte Sachen wie «Ich bin partyorientiert» oder «Wir haben uns vorgenommen, erfolgreich zu sein», und es klang nicht einen Moment so, als ob hier eine alberne Katzenberger-Parodie dummes Zeug erzählte. Im Gegenteil: Veronika schien genau zu wissen, was sie wollte, und ging dieses Ziel fokussiert an. Sie plante ein eigenes Dessous-Label: *Strictly X Private*. Was heißt plante: Zusammen mit Tobi arbeitete die attraktive Blondine seit zwei Jahren systematisch daran, diesen Plan auch mit Leben zu füllen. Noch zeichnete und schneiderte sie zusammen mit einigen Mitarbeiterinnen an ihrer ersten Kollektion im Souterrain des Hauses, in dem sie mit Tobi lebte. Allerdings hatten die beiden schon Räume in der Stuttgarter Innenstadt angemietet. Subventionierte Gewerberäume für Unternehmensgründer, nichts Überkandideltes. «Wir müssen uns ja erst mal etablieren, Schritt für Schritt.»

Eine Kommunikationsagentur hatte in enger Zusammenarbeit mit Veronika und Tobi eine Label-Strategie erarbeitet. «Wir möchten nicht auf diese künstliche Sexschiene gehen, keine artifizielle Dita-von-Teese-Ästhetik. Wir glauben an diesen ganz speziellen Kick, der authentische erotische Situationen so besonders macht. Dieser *special moment*, von dem wir alle träumen, den Traum, den wir aber auch alle in unserem eigenen Leben verwirklichen können!» In diesem Herbst sei *Strictly X Private* endlich marktreif, das sei jedenfalls der Plan. Tobi und Veronika können es kaum erwarten – ihr gemeinsames Projekt muss endlich raus aufs Eis.

Wir aßen Sushi zusammen, tranken ihren Lieblings-Champagner, die beiden erzählten von Nächten in Los Angeles und Las Vegas und all den Plätzen, wo sie schon waren und wo sie noch hin wollten. Am nächsten Morgen hatte Tobi mir ein Paket für den Hund fertig gemacht und Veronika für ein Frühstück eingekauft, zu dem sie offenbar ein ganzes Footballteam erwartete. «Ich wusste ja nicht, was du magst!»

Tobi war schon seit sechs Uhr auf der Baustelle, und als ich auch endlich aufgestanden war, rief er an, um zu wissen, wie ich geschlafen hätte. Kurze Zeit später stieß er noch auf eine kurze «Vesper» zu uns, verabschiedete mich persönlich, bevor er wieder zurück an die Arbeit, auf eine neue Baustelle düste. So ist das Leben für Tobi und Veronika: ziemlich voll, ziemlich viel und extrem turbulent.

25 «Ich zahl dir Bahnhof!»

Nach drei Wochen auf der Landstraße wusste ich langsam, wie sich Superstars fühlen müssen. Nicht, dass ich von Passanten auf meinem Weg erkannt wurde und Autogramme geben musste. Es war mehr dieses Gefühl (oder die Frage) nach dem Aufwachen: *Verdammt, wo bin ich eigentlich?*

Immer häufiger wachte ich einigermaßen orientierungslos in einem fremden Bett auf. Immerhin konnte ich den Kontinent zuverlässig benennen, das dürfte Robbie Williams schon schwerer fallen. Meistens aber musste ich mich sehr anstrengen, um präzise nachzuvollziehen, wo ich jetzt schon wieder gelandet war und wer mich dahin eingeladen hatte.

Bislang hatte sich zum Glück ja *immer* ein freundlicher Gastgeber gefunden, bis auf diese eine Zeltnacht in Steigziegelhütte. Als ich aber eines Morgens in einem Bett aufwachte, das stilistisch so gar nicht zu der marokkanisch anmutenden Lampe über mir zu passen schien, hatte ich zum ersten Mal echte Probleme bei der Standortbestimmung. Mir fiel partout nicht ein, wie dieses Örtchen hieß, in dem ich am Vorabend gelandet war und in dem mich die Geschwister Albert und Martina aufgenommen hatten. Immerhin, an die Gastgeber konnte ich mich nach einem Moment der Konzentration erinnern. Martina war eine handfeste Frau in den Dreißigern, die im Gemeinderat mitarbeitete, einen sozialen Beruf ausübte und im eigenen Elternhaus zusammen mit ihrem Bruder lebte. Sie war ungebunden, doch der Begriff Single würde irgendwie nicht zu ihr passen. Sie und ihr Bruder – der im ersten Stock des Hauses lebte und in Ludwigsburg arbeitete – luden mich abends zum Grillen ein, Martina zog extra für mich aus ihrem eigenen Schlafzimmer aus, ohne ein Wort darüber zu verlieren, und im Badezimmer päppelte sie gerade ein paar Küken in einer Art selbstgebautem Brutkasten auf. Internet interessierte Martina nicht sonderlich, darum würde sie zukünftig auch meine Reise nicht weiterverfolgen, das sei schade, aber hey, für die Technik des Hauses war eben Albert zuständig. Klar, eine Mailadresse hatte Martina schon, und sie checkte auch regelmäßig ihren Posteingang: einmal in der Woche. Martina war eben eher praktisch veranlagt: Sie machte sich zum Beispiel Gedanken darüber, dass es doch eintönig sein müsse, bei der Hitze den ganzen Tag nur Wasser zu trinken. Und zwar immer nur Wasser ohne Geschmack! Also schenkte sie mir ein Paket Ahoi-Brause für meinen weiteren Weg. So eine Frau war Martina. Ich schaute nach dem Frühstück heimlich auf *Google Maps* nach, wie es denn nun hieß, das Dorf von Albert und Martina. Genau: Güglingen-Eibensbach im Naturpark Stromberg (der zweite Stadtteil von Güglingen heißt übrigens Frauenzimmern). Wer kann sich denn auch so was merken?

Am nächsten Morgen brannte die Sonne wieder vom Himmel. Das machte uns leichtsinnig. Paula und ich trotteten ohne Eile über Eppingen Richtung Adeshofen, Hilsbach bis nach Weiler, wo wir auf Burg Steinsberg, dem sogenannten Kompass des Kraichgaus, eine sehr lange Pause einlegten. Am Nachmittag ging es auch nicht schneller voran: Mit Mühe und nassgeschwitzt erreichten wir Sinsheim. Dort lungerten wir ein wenig vor dem neuen Stadion von 1899 Hoffenheim herum, das SAP-Gründer Hopp mitten in der Pampa auf einen Hügel gesetzt hatte wie ein notgelandetes Raumschiff. Organische Bebauung sieht anders aus, so viel ist sicher. Überhaupt machte Sinsheim einen eher trostlosen Eindruck auf mich, ich schob den Hund an, um schneller zu unserem Tagesziel zu gelangen, dem Dörfchen Hoffenheim. Ich wollte mir die Geburtsstätte des Fußballwunders Hoffenheim mal aus der Nähe ansehen. Zumal dort auch gerade der Trainer meines Lieblingsvereins in Hamburg angeheuert hatte und ich (noch) nicht begreifen konnte, was ihn dazu getrieben hatte. Außer Geld.

Doch irgendwie war das heute nicht unser Tag. Paula ließ

sich nicht mehr anschieben. Sie war schon seit Tagen nicht in der besten Verfassung, am Tagesanfang humpelte sie jetzt wieder ein wenig und lief erst nach ein paar Minuten Aufwärmen halbwegs rund. Außerdem schien sie schneller müde zu werden als noch in den ersten Tagen der Wanderung, gerade bei heißem Wetter. Ich musste immer häufiger auf sie einreden, wenn sie schon wieder unter Parkbänken oder in Bushäuschen Zuflucht suchte und keine Anstalten machte, unseren Weg fortzusetzen. Bei einem Gemüsehändler erbettelten wir uns ein paar Äpfel und teilten uns die Beute. In der Regel wurden diese Läden von türkischstämmigen Händlern betrieben – und immer unterstützten sie uns gerne. Ich musste meistens nicht mal viel erklären. «Kein Problem», nickten sie, «nimm dir, was du brauchst.» Ich habe dieses Angebot nie ausgereizt, aber wenn ich mir drei oder vier Äpfel von der Auslage pflückte, zuckten die Jungs nicht einmal.

Auf der Hauptstraße nach Hoffenheim passierten wir eine türkische Kneipe mit Namen *Ali Baba*. Wir benötigten noch ein bisschen Wasser für die Nacht, unser Vorrat war aufgebraucht. In dem Laden saßen ein paar türkische Halbwüchsige an einem großen Tisch und vergnügten sich mit türkischen Wasserpfeifen, den Shishas. Neugierig musterten sie mich, als ich mit Paula eintrat. «Kann ich ein bisschen Wasser für den Hund haben?» Ich zeige auf meine beiden Wasserflaschen.

«Ali, komm mal, da ist ein Mann!», rief einer der Wasserpfeifen. Sie schauten interessiert und kein bisschen feindselig. Und sie waren kommunikativ.

«Wo gehst du hin?»

«Richtung Heidelberg», sagte ich, «und dann weiter nach Schleswig-Holstein.»

«Kenn ich», sagte einer von ihnen, «hab ich mal in Kiel gelebt, war schön, aber immer schlechtes Wetter.»

«Kenn ich», antwortete ich, «ich leb in Horst.»

«Warum fährst du nicht mit Auto?», fragte der Kieler. Gute Frage. Ich erklärte ihnen mein Projekt.

«Krass!», sagte einer, ein anderer: «Respekt, Mann!» Ehrlich, so war es. Wie aus einem Sketch von «Was guckst du?!». Dann kam Ali endlich aus einem Nebenraum, überblickte kurz die Situation, füllte meine Wasserflaschen und legte noch eine Seltersflasche obendrauf. Dann grinste er und sagte: «Hey Mann, Heidelberg zu Fuß ist doch krass. Ich zahl dir Bahnhof!»

Gute Jungs.

Ich entschied mich gegen den Bahnhof. Ich wusste: Die Jungs hätten mir vielleicht tatsächlich die Fahrkarte nach Heidelberg bezahlt. Dafür hätten sie mir aber eine Menge Sprüche um die Ohren gehauen. Das war jetzt eine Stolzfrage. Wie war das noch mit *Respekt, Mann*? Den wollte ich nicht gleich wieder verspielen. Ich weiß allerdings nicht, was Paula zu der Offerte gesagt hätte. Gut, dass sie nichts verstand.

Kaum hatten wir die Ortsgrenze von Sinsheim verlassen, lachte uns hinter einem Zaun aus dichtem Buschwerk und Unkraut ein großes Erdbeerfeld an. Weit und breit war kein Bauer zu sehen. Okay, wir hatten schon Äpfel im Gepäck, aber reife, süße Erdbeeren? Die wollte ich mir auf keinen Fall entgehen lassen. In den nächsten zwanzig Minuten graste ich eine Reihe Erdbeeren auf dem Feld ab und dachte mit rot gefärbten Lippen und Fingerkuppen darüber nach, wie viel Spaß so ein Mundraub schon gemacht hatte, als wir noch zur Schule gingen und in den Gärten unserer Nachbarn wilderten.

Es war kein Wunder, dass wir Hoffenheim erst bei Einbruch der Dunkelheit erreichten. Die Fußballjugend des Bundesligisten trainierte auf einem Platz am Ortseingang, das musste ich mir auch noch unbedingt ansehen, bis es endgültig zu spät war, irgendwo nach einer Unterkunft zu suchen. Ich versuchte es gar nicht erst. Hätte ich gewusst, dass unsere zweite Erfahrung im Zelt die schlimmste Nacht auf unserer ganzen Reise werden würde, hätte ich vermutlich ein wenig mehr Einsatz bei der Suche nach Alternativen gezeigt …

Die gute Nachricht: Kalt war's diesmal nicht. Mir wollte allerdings auch nach der zweiten Übernachtung in einem Zelt nicht so recht einleuchten, was daran so abenteuerlich und wild-romantisch sein sollte. Aber der Reihe nach.

Ich war von der einbrechenden Dunkelheit überrascht worden. Außerdem musste es schnell gehen, möglicherweise deutete sich da am Himmel sogar schon ein Gewitter an. Schnell bezog ich die erste halbwegs passable, von der Straße nicht einsehbare Wiese am Waldrand Hoffenheims und landete mit Paula unter einem Baum. Von dem versprach ich mir auch ein wenig Schutz vor dem Regen, wenn er denn kommen sollte.

Das Problem: Ich hätte mir den Neigungswinkel der Wiese etwas genauer ansehen sollen. Das grüne Lager war abschüssig. SEHR abschüssig. Als ich das Zelt aufgebaut, die Sachen verstaut, den Hund hineingebeten und den Schlafsack ausgebreitet hatte, zog es mich im Schlafsack Richtung Süden wie auf einer Wasserrutsche. Mein Körper spielte Quetschkommode, nur unter heftiger Muskelanspannung gelang es mir, der Schwerkraft zu trotzen. Gemütlich war das nicht. Ich kämpfte noch um die optimale Position, da bemerkte ich knapp dreißig Meter weiter auf dem kleinen Weg neben der Wiese eine Menge Aktivität. Traktoren. Vier Stück! Mit großen Anhängern. Sie fuhren den Weg hinauf zu einem Feld und begannen dort mit einer Tätigkeit, die ich nicht sehen, aber sehr wohl hören konnte. Um 21:30 Uhr. Bauern sind ja rund um die Uhr beschäftigt, das wusste ich, aber dass sie mitten in der Nacht unter Traktoren-Flutlicht ihre Felder bestellten, war mir neu. Zwei Geräusche dominierten: eine Art schreiende Kreissäge, furchtbar nervig. Und immer dann, wenn die Säge einmal kurz pausierte, war das Tüt-Tüt-Tüt moderner Automobile zu hören, diese akustischen Einparkhilfen bei rückwärtigen Manövern. Enervierend? Aber hallo! Ich konnte kein Auge schließen, außerdem hatte ich Angst, dass die fleißigen Landwirte mich entweder entdeckten oder sich irgendwann auf *meiner* Wiese austobten und mich womöglich über den Haufen mähten. Sooo laut war das.

Der Rest dieser Tragikomödie in der gebotenen Kurzfassung: Eingeschlafen um etwa Mitternacht, um zwei Uhr mit heftiger Rückenverspannung aufgewacht, den Hund aus dem Zelt geworfen, das Zelt umgestellt, den verblüfften Hund wieder hineingeschubst, selber wieder reingekrochen. Ergebnis: Nun seitliches Abfallen in die Zeltumrandung. Zum Glück blieb der Regen aus. Wieder eingeschlafen. Ab fünf Uhr ununterbrochen *FuckFuckFuck* gedacht, um sechs kapituliert, aufgestanden, meinen ganzen Krempel eingepackt und wieder losgezogen, raus aus diesem dämlichen Hoffenheim. Angefangen, positiv zu denken. Ich nahm mir vor, nur noch einen einzigen Versuch zu unternehmen mit dem Zelt. Wenn das noch mal so laufen sollte, dann würde ich diese verdammte Plastikplane einfach abfackeln. Basta!

deutschlandumsonst.wordpress.com

Thorsten Ich bin schon gespannt auf den dritten Versuch. Vom brennenden Zelt bekommen wir doch Bilder, oder?
31. Mai 2011 um 20:57

26 Kentucky oder Nieder-Liebersbach

Montag, 23. Mai, später Nachmittag: Nach einem Zwanzig-Kilometer-Ritt aus Heidelberg las Ellen uns heute am Weinheimer Schlosspark auf. Das Wochenende zuvor hatte ich bei alten Freunden, Jörg und Susanne, in Heidelberg verbracht. Lange Erklärungen waren hier unnötig, die beiden sahen mir meinen Zustand an: Ich konnte mich gleich aufs Sofa werfen. Das brauchte ich auch dringend – fast so sehr wie der Hund. Unsere Batterien waren leer, die schweren Märsche auf der Schwäbischen Alb und eine unruhige Nacht im Zelt hatten uns zermürbt. Da waren wir bei Susanne und Jörg an der richtigen Adresse. Mobile Leute, die beide als Professoren an den Universitäten Heidelberg (er) und Heilbronn (sie) schafften und die nicht sesshaftesten Menschen sind, die ich kenne. Seit einiger Zeit bewohnten sie im idyllischen Heidelberg-Ziegelhausen ein großes Haus mit Garten in Hanglage. Ein feiner Platz. Nach dem desolaten Freitag in Hoffenheim war das der beste Ort (und die besten Menschen), die uns passieren konnten. Wir lagerten bewegungslos im Garten, der direkt an den Odenwald grenzte, und ich fräste mich bei herrlichem Wetter durch gefühlte sechs Mahlzeiten am Tag: Pizza, Pfannkuchen, Grillwurst, Pommes, gefüllte Paprika, Spargel – ein Wunder, was man an zwei Tagen alles vertilgen kann. Ich hatte zu diesem Zeitpunkt bereits vier Kilo verloren. Eine bessere Diät hatte ich noch nicht kennengelernt. Wir besuchten einen zünftigen Biergarten in einem Kloster und die – aus nachvollziehbaren Gründen – leicht überlaufene Altstadt von Heidelberg, das war's an Bewegung für achtundvierzig Stunden. Mit zunehmendem Alter verstand ich immer besser, dass man so einen «niedlichen» Ort wie Heidelberg nicht nur besuchen, sondern sogar in ihm leben möchte: Man fühlt sich im Stadtbild wie das Personal einer Postkarte aus der guten alten Zeit.

Am Montagmorgen verließ ich mein Heidelberger Wochenenddomizil nur ungern wieder. Gerade nach zwei solch harmonischen «Urlaubstagen» fiel es mir schwer, mich wieder mit Haut und Haar auf die Tippelei einzulassen. Ich freute mich darüber, dass ich die ersten Schritte an diesem Tag nicht allein gehen musste, sondern dass Jörg mich ein Stück begleitete und mir den Heidelberger Philosophenweg zeigte. An der Bergstraße entlang wanderten Paula und ich dann wieder allein über Dossenheim, Schriesheim, Hirschberg an der Weinstraße bis nach Leutershausen. Das war an diesem Tag ein beschwingter Spaziergang, erst ab Großsachsen wurde es wieder zäher. Ein paar Kilometer mussten wir gleich neben dichtem Autoverkehr an der B3 entlanggehen, bis wir unser vorläufiges Ziel erreichten: Weinheim. Dort wollte uns Ellen, eine weitere *Facebook*-Freundin, einladen und tief in den Odenwald zu sich nach Hause verschleppen.

Bisschen einsam in Nieder-Liebersbach, am Rande des Odenwaldes? Schon. Aber Ellen kennt das nicht anders, ihr Leben lang. «Busverbindung hatten wir keine», sagte sie, aber das sei okay gewesen, schön sogar, sie mag ihre Heimat. Und mit fünfzehn kaufte sie sich eine Zündapp. Ihr Elternhaus steht ungefähr dreihundert Meter von dem Haus entfernt, dass sie mit ihrem ersten Mann gebaut hat. Mit ihm – einem Mitarbeiter der Firma Freudenberg, die in der Region den Großteil der Arbeitsplätze stellt – lebte sie auch ein paar Jahre in Kentucky, er hatte da beruflich zu tun. Mit ihrem aktuellen Lebensgefährten Michael hat so ein Auslandsaufenthalt auf Zeit auch schon geklappt, wieder Kentucky, wieder eine Freudenberg-Verbindung. Ellen liebt Amerika, später, als Rentnerin, wollen die beiden auch wieder hin. Vielleicht Kentucky, vielleicht aber auch Florida. «Ich will einmal am Meer leben», sagte sie. Das ist ganz schön weit weg von der Familie. Aus diesem Grund ist es nicht so ganz einfach für sie, Kentucky oder Florida *trotzdem* dringend zu wollen. «Ich bin ein totaler Familienmensch, und wir haben eine tolle Familie.» Ellen hat

Geschwister, zwei Jungs, ihr Lebensgefährte ebenfalls zwei Kinder, ihre Mutter lebt noch im Ort. Am liebsten hätte Ellen sie alle auf einen Haufen, zusammen mit dem Kater, der durch die Wohnung streifte, und den drei Boxern vom Untermieter, die am Gartentor ein höllisches Tamtam veranstalteten.

Eigentlich wollte Ellen mir Kochkäse zeigen, eine Odenwald-Spezialität, doch alle Restaurants in der Region waren geschlossen: montags Ruhetag. Da blieb nur der Gang zum Griechen, der in Nieder-Liebersbach «Kiosk» heißt, auch am Montag voll besetzt war und ein anständiges Essen auf den Tisch stellte. Ellen grüßte im Minutenabstand die Leute um uns herum, die freiwillige Feuerwehr kurvte gleich mit drei großen Fahrzeugen durch die Straße. Am nächsten Morgen musste Ellen früh raus, tanzen. Tanzen? «Das steht heute auf dem Programm, Weiterbildung mit den Kollegen.» Und: «Tanzen macht auch Riesenspaß mit den Kindern.»

Sie meinte nicht ihre eigenen. Ellen arbeitet mit geistig behinderten jungen Erwachsenen, bereitet sie auf einen Job vor, macht sie lebenstüchtiger. Man merkt ihr an, dass das mehr Berufung als Job ist, ohne dabei so klebrig zu klingen wie ein professioneller Gutmensch. Ellen hatte sich diese Stelle eigentlich mit jemandem teilen wollen, ein halbes Jahr Vollzeit arbeiten und die andere Hälfte des Jahres weg sein, im Ausland, in den USA. Sie hatte aber niemanden gefunden, der das Leben genau so anging wie sie: optimistisch, offen, abenteuerlustig und neugierig. Wenn sie davon erzählte, wo sie in einigen Jahren leben wird, blitzten ihre Augen: «Wir haben diese spezielle Region in Florida nur zufällig entdeckt, sie heißt Mexico Beach. Die Leute nennen sie auch *the forgotten coast.*» Ellen schwärmte. «Wunderschön und fast ohne Tourismus.» Vermutlich auch ohne Busverbindung. Was Ellen nichts ausmacht. Sie kommt klar, kam sie schon immer, ihr Leben lang.

27 Hundstage

Die Hitze machte uns beiden zu schaffen, aber der Hund litt scheinbar doppelt. Wir spazierten auf schönen kleinen Wegen an Laudenbach, Heppenheim, Auerbach und Alsbach vorbei und bedienten uns an den Kirschbäumen, die am Wegesrand geradezu darum bettelten, abgeerntet zu werden. Es hätte so schön sein können. Doch Paula legte sich immer häufiger hechelnd ins Gras, zudem machte ihre Pfote offenbar Probleme: Rauen Asphalt und Splittwege mied sie neuerdings wie der Teufel das Weihwasser. Wenn es sich nicht vermeiden ließ, ein paar Meter auf solch einem Untergrund zu gehen, schleppte sie sich nur ganz, ganz langsam vorwärts. Ich machte mir Sorgen, zum zweiten Mal auf der Reise: Wenn das in den nächsten Tagen so weiterging, musste ich mich von Paula trennen. Kein schöner Gedanke. Der Hund war der beste Gefährte, den man sich denken konnte, ich fürchtete mich davor, alleine weiterziehen zu müssen. Noch aber wollte ich die Hoffnung nicht aufgeben. Auf Waldwegen und Wiesen gab es schließlich immer wieder Phasen, in denen der Hund fröhlich wedelnd voranlief und nach Stöcken sprang, als ob nichts sei. Ich hoffte auf schlechteres Wetter, so verrückt sich das anhört.

Gegen Nachmittag erreichten wir Eberstadt und hatten mal wieder keine Ahnung, wo wir an diesem Abend bleiben würden. Zufällig passierten wir das *Café Strandgut*, ein kleiner Raum nur, offenbar mehr Projekt als professionelle Gastwirtschaft. Christian, einer der Betreiber des Ladens, begrüßte mich und den genervten Hund freundlich, als wir ausgelaugt nach dreißig Kilometern bei ihm einfielen, und nahm nach ein paar Minuten gleich mal etwas Druck raus: «Ich habe ein nettes kleines Garten-Grundstück ganz in der Nähe, da kannst du hin, wenn du nichts anderes findest.»

Er war der perfekte Wirt: unaufdringlich, freundlich, lässig. Auch wenn ich sein Café zwei Stunden lang zum Büro umfunktionierte und den einzigen großen Tisch in Beschlag nahm, ohne zu konsumieren: kein Problem. Er half da gern. Das war auch nötig: Die Geschichte mit dem Hund ging mir an die Nieren. Körperlich *und* mental auf dem Zahnfleisch zu gehen war ein wenig zu viel für einen Abend. Ich meldete mich mal wieder bei *Facebook* mit einem Hilferuf nach einem Bett. Zwei Stunden und rund hundert Chats später kam der entscheidende Hinweis. *Versuch es doch mal bei Robert vom Musikladen in Eberstadt, das ist ein netter, offener Mensch.* Ich schaute kurz nach, wie weit dieser *Musikladen* vom *Café Strandgut* entfernt war. Knapp 300 Meter! Okay, dachte ich, das kann ich ja mal probieren. Gute Entscheidung, kann ich da nur sagen, eine wirklich gute Entscheidung.

Zwar traf ich zuerst nur seinen Partner Markus an, und der war ein wenig skeptisch. «Ob der Robert Platz hat?» Als *der Robert* dann aber schließlich auftauchte – er gab gerade eine Gitarrenstunde –, reichte ein kurzer Augenkontakt, dann war die Sache klar. Das ist das Schöne an diesem Projekt. Man lernt schnell, in Gesichtern zu lesen. In diesem hier hätte man eine Menge über Güte und Gelassenheit erfahren können. Robert ist ein ganz besonderer Mensch, und das hat nichts damit zu tun, dass er nicht mal zehn Sekunden brauchte, um sich zu entscheiden: «Ich bin sicher, wir finden da eine Lösung.» Danach kehrte er wieder zu seinem Schüler zurück, und ich konnte im hübschen Innenhof der Musikschule eine halbe Stunde klassischer Gitarrenmusik lauschen, bevor Robert Paula und mich zu sich nach Hause einlud. Selten habe ich mich einem völlig Fremden innerhalb so kurzer Zeit so verbunden gefühlt. Ich gehöre nicht zu Leuten, die schnell fraternisieren, ich bin nicht sehr verbindlich, und ich wahre Distanz – nichts, wofür ich mich bewusst entschieden hätte, es ist nur einfach so. Bei Robert aber lief das anders, gleich von Anfang an. Warum? Keine Ahnung. Weil es Robert war?

Mit seinen Händen zum Beispiel kann er eine ganze Menge

interessanter Dinge tun. Gitarre spielen oder einen Flitzebogen bauen. Was eher da war in der Welt, die Waffe oder das Instrument, und wie viel diese beiden Dinge miteinander zu tun haben, darüber kann Robert eine Menge erzählen. Er beschäftigt sich gern ganzheitlich mit seiner Umwelt, baute ein Tipi in seinem großen Naturgarten im Odenwald, angelt im eigenen Kanu und fährt mit seinem Wohnmobil raus in die Natur, wann immer er dazu kommt. Er hat zwar ein paar Jahre in Darmstadt studiert, doch er kam vom Land in der Nähe von Aschaffenburg und ist auch wieder dorthin zurückgekehrt. In Neutsch, einem kleinen Dorf im Odenwald, lebt er in einem kleinen Haus mit viel Seele zusammen mit seiner Lebensgefährtin Bernadette, einer ehemaligen Ballettänzerin.

Robert ist der Mitinhaber des *Musikladens* in Eberstadt, er verkauft Instrumente, lehrt Schülern das klassische Gitarrespielen, an manchen Tagen verbringt er vierzehn Stunden im Geschäft. In seinem Element aber ist Robert erst, wenn er kein Dach über dem Kopf hat. Vielleicht hätten wir tauschen sollen ... Manchmal schläft er im Garten auf der Veranda, das Haus engt ihn ein, sagt er, ich muss dann den Himmel und Bäume sehen. Es überraschte mich kaum mehr, dass er sich für alles «Indianische» interessierte. Er war einmal in New Mexico, da hat er aus einem Impuls heraus angefangen, Bögen zu schnitzen. So gut, dass er daraus ein kleines Geschäft machen konnte. Alles Handarbeit, sehr aufwendig, heute hat er kaum noch Zeit dazu. In einem kleinen Raum neben seiner Veranda hat er eine interessante Sammlung von historischen Pfeilen und Bögen zusammengetragen, das Thema lässt ihn nicht los.

Robert hatte einen wachen, einen klaren Blick, dichtes fast schlohweißes Haar, man sah in seinem gebräunt gegerbten Gesicht, dass er schon einiges erlebt hatte, doch die sechsundfünfzig Jahre, die sein Pass ihm bescheinigt, die sah man nicht. «Ich achte auf meinen Körper», sagte er und meinte: *Darunter wird wohl auch mein Kopf nicht leiden.* Robert ist ein

Dorfindianer, im besten aller vorstellbaren Sinne: ein wacher, leiser Mann auf dem Friedenspfad, bemüht, die Welt um ihn herum zu begreifen und zu bereichern. Er schenkte mir zum Abschied eine Speerspitze und ein wenig geflochtenes Räucherstroh. «Das soll dir auf deiner Reise Glück bringen.» Er lächelte, nicht verlegen, aber leise. Er macht gerne Geschenke, obwohl er weiß, dass es darauf nicht ankommt. Das ist genau der Unterschied, der Robert ausmacht. Es war mir eine Ehre, ihn kennengelernt zu haben.

28 Endstation Hauptbahnhof

Alle reden vom Wetter. Ich auch schon wieder. Es war viel zu heiß in Deutschland für die Jahreszeit. Oder wenigstens in den Regionen, die ich nun seit vier Wochen durchwanderte. Zwei, drei Tage Regen, ein paar kältere Nächte, das war's schon. Im Mai. In Deutschland? War das schon die Klimaerwärmung oder hatte ich einfach nur Glück? Ich musste zugeben, dass es deutlich angenehmer war, durch Oberbayern, die Schwäbische Alb oder das Kraichgau zu wandern, wenn die Sonne schien. Das kannte ich als Norddeutscher ja gar nicht, ich sah schon aus, als hätte ich die Höhensonne falsch eingestellt. Damit konnte ich doch nicht rechnen, ich hatte sogar schon überlegt, mein Regencape zu entsorgen. Selbst zweihundert Gramm Gewichtsverlust sind willkommen, wenn man seit Wochen fünfzehn Kilo mitschleppte. Holzach erwähnte, dass sein Rucksack zwanzig Kilogramm wog. Zwanzig! Und ich dachte hier schon über die Entsorgung eines Regencapes nach. Ich entschied mich dagegen: Ich wusste ja, dass schon am Tag nach solch einer Aktion ein Inferno ausbrechen könnte. Und den nördlichen Teil des Landes hatte ich noch vor mir.

Das Glück über den vorgezogenen Hochsommer hielt sich im anderen Teil der Reisegruppe in überschaubaren Grenzen: Paulchen jammerte. Paulchen hechelte. Paulchen soff wie ein ausgewachsener Büffel. Das gepeinigte Tier warf sich unter Parkbänke, in Bushaltestellen oder Hauseingänge und schaute flehend zu seinem Rudelführer hoch: Pause?

Als wir in Darmstadt in einem schattigen Biergarten eine kleine Pause machten, streikte der Hund. Er hatte es sich unter dem Tisch gemütlich gemacht und war nicht zu bewegen, auch nur einen Schritt weiterzugehen. Ich redete auf ihn ein, ich zerrte an seinem Halsband – nichts. Ich setzte mich wieder hin und gab ihm noch eine halbe Stunde Bonuszeit. Doch auch nach Ablauf dieser Frist war nichts zu machen. Es half nichts: Ich musste meinen Hund aufstellen wie ein Klappbett, erst die Hinterbeine, dann den vorderen Teil, anschließend schob ich ihn sogar ein wenig an. Nun setzte sich der Hund steif und widerwillig in Bewegung. Die anderen Gäste des Biergartens hatten sich vermutlich schon lange nicht mehr so vergnügt wie bei dieser Zirkusnummer.

Damit war's aber nicht gegessen: Im Laufe des Tages bei stetig steigenden, langsam wirklich absurden Temperaturen auf der Strecke zwischen Darmstadt und Langen ging dann wirklich nichts mehr bei Paula. Ich konnte ja nicht jedes Mal einen Stock suchen und wie eine Wünschelrute vor ihr hertragen. (Stöcke waren die einzigen Waffen in einer solchen Situation, weil IMMER in der Lage, den Hund anzutreiben. Sogar zu einem kurzen Sprint, wenn nötig.)

Kurz vor Langen erreichte Paulas Lustlosigkeit ihren Höhepunkt: Nach einer Pause am Waldrand musste ich schon wieder auf den Hund einreden wie auf einen störrischen Esel, bevor er sich seufzend erhob und mich mit einem Blick bedachte, der nicht mehr von sehr viel Sympathie begleitet war. Ich schätze, der Hund hasste mich inzwischen. Das konnte nicht so weitergehen. Vor allem: Der Hund *würde* nicht mehr lange weitergehen, das sah ich ihm an.

Plötzlich hatte ich eine Idee.

Mit Ideen ist das so eine Sache. Sie klingen erst mal gut und vielversprechend, solange man sie nicht zwingend in die Tat umsetzt. Machte man das doch, entwickeln sich «gute Ideen» schnell einmal zu einem Albtraum. Oder es wird einfach öde und langweilig. Plus moralisch und ethisch unter aller Kanone. Wie in diesem Fall.

Auf der Höhe von Langen entschloss ich mich an diesem Nachmittag, dem Leidensweg meines Hundes ein Ende zu bereiten. Ich spendierte ihm eine Busfahrt nach Neu-Isenburg. Was ein Bushäuschen war, hatte Paula schon nach einer einzigen Fahrt verstanden. Nicht sehr überraschend, dass sie Bushaltestellen seitdem innig liebte und immer sehr enttäuscht war, wenn ich achtlos an solch einem vielversprechenden Platz vorüberging. Diesmal aber stiegen wir beide ein, Richtung Neu-Isenburg. Heute, so hatte ich entschieden, würden wir auf eine Übernachtung vor den Toren Frankfurts verzichten. Wir würden gleich nach Frankfurt durchstarten. Um dort – quasi standesgemäß – eine Nacht auf dem Bahnhof zu verbringen. Machen Mittellose wie ich das nicht hin und wieder? Um nicht allein auf einer Parkbank zu sitzen? Dieser Plan hatte gleich zwei Vorteile: Zum einen sparte sich der Hund einen (heißen) Wandertag. Zum andern würde ich mal wieder raus aus der Komfortzone des *Facebook*-Absahners kommen, dem Nacht für Nacht ganz vorzügliche Schlafmöglichkeiten, feinstes Essen und nette Begegnungen auf dem Silberteller präsentiert werden. Diesmal würde ich standesgemäß logieren. Im Frankfurter Hauptbahnhof. Wir also rein in den Bus, seufzend die zwei Euro fünfzig für die Fahrt nach Neu-Isenburg gezahlt (was wehtut bei einer erbettelten Barschaft von noch knapp fünfzehn Euro) und bis Neu-Isenburg-Bahnhof zu dem Schluss gekommen, dass selbst eine temporäre Mittellosigkeit nach adäquaten Fortbewegungssformen verlangt. Ich dachte, mehr oder weniger wörtlich: Eigentlich müssen wir nach Frankfurt schwarzfahren!

Auf der S-Bahn Fahrt von Neu-Isenburg zum Frankfurter Hauptbahnhof wusste ich nicht, was mir lieber wäre. Dass ich mit der Null-Euro-Nummer ohne Probleme durchkam. Oder dass ein paar Kontrolleure vom Rhein-Main-Verkehrsverbund auftauchten, um mir mal eine Ahnung von diesem demütig-erbärmlichen Gefühl zu verschaffen, wenn man sagen musste: «Karte ha' ick nich – kein Geld!»

Diese Erfahrung blieb mir schließlich erspart, aber ich schüttete auch ohne Kontrolle bei jedem Halt der S-Bahn eine Menge Adrenalin aus. Möglicherweise bringe ich mich jetzt durch mein Schwarzfahrer-Geständnis in Schwierigkeiten, aber ich setze mal darauf, dass ich mit diesem Delikt auch im

Nachhinein ungeschoren davonkomme, ich will's auch nicht wieder tun (zumindest nicht mehr nach meiner Deutschlandtour ...). Es war ja auch im Sinne der Wahrheitsfindung, irgendwie.

In Frankfurt lungerten der Hund und ich erst einmal ein paar Stunden in der Wartehalle herum, ich las vergessene Zeitungen, wir pausierten in einer unterirdischen Kaschemme namens *Zapfhahn*, gesellten uns in die Nähe von ein paar Punks vor dem Westflügel des Bahnhofes, die – moderne Zeiten – mit dem Laptop auf *Facebook* spielten und kein Interesse an Kontakt zu uns zeigten. Nicht mal das obligatorische «Hasse ma' 'nen Euro?» brachten sie über die Lippen. Später schauten der Hund und ich uns Borussia Mönchengladbachs Triumph im Relegationsspiel gegen den VfL Bochum an, und als das zu Ende war, lag der Großteil der Nacht immer noch vor uns.

Gegen zwölf, ein Uhr wurde es deutlich stiller in Frankfurt. Dafür, dass dieser Bahnhof so einen schlechten Ruf hat, war extrem wenig Gesocks unterwegs. Das mag an den Dreiergruppen von Polizisten und Security-Teams liegen, die permanent im Bahnhofsgebäude patrouillierten, vielleicht aber waren auch alle Kleinganoven, Stricher und Dealer inzwischen längst auf einem ganz anderen Kiez unterwegs. Es waren maximal fünfzehn Menschen, die hier offensichtlich nicht auf einen Zug warteten, sondern versuchten, die Nacht irgendwie totzuschlagen. Aber nicht mal die obligatorische Weinbombe hatten sie dabei. Menschen mit grauen, müden Blicken, ein paar Kleiderschichten zu viel am Leib und ohne das geringste Bedürfnis, mit einem Typen Kontakt aufzunehmen, der hier heute zum ersten Mal auftauchte. Mit Rucksack und Hund mag ich ausgesehen haben wie ein vergreister Interrailer, gerade zurück aus Ibiza oder so, mit selbst gefertigtem Schmuck im Ranzen und ein paar dilettantischen Tattoos auf dem Arm, was weiß ich schon.

Eines aber doch: Es war keine gute Idee, hier eine Nacht zu verbringen, wenn man eine Wahl hatte. Ich hoffte am Anfang noch, ein paar Leute kennenzulernen, ihre Geschichten zu hören, sie aufzuschreiben, aber das war Quatsch, schon der Wunsch danach hatte in dieser Bahnhofshalle etwas Obszönes, zutiefst Zynisches. Ich war hergekommen, um das Elend auszubeuten. Aber das Elend interessierte sich nicht für mich, wollte nur ein paar Minuten Ruhe und Schlaf finden, bevor der Kampf ums nackte Überleben am nächsten Tag weiterging. Das hier war nicht meine Baustelle, ich hatte mit diesen Leuten nichts gemeinsam. Ich habe mich geschämt, und ich war froh, dass ich jederzeit wieder in mein Leben zurückkonnte, ein Leben, in dem ich nicht mit dem Rücken an der Wand stand. Ich schlief im Gegensatz zum müden Hund, der schnorchelte wie ein verstopfter Wal, wenig. Ich verdrehte mir mal wieder den Rücken und wachte ständig auf. Die Klamotten klebten am Leib, ich hatte eine ganze Nacht lang saubere Phantasien von stundenlangen Orgien unter der Dusche. Mit Seife, Shampoo und einer Menge exotischer Badesalze. Genau das hatte ich vor, nachdem ich am nächsten Morgen aus der Bahnhofshalle wankte: duschen, am besten kalt, sehr, sehr kalt. Damit ich nicht wieder auf «Ideen» kam in den kommenden Wochen.

29 Brady Bunch, Butzbach und der Anfang vom Ende

«Wo hast du geschlafen?», fragt Karén entsetzt, «auf dem Bahnhof?» Sie schaute mich an, als hätte ich nicht mehr alle Latten am Zaun, schüttelte den Kopf und befahl: «Und jetzt erst mal duschen!» Im Ansagen ist Karén ein Profi. Zum ersten Mal habe ich sie auf Curaçao getroffen, das zweite Mal in Ruanda. Das ist kein bizarrer Zufall, denn wir führen eine ziemlich einseitige Beziehung: Sie lädt mich an die verwegenen Orte auf der Welt ein, und ich revanchiere mich dafür, indem ich ihr schlecht riechend mit Hund und Hunger in ihrer schönen Dachgeschoss-Wohnung im Frankfurter Westend auflauere. Verstehen Sie nicht?

Dann mal so: Karén arbeitet als PR-Fachfrau in der Tourismusbranche und veranstaltet Pressereisen, auf die sie Gestalten wie mich einlädt. Journalisten, die sich die schönen Seiten einer Destination zeigen und rund um die Uhr betreuen, verköstigen und entertainen lassen und die sich dann hinterher darüber beschweren, dass das Wetter aber echt nicht sooo toll war … Ich mochte Karén damals auf Curaçao sofort, weil sie für eine PR-Dame frech und selbstbewusst auftrat und uns professionelle Klugscheißer forsch in die Schranken wies, wenn es nötig war. Trotzdem blieb sie dabei immer topfreundlich und relaxt. Da sie selbst im vergangenen Jahr auf dem Jakobsweg gewandert war («Du hättest mal meine Füße sehen sollen – so was Ekliges kannst du dir nicht mal vorstellen!»), wusste sie, wie sie einen müden Spaziergänger behandeln musste. Keine langen Diskussionen, stattdessen ein Imperativ in Großbuchstaben: DUSCHEN! TRINKEN! ESSEN! Immer im richtigen Moment. «Und wenn du dann am Tisch einschläfst, nehm ich's dir nicht übel!»

Das sind wahre Freundinnen. Es dauerte dann noch eine

Flasche Wein und einen Teller grandioser Pasta, bis ich tatsächlich am Tisch wegdöste – derweil wusch Karén meine dreckigen Klamotten und fütterte den seligen Hund mit Knackwürsten. Das gefiel ihm offenbar so gut, dass er kurzzeitig für einen Halterwechsel plädierte. Karén fuhr uns aus Frankfurts Innenstadt raus, damit wir uns nicht durch das Ausfallstraßen-Inferno quälen mussten. Als wir uns dann auf der Landstraße nach Berkersheim voneinander verabschieden wollten, blieb der Hund stur auf dem Rücksitz ihres Wagens hocken. Aussteigen, er? Nö. Keinesfalls. Er schaute sogar auf der anderen Seite zum Fenster hinaus, als ob er sagen wollte: *Is was? Dann fahrt schon mal los!* Schon wieder musste ich manuell nachhelfen und den Hund buchstäblich aus dem Auto ziehen, um ihn auf Kurs zu bringen. Ich fragte mich, wie lange das noch helfen würde.

Zum Glück hatten wir heute keinen Gewaltmarsch vor der Brust: Über Nieder- und Obereschbach, Untererlenbach und Burgholzhausen erreichten wir Rodheim vor der Höhe (nicht zu verwechseln mit dem benachbarten Rosbach vor der Höhe) schon nach siebzehn Kilometern. Hier wurden wir von den Bausums, nun ja, erwartet, einer weiteren über Bande gespielten *Facebook*-Connection.

Es ist gar nicht schwer, sich das Leben der Bausums in Rodheim vor der Höhe vorzustellen. Es reicht eigentlich, sich eine Folge von «The Brady Bunch» anzusehen, einer TV-Serie aus den sechziger Jahren: über eine Familie mit sechs (!) Kindern, in der das Leben zwar turbulent, aber nie problematisch ist ... Okay, die Bausums haben nur fünf Kinder, zwei Mädchen, drei Jungs im Alter zwischen drei und neunzehn, aber dafür liefen stets auch irgendwelche Freundinnen der Kinder und der Eltern durchs Haus, das früher mal ein Teil des elterlichen Bauernhofes gewesen war. Ob ich da nun auch noch rumhockte und den Lebensraum weiter verknappte, spielte auch schon keine Rolle mehr. Für Christoph und seine Frau Karola war es keine Frage, mich für eine

Nacht aufzunehmen. Obwohl drei der Kinder am nächsten Tag nach München zum Familientag fuhren und noch nicht gepackt hatten. Obwohl der Herr des Hauses erst spät in der Nacht aus Frankfurt nach Hause kam, weil er für eine Freundin eine Küche aufbauen musste. Und obwohl Karola eigentlich nicht so richtig wusste, wer ich bin und was ich da eigentlich trieb. Als ich bei ihr anrief, um ihr zu sagen, dass ich nun schon einen Tag früher anrückte als geplant, sagte sie nur: «Klar, komm vorbei und richte dich drauf ein, dass es turbulent wird!»

Nun, turbulent wurde es. Monty ist der jüngste Sohn, ein putziger Dreikäsehoch mit einem amüsanten Mitteilungsbedürfnis, wovon vor allem mein Hund profitierte: Stunden erzählte der kleine Racker Paula aus seinem ereignisreichen Leben. Davon, dass seine älteste Schwester Anna gerade Abitur machte und dann für zehn Monate als Au-pair nach England gehen würde. Oder von Philipp, der sein Waveboard ein bisschen mehr liebte als die Schule, was aber in der Familie mit großem Verständnis aufgenommen wird: «Er kam schon an seinem zweiten Schultag nach Hause und sagte: ‹Das ist nichts für mich!› Und es stimmte.»

Mutter Karola nimmt die Dinge, wie sie sind, und nicht, wie sie vielleicht sein sollten. Das Familienleben ist geprägt von großer Gelassenheit und Zuneigung. Ja, das kann man so stehen lassen: Die Geschwister unterhielten sich miteinander, statt sich anzugreinen, selbst mit Benjamin Monty sprach man nicht in diesem unerträglichen Kleinkindjargon. In diesem Haushalt waren offenbar alle Mitglieder ziemlich musikalisch, Klaviere standen im Haus verteilt, Philipp spielte Schlagzeug, Anna sang, Mutter Karola spielte Orgel in der Kirche. So nebenher.

Angeblich sei Christoph, das Familienoberhaupt, auch ein begnadeter Gitarrist. Das sah man ihm nicht gleich an. Er kleidete sich am liebsten im gemeinen Monteurs-Look, einer Art Blaumann in Grün, sehr lässig mit einer leichten Tendenz zum Angeranzten. Er kann sich diebisch darüber amüsieren, wenn im Dorf mal wieder jemand fragt: «Na, heute schon Feierabend?» Dabei ist er ein Kopfarbeiter, beide Bausums übersetzen aus dem Englischen ins Deutsche, momentan Krimis, aber auch schon Wirtschaftstitel oder ein Buch von Chris «Pumpernickel» Howland. Ihr Leben war jeden Tag aufs Neue eine logistische Herausforderung, aber Hektik spürte man hier nicht. In diesem Haus in Rodheim vor der Höhe war die Lebensfreude nicht bloß ein seltener Gast. Als Christoph einen Witz über sein Leben machte und einen Satz zitierte, den er mal gelesen hatte, da konnten alle herzhaft lachen: «Mein Leben fühlt sich so an, als ob ich mit der Frau, mit der ich früher ein paarmal ausgegangen bin, einen Kindergarten leite!»

Am nächsten Morgen machten wir uns bei allerbestem Wetter früh auf den Weg. Frühsport, Hitze und keine Ahnung, wo wir abends sein würden: *Und täglich grüßt das Murmeltier*. Dass es die letzte gemeinsame Tour von Paula und mir werden würde, ahnte ich zu diesem Zeitpunkt noch nicht. Paula humpelte bereits ein wenig, als wir losgingen, doch ich wusste ja, dass sich solche kleinen Unwuchten im Laufe der ersten Kilometer meistens wieder verflüchtigten. In Bad Nauheim schenkte uns eine freundliche Dame in einer dieser skurrilen mobilen Hütten, die seit ein paar Tagen überall auf den Landstraßen standen, eine Schale Erdbeeren. Wir spazierten durch den riesigen Bad Nauheimer Kurpark mit seinen vielen Seen und einem kleinen Wasserfall, Paula nahm ein Bad (was uns ein paar böse Blicke eintrug) und stromerte auch noch fröhlich den Berg hinauf bis nach Steinfurth. Doch die Hitze und ein paar längere Asphaltstrecken schienen wieder Spuren hinterlassen zu haben. Sie hechelte unablässig und humpelte auch schon wieder. Nach fröhlicher Wanderlust sah das jetzt nicht mehr aus, der Hund quälte sich offenbar über die Runden. Und das schon am frühen Nachmittag. Eher zufällig entdeckten wir den perfekten Ort für eine große Pause, den Gartenhof Steinfurth. Dem nachlässigen Charme des Gartenhofes ging jeder adelige Touch ab, dabei wurde er von Christoph Löw von und zu Steinfurth betrieben, dessen Familie den Hof schon seit den fünfziger Jahren führt.

Allerdings reden wir hier nicht von einem konventionellen Gut: Der Hof wirkte eher wie ein Umschlagplatz für den Traum vom alternativen Landleben. Sein ältestes Gebäude, ein Brunnenhaus, wurde bereits 1557 errichtet, die große Scheune, eine der letzten erhaltenen Barockscheunen, stammt aus dem Jahr 1774. Doch nichts schien museal und unantastbar auf dem Gartenhof Löw zu Steinfurth: kleine, bunte Hütten, verwunschene Kräuter und Blumenecken, große Scheunen – Bilderbuchidylle zum Anfassen. Und mittendrin Christoph Löw von und zu, der Maibowle ausschenkt, Konzerte veranstaltet und gegen die deutsche Bürokratie ankämpft, um hin und wieder auch warmes Essen servieren zu dürfen. «Vielleicht mache ich eine Straußenwirtschaft daraus.» In solch einer Straußenwirtschaft nämlich dürfte er drei Monate im Jahr Essen anbieten, denn rechtlich handelt es sich dabei um kein Gewerbe und ist daher erlaubnis- und abgabenfrei.

Bis dahin muss man mit dem leben, was den Gartenhof ausmacht: das Gefühl, an einem ganz besonderen Ort zu sein. Schon wieder einer dieser zufällig gefundenen Plätze auf unserer Reise, die ich nur ungern verließ. Aber wir mussten weiter.

Über Bekannte von Bekannten hatte ich die Telefonnummer von Theo zugemailt bekommen. Der hatte zugestimmt, den Hund und mich in seiner Gartenlaube zu beherbergen. Allerdings lebte Theo in Butzbach, immer noch zwölf Kilometer Marsch von Steinfurth entfernt. Und um achtzehn Uhr müssten wir dort sein, denn Theo hatte noch einen Termin. Ich würde sagen: Für Paula und mich dürften es die anstrengendsten Stunden auf unserer ganzen Reise gewesen sein.

Schon nach kurzer Zeit humpelte Paula wieder stärker, bei jeder Gelegenheit ließ sie sich ins Gras fallen und war immer schwerer dazu zu bewegen weiterzugehen. Da half kein gutes Zureden mehr, kein Wasser, keine Kaustangen als Motivationshilfe: Der Hund wollte und konnte nicht mehr. Was sollte ich machen, auf mich allein gestellt, an einem Samstag in Hessen, mitten im Gelände? Tragen konnte ich meine hechelnde Langnase ja kaum, und Busse schien es in dieser Ecke der Welt nicht zu geben – jedenfalls nicht auf den Feldwegen, auf denen wir uns Richtung Butzbach durchschlugen. Also trippelten wir in sehr überschaubarem Tempo auf unser Ziel zu, es war so, als ob ich mit einem Meerschweinchen spazieren ging. Ich redete auf Paula ein und nahm sie in den Arm, ich zog sie regelrecht mit der Leine voran. In Hundert-Meter-Etappen bewegten wir uns voran, quälend zäh und langsam. Ich hoffte, wenigstens bis zu Theo würde es Paula noch schaffen, danach würde ich mir etwas überlegen müssen. Ich verdrängte den Gedanken daran, was das sein könnte, mir war schon klar, dass es da nicht so viele Optionen gab.

Wir schafften es schließlich noch nach Butzbach, wo Theo in einem niedlichen Reihenhaus gleich hinter einer großen Schreberkolonie lebt. Vorher aber hatte ich noch eine Schrecksekunde mit dem Hund zu überstehen, die das ganze Ausmaß von Paulas Verzweiflung zeigte. Kurz bevor wir Theos Haus erreichten, mussten wir einen Bahnübergang überqueren. Eine Regionalbahn stand mitten auf der Strecke still, die Türen geöffnet, offenbar ging es nicht mehr voran. Um den Übergang passieren zu können, mussten wir vorne an dieser Bahn vorbei, ein paar Bahnmenschen zeigten uns per Handzeichen an, dass das okay sei. Wir waren noch keine zehn Meter parallel zum Zug nach vorne gelaufen, da sah Paula die offenen Türen und sprang fast ansatzlos bestimmt einen Meter hoch, direkt hinein in den Großraumwagen und ward erst einmal nicht mehr gesehen. Ein grandioser Stunt, den ich ihr in ihrem Zustand gar nicht mehr zugetraut hätte. Doch in diesem Moment ging mir der Sinn fürs Komödiantische ein wenig ab. Mit meinem plumpen Sack auf dem Rücken konnte ich ihr dieses Kunststück nicht nachmachen, und wenn der Zug jetzt seine Türen schließen und weiterfahren würde, dann hätten wir ein Problem. Zum Glück kam Paula sofort zurück zur Tür, als ich ihr hinterherschrie. Ich griff nach ihr und schleuderte sie aus dem Waggon hinunter zurück auf den Boden, dann brüllte ich sie ein wenig an, mehr aus Schreck denn aus Wut. Sie reagierte wie immer, indem sie stur in eine andere Richtung blickte und so tat, als ob sie das Ganze nichts anginge. Eigentlich eine prima Strategie. Ich musste jedes Mal lachen. Sogar diesmal, allerdings mit etwas Verzögerung. Fünf Minuten später hatten wir es geschafft – bei Theo brach der angenehme Teil des Abends an.

«Was soll schon passieren», sagte er kurz nach unserer Begrüßung, «im schlimmsten Fall schleppst du mir den Fernseher raus!» Dazu machte er eine abwehrende Handbewegung: *so what*. Theo aus Butzbach kannte mich zwar nicht, aber da er gleich zum fünfzigsten Geburtstag eines Tennisfreundes das Haus verlassen wollte und seine Frau gerade auf der jährlichen Wellnessreise war, überließ er mir einfach sein schmuckes Haus. Mit präzisen Anweisungen: «Der Kühlschrank ist voll. Du kannst dir alles nehmen, was du willst. ALLES!»

Das klang prima und war sehr willkommen, denn gleich würde das Endspiel der Champions League im Fernsehen übertragen, Barcelona gegen Manchester. Würde Theo zwar auch gerne sehen, aber was soll er machen: einen Mannschafskameraden hängenlassen? Unvorstellbar. Theo ist ein Teamplayer, einer von den Jungs, auf die man sich verlassen kann. Ich wette, Theo war früher oft Mannschaftskapitän in den Fußballteams, für die er spielte, er hat dieses Charisma, dieses Anpacker-Gen. Mit zweiundfünfzig sah er immer noch aus wie Mitte vierzig, maximal, kein Gramm Fett am Körper, seine Energie sprang mich förmlich an. Im Garten quartierte er mich in seinem selbst gebauten Häuschen ein – ein charmanter Mix aus idyllischem Gartenhaus und Partykeller mit rustikalem Tisch, Gästebett und Diskokugel. Am Vatertag kämen Freunde, um hier zu feiern, an der Wand hing ein Schild von *Licher*: «Durst wird durch Bier erst schön!»

Fußball spielte Theo nicht mehr, zu viele unkontrollierte Vielpfünder unterwegs, die zur Körperverletzung neigten. Jetzt spielte er halt Tennis, ein Ball musste schon dabei sein. Und Spaß. Als ich bei ihm in Butzbach eintraf, las er gerade ein Buch von Ken Follett, *Facebook* brauchte er nicht, obwohl er sein Geld am Computer als Programmierer verdiente. Das Wichtigste an seinem Job: «Keine Routine!» Er war ziemlich viel unterwegs, auf Reisen, ein Nine-to-five-Job wäre für Theo schwer vorstellbar. Seine Tochter lebte gerade in Townsville in Australien, und er gönnte ihr dieses tolle Leben dort von Herzen. Ihn freute, dass Borussia Mönchengladbach die Kurve in diesem Jahr gerade noch bekommen hatte, er war schon immer ein Fan der Mannschaft. Und dass die Menschen mir auf meiner Reise durch Deutschland so freundlich und offen begegneten, fand er gar nicht so verwunderlich: «Von hundert Leuten sind fünfundachtzig doch ganz in Ordnung!» Kein Wunder, dass ein Mann, der so denkt, mir bereitwillig sein Haus zur Verfügung stellte.

Am nächsten Morgen saß ich noch lange in der Morgensonne auf seiner Veranda, während er sich längst wieder zum Tennisspielen verabschiedet hatte. Ich solle einfach die Tür hinter mir zuziehen, *that's it*. Den Fernseher ließ ich zurück. Und meine Kontaktdaten auch. Wäre doch schade, wenn ich so einen Menschen aus den Augen verlieren würde.

30 Der lahme Hund geht nach Hause

An der Hundefront war wenig Neues und damit nichts Erfreuliches zu vermelden. Zwar drehte und wendete sich mein Hund vergnügt in der Sonne wie ein Knödel, als wir am nächsten Morgen bei Theo frühstückten, doch er hinkte nach wie vor stark. Okay, es gab keine andere Lösung. Ich musste meine Frau anrufen. Wir würden versuchen, uns noch bis Gießen, rund zwanzig Kilometer entfernt, durchzuschlagen, doch dann musste meine Begleiterin abgezogen werden, nach Hause, in ihren Horst. Meine Frau verlor keine Zeit mit überflüssigen Nachfragen: «Ich setz mich gleich ins Auto.» Ich wusste: Selbst wenn dem Hund auf dem Weg nach Gießen noch einmal so eine plötzliche Wunderheilung vergönnt wäre wie in Ulm, nutzte uns das nichts mehr. Die Hundepolizei war unterwegs, und die kannte kein Pardon. Ich ließ mir schon mal ein paar gute Entschuldigungen einfallen, warum ich Sabine nicht eher herbestellt hatte, und hoffte, dass der Hund sich zusammenriss. Das konnte man doch erwarten von einem echten Freund?

Leider erwies sich diese Hoffnung schon auf den ersten Metern unseres Marsches nach Gießen als Illusion. Der Hund hinkte nicht, er lahmte. Und das lief sich jetzt nicht mehr raus, das sah ich schon nach ein paar Schritten. Ich musste froh sein, wenn er es bis zum Bahnhof in Butzbach schaffte. Mit dem Taxi würde das Vergnügen knapp fünfunddreißig Euro kosten, ich hatte mich extra erkundigt. So viel hatte ich nicht mehr, es reichte gerade noch für die Bahn. Und da musste ich schon froh sein, wenn der Schaffner für Paula nicht auch noch abkassieren wollte. Doch wenigstens in dieser Hinsicht hatte ich Glück.

Ich bereitete mich innerlich schon einmal darauf vor, von jetzt an alleine weiterzuziehen. Ein merkwürdiger Gedanke. Ein wenig trostlos kam mir das vor, so als ob das ganz Projekt seine Seele verlieren würde. Klar, Paula war schon neun Jahre alt, und wir hatten schon bei der Planung der Tour darüber nachgedacht, ob sie die täglichen Märsche einfach so wegsteckte. Aber zu Hause in Schleswig-Holstein war Paula eine ausdauernde Läuferin, das sei der Weimaraner-Anteil in ihrem Erbgut, wurde uns immer gesagt. Doch vier Wochen Auslauf am Stück schienen auch für einen halben Weimaraner zu viel zu sein.

Ich drückte meine Nase an die Scheibe des Zuges und blies Trübsal. Das würde jetzt ein einsames Vergnügen werden. War ja nicht so, als ob Paula und ich nicht gute Zeiten miteinander gehabt hätten. Dieser dankbare Blick, wenn wir kleine Pausen machten. Ihr amüsiertes Grunzen beim Versuch, das Zelt schnell aufzubauen. Ihr fröhliches Wedeln, wenn mir wieder der Stock vor der Nase weggezogen wurde, zum hundertsten Mal. Ich durfte nicht darüber nachdenken, was mir fehlen würde, wenn Paula abgeführt wurde. Falscher Ansatz. Ich musste mich darauf konzentrieren, die guten Aspekte dieser Entwicklung in den Fokus zu setzen. Also schrieb ich eine Liste.

Sieben Gründe, warum es gut ist, dass Paula nicht mehr dabei ist

1. Potenzielle Übernachtungshelfer können sich jetzt nicht mehr hinter dem Satz verschanzen: «Ey, ich weiß echt nicht, wie meine Katze auf den Hund reagiert, du, sonst aber natürlich gerne.»

2. Niemand bremst hinter mir und zeigt mir einen Vogel, weil der Hund es vorzieht, auf der Straßenmitte zu stolzieren. (Obwohl ich es ihm hundert Mal gesagt habe und er es theoretisch längst verstanden haben müsste.)

3. Es ist und bleibt ein wenig peinlich, wenn der Hund im Schlosspark ergiebig scheißt und dann neben seinem

Haufen sitzen bleibt, als hätte er die Champions League gewonnen.

4. Ich muss nicht mehr an jeder, an JEDER verdammten Tankstelle nach Wasser für den Hund fragen.

5. Als Gesprächspartner ist so ein Hund keine große Leuchte, aber meinen iPod kann ich trotzdem nie einschalten, weil mich der Dölmer dann immer so strafend anschaut.

6. Unser Zelt ist zu klein für zwei Erwachsene mit großzügigen Territorial-Ansprüchen.

7. Wem macht es schon Spaß, jeden Abend ein Dutzend Zecken aus einem schwarzen Fell-Teppich herauszufiltern und zu entsorgen?

So. Das musste fürs Erste reichen. Vielleicht glaubte ich mir diesen Blödsinn ja selbst für ein paar Stunden, bis der Hund dann wirklich weg wäre. In Gießen, hatte meine Frau mir aufgetragen, sollte ich schon einmal nach einem Hotel Ausschau halten. Sie würde auf gar keinen Fall fünfhundert Kilometer fahren, um mit mir und «dem armen Hund» am Straßenrand in einem Zelt zu übernachten. «Wenn du diesen Irrsinn brauchst, bitte sehr. Aber lass mich da raus!»

Als Paula und ich in Gießen aus der Bahnhofshalle kamen, stand er plötzlich vor mir, lächelte schüchtern, schaute mir aber in die Augen und sagte: «Entschuldigen Sie bitte die Störung, haben Sie vielleicht etwas Kleingeld für mich?» Ich taxierte den jungen Mann, ich fürchte: unfreundlich. «Sehe ich denn so aus?», sagte ich unwillkürlich, ohne zu lächeln, und er nickte sofort defensiv: «Nein, sorry, entschuldigen Sie bitte.»

Drei Schritte weiter setzte mein Hirn wieder ein. Immerhin. Ich weiß nicht, was in mich gefahren war. Bin ich wirklich so ein Arsch, wenn ich mir nicht vorher ganz fest vornehme, keiner zu sein? Oder war es die Identifikation mit meiner Rolle? Ich war schließlich der Bettler, wie konnte dieser Mensch nicht sehen, dass ich in der gleichen Situation steckte wie er?

Die Antwort war einfach. Er sah auf den ersten Blick, dass ich eben NICHT in der gleichen Situation steckte wie er. Das hatten wir doch schon einmal, am Frankfurter Hauptbahnhof. Ich streifte mir die Mittellosigkeit ja immer nur über wie einen schlecht sitzenden Pullover. Man konnte sehen, dass dieses Kleidungsstück nicht für mich gemacht war. Ich müsste da noch hineinwachsen und diese saturiert-wohlständige Ausstrahlung verlieren, die gesunde Ernährung und Sport generiert hatten, ich müsste weiter rum- und runterkommen, müsste auch mental absteigen, mein Selbstbewusstsein verlieren. Und das wollte ich ja gar nicht.

Als ich wieder denken konnte, schämte ich mich und ging zu ihm zurück. Ich händigte ihm ungefähr die Hälfte meiner verbliebenen Barbestände aus, etwa drei Euro und etwas Kleingeld dazu, er war überrascht und sehr, sehr dankbar. Das beschämte mich noch mehr. Aber natürlich brachte ich nicht die Größe auf, ihm a. alles zu geben und b. jetzt einfach weiterzugehen. Ich fragte ihn aus. War ja auch eine prima Geschichte, oder nicht?

Also, er hieß Lenni, jedenfalls nannte er sich so, und stammte aus Lich, das ist da, wo auch das Bier herkommt. Bier aber sei gar nicht sein Problem, sondern die verdammte Arbeitslosigkeit und der Umstand, dass ihn seine langjährige Freundin verlassen hatte. Er sei dreiunddreißig Jahre alt und erzählte, dass er gleich zwei Berufsabschlüsse als Kaminkehrer und Elektroniker habe. Leider finde er momentan nur kurzfristige Jobs bei einer Zeitarbeitsfirma, das sei schlimmer, als gar nicht zu arbeiten.

Das fand ich zwar etwas fragwürdig, aber ich hatte ja auch keine Erfahrung mit solchen Sachen, und Lenni wirkte ganz sympathisch, ohne besondere Auffälligkeiten auf den ersten Blick, was hieß: keine Fahne, keine müden Augen, kein verwahrloster Gesamteindruck. Im Gegenteil: In seinem Blick war Optimismus zu sehen und Energie. Auch noch, als er sagte, dass er gerade im Männerheim wohne und noch heute seine alte Freundin wiedertreffen würde. So ganz war das Thema noch nicht durch.

Möglich, dass die Geschichte stimmte, möglich, dass er log, aus Stolz, weil er sich ein letztes bisschen Selbstachtung bewahren wollte. Tja. Ratlos ging ich weiter, mit einem schlechten Gewissen, wie immer, wenn ich einem Bettler ein paar lausige Euro in die Hand gedrückt habe. Ich wünschte ihm, dass er nicht mehr lange im Männerwohnheim übernachten und Leute wie mich um ein bisschen Hilfe bitten musste. Ich hatte ja inzwischen eine kleine, ganz, ganz unklare Vorstellung davon gewonnen, wie viel Überwindung ihn das jedes Mal kosten musste. Viel genauer wollte ich dieses Gefühl auch gar nicht kennenlernen. Es wäre ja schon prima, wenn ich beim nächsten Aufeinandertreffen mit einem Menschen wie ihm einfach nur ein freundlicherer Mensch sein könnte, ohne dafür erst Bedenkzeit zu benötigen.

Am gleichen Abend nahm meine Frau den Hund in Gewahrsam wie einen Kriegsheimkehrer. Immerhin hatte Paula noch die Kraft, den legendären «Ich freue mir den Arsch ab»-Rundrücken zu machen, verbunden mit peitschenden Hieben ihres Schwanzes. Ich wurde allerdings von diesem Zeitpunkt an kritisch beäugt, wenn ich versuchte, mich dem Hund noch einmal auf einen Meter zu nähern. «Du hast ihn kaputt gemacht!», behauptete meine Gattin. «Jetzt muss er sich erst mal erholen!»

Ich brauchte zwei Tage, um mich von Paula trennen zu können. Ich hoffte immer noch darauf, dass sie blitzartig gesunden würde, doch im Grunde war mir klar, dass jetzt nicht mal mehr ein Eins-a-Salto mit eingesprungenem Doppelaxel reichen würde, um Paulas Heimholung abzuwenden.

«Der Hund kommt mit nach Hause!», sprach meine Frau ein Machtwort, nachdem ich den Gedanken, noch einen Tag zu warten und erst dann endgültig zu entscheiden, nur einmal kurz in den Raum geworfen hatte.

Am nächsten Tag fuhren wir gemeinsam nach Bad Endbach zu unserem Freund Sven. Kennengelernt hatten wir uns vor Jahren in Sydney. Er arbeitete als Koch in meinem Lieblingscafé am Bondi Beach, *Paris Go*. In Bad Endbach führte der Harley-Fahrer zusammen mit seinen Eltern eine Metzgerei, eine Pension *und* einen Cateringservice, doch der Traum von der – wenigstens halbjährlichen – Übersiedlung nach Sydney spukte immer noch in unseren Köpfen herum.

Sven ist ein Fels. Nicht nur optisch. Es dürfte kein Spaß sein, ihn zum Feind zu haben. Als Freund aber ist er eine sichere Bank, loyal und absolut verlässlich. Wir waren froh, ihn um uns zu haben. Die Angst vor dem Moment, in dem ich mich von Paula und meiner Frau verabschieden und allein weiterziehen musste, lag wie ein dunkler Schleier über uns. Da war es gut, so einen handfesten Menschen wie Sven in der Nähe zu haben. In Bad Endbach reservierte er für Sabine und mich das schönste Zimmer der eigenen Pension, wir hatten einen prima Grillabend am Lagerfeuer, und zum Frühstück servierte er uns gleich die halbe Auslage der Metzgerei.

Am nächsten Tag begleitete er mich noch ein paar Kilometer auf meiner ersten Wanderung ohne Paula. Der Hund saß derweil schon entspannt bei Sabine im Auto. Leider konnte Sven nicht den ganzen Weg nach Driedorf mitwandern, dazu reichte die Zeit leider nicht. Der Plan war, dass Sabine ihn auf der Strecke auflas, zurück nach Hause brachte und sich dann anschließend von mir verabschiedete. Doch ich war einfach noch nicht so weit. Am liebsten hätte ich das ganze Projekt geschmissen an diesem Tag. Ich konnte mir an diesem tristen, traurigen Tag, an dem es zu allem Überfluss auch noch regnete wie im Londoner Norden, einfach nicht vorstellen, ohne Paula weiterzumachen. Also bettelte ich zur Abwechslung mal keine Fremden, sondern meine Frau an: «Bleib wenigstens noch einen Tag!»

Wozu ist man denn verheiratet, wenn einem die eigene Frau nicht wenigstens eine Übernachtung im Hotel spendieren will? In Dillenburg checkten wir in einem kleinen Fachwerkhotel unter dem Dach ein. Knarzende Treppen und ein Bett, das älter war als wir beide zusammen. Und der Hund konnte sein Glück kaum fassen: schon wieder eine gemeinsame Rudel-Übernachtung ohne Wandern und sonstige ruhestörende Umstände.

Dann aber ließ sich unser Abschied nicht mehr hinauszögern. Phase zwei von «Deutschland umsonst» hatte begonnen, ich machte mich allein auf den Weg.

Als die lange Nase meines Hundes am Autofenster ein letztes Mal auftauchte, hätte ich fast geheult. So sah's aus. Immerhin bestand Hoffnung. Wenn sie sich in der Heimat schnell erholte, den Tierarzt-Check überstand und nicht ausbüchste, wenn sie von unserem Plan erfuhr, dann würde Paula in zwei Wochen wieder zu mir stoßen und zu Ende bringen, was wir gemeinsam begonnen hatten. Meine Weggefährtin. Wäre doch schön. Wirklich, das wäre es.

deutschlandumsonst.wordpress.com

Okay, hilft ja nichts. Der Hund ist weg. Ab nach Hause, ins Körbchen. Das hat er sich verdient, vier Wochen ist er brav neben seinem Rudelführer hergelaufen, hat mit seinen neun Jahren auf dem pechschwarzen Buckel alles gegeben. Für die ganzen zwei Monate hat's leider nicht gereicht.

Susanne | Ich drück dir die Daumen, dass du deine Paula bald wieder bei dir hast. Und bis dahin kannst du ja Punkt 1 deiner «tollen» Liste auf seinen Wahrheitsgehalt

testen. Kopf hoch und Waidmanns Heil, äh, ich meine Berg Heil.
01. Juni um 18:55

Susanne II O SEHR SCHADE! Wir wünschen Paula (und dir) alles Gute und sind froh, dass wir sie noch bei uns unterbringen durften! Kopf hoch und durch. Ihr schafft das BEIDE!!!
01. Juni um 20:35

Bernd Ich werde sie vermissen.
01. Juni um 22:42

31 Patertag

Mein erster Tag ohne Paula führte mich aus Salzburg (dem im Westerwald) zur Abtei Marienstatt. Das war eine sichere Sache, denn ich erinnerte mich noch gut an Michael Holzachs Zuflucht in genau diesem Kloster vor dreißig Jahren. Von gastfreundlichen Zisterziensern hatte er geschrieben, und von ihrer Ordensregel, die besagte: «Kommt ein Wanderer des Weges, so beherberge ihn wie den Heiland selbst».

Und dann stand ich also plötzlich selbst in der monumentalen Eingangshalle des Klosters und wartete auf den zuständigen Mönch, fotografierte derweil schon einmal die prächtigen Deckengemälde und Skulpturen darin und stellte das alles gleich auf *Facebook* ein. Moderne Zeiten. Pater Domenicus empfing mich freundlich und stellte nur zwei, drei knappe Fragen, um sich ein Bild zu machen, schon war ich drin. Auch er wusste offenbar von Michael Holzachs Buch und fragte mich, ob ich es kennen würde. Als ich ihm erklärte, was ich da gerade trieb, lachte er freundlich. Solche Projekte gefielen ihm.

Pater Domenicus fuhr auch gerne einfach drauflos mit seinem Rad, nahm ein Zelt mit und schaute vertrauensvoll, was passierte. Er war nicht verwundert, dass ich auf meiner Wanderung bislang auf so viele hilfsbereite Menschen getroffen war: «Jeder hat etwas Kostbares in sich, das er mit der Welt teilen kann.»

Das weitläufige Gelände des Klosters wird von einem privaten Gymnasium dominiert, das unter der Trägerschaft der Zisterzienser zurzeit rund achthundertfünfzig Schüler – evangelische und katholische – aus der Umgebung besuchen. Meine kleine Kammer im Gästetrakt war spartanisch, aber nicht lieblos eingerichtet. Obwohl ich Pater Domenicus bat, sich keine Umstände zu machen, ich wäre glücklich, meinen Schlafsack auf die Matratze legen zu können, besorgte er mir noch ein Laken und Bettzeug für die Nacht. Die erste ohne den schnorchelnden Hund an meiner Seite.

Deutschland umsonst Lobet den Herrn und insbesondere die Zisterzienser der Abtei Marienstatt.
01. Juni um 20:50

Elena Weil man dir dort Unterkunft gewährt hat? Oder warum?
01. Juni um 21:03

Deutschland umsonst Rischtisch! Und Pater Domenikus war zudem ein sehr offener, freundlicher Mensch/Mönch ...
01. Juni um 21:21

Hans Na also ... Diesmal auch OHNE Connections.
01. Juni um 21:28

Sabine ... nur mit scheinheiligem Gesichtsausdruck ;0))
01. Juni um 21:40

Margrit ... oder traurigem, weil ohne Paula ... Auf dass sie sich bald erholt und voller Elan wieder mitmarschieren mag. :-)
01. Juni um 22:00

Peter Die katholische Fraktion steigert sich enorm!
02. Juni um 15:27

Wann war ich freiwillig zum letzten Mal um halb sechs in der Früh aufgestanden? Das musste ewig her sein. Und sicher war eher ein früher Flieger der Grund dafür, sicher kein Gang in die Frühmesse. In der Abtei Marienstatt aber war ich so früh auf den Beinen, um an einer Pilgerentlassung an Christi Himmelfahrt teilzunehmen. Pater Domenicus hatte mich darum gebeten. Na ja, was hieß gebeten. Er hatte anklingen lassen, dass es sicher ganz interessant werden könne. Für einen Typen wie mich, der für eine Nacht in einem Kloster untergeschlüpft sei, aber schon lange keine Kirchensteuer mehr bezahle. Ich persönlich wäre sicher nicht auf eine solche Idee gekommen, doch das schlechte Gewissen trieb mich aus dem Bett und in die Kirche. Ich vermute, es war so eine Art Ablasshandel.

In der Kirche hatten sich rund hundertfünfzig bis zweihundert Menschen versammelt, es wurde zweimal gesungen, dann zog die Himmelfahrts-Prozession los, begleitet von einer Gruppe Blechbläser. Es war ein schönes Bild, als sich die Gruppe zur Musik in Bewegung setzte, und es war auch ein schönes Gefühl der Gemeinschaft an diesem Morgen. So kann Kirche also auch sein, das weiß ich, ich war ja mal Messdiener (wenn ich auch glaube, aus den falschen Gründen …). Außerdem war ich katholisch erzogen worden, da gehörten regelmäßige Kirchgänge zum Pflichtprogramm. Ausgetreten bin ich – keine Überraschung –, weil ich die weltfremden Verdikte der obersten Kreuzritter nicht länger unterstützen wollte. Aber ein schlechtes Gewissen hatte ich schon, auch wenn ich seitdem meine Kirchensteuer karitativen Institutionen wie Plan International oder der Aktion Sorgenkind zukommen ließ. Das schlechte Gewissen rührte daher, dass ich ja wusste, dass Kirche im kleinen Rahmen viel bewegte und einer Menge Menschen da draußen die Welt bedeutete. Das war heute in der Abtei Marienstatt zu sehen, in dieser so gar nicht homogenen Gruppe von Menschen, die persönlich wohl die unterschiedlichsten Motive hatten, an dieser Himmelfahrts-Prozession im Westerwald teilzunehmen.

Ich frühstückte anschließend noch mit Pater Domenicus, der sich über Nacht meinen Blog und meine *Facebook*-Postings durchgelesen und meine spitzen, tendenziell kirchenspöttischen Bemerkungen sehr wohl zur Kenntnis genommen hatte. Pater Domenicus war ein sympathischer, hellwacher

Mensch mit einem hintergründigen Lächeln, er fuhr gern Fahrrad, und sein Tipp für meine gestrige Abendunterhaltung lautete: «Trink ein gutes Bier in der Brauereigaststätte!» (Davon verstehen die Klosterbrüder überall etwas, ist Ihnen das auch schon mal aufgefallen?)

Leider konnte auch dieser prinzipiell so angenehme Mensch nicht völlig darauf verzichten, ein wenig zu missionieren und mir ein paar gute Ratschläge zur allgemeinen Lebensgestaltung zu vermitteln, einige Schwurbeleien, die inhaltlich darin gipfelten, dass ich den Tag nutzen solle und der Weg das Ziel sei. Nun. Ich will mich nicht beschweren, und ich war Pater Domenicus dankbar, dass er mich freundlich aufgenommen und sich die Zeit genommen hatte, das Gespräch zu suchen. Aber warum konnte man mit einem Kirchenmann nicht einfach nur mal ein bisschen plaudern? Musste es immer gleich ums Große und Ganze gehen, musste immer gleich das Personal des Evangeliums herbeizitiert werden?

Doch Pater Domenicus war zu smart, um meine innere Distanz nicht zu bemerken. «Sie werden schon noch einen Weg finden, mit Gott im Gespräch zu bleiben», hat er am Ende gesagt.

«Meinen Sie damit, ich bin ein hoffnungsloser Fall?», leistete ich ein wenig Übersetzungshilfe. Da lächelte Pater Domenicus hintergründig und sprach: «Das habe ich nicht gesagt.»

Okay, fürs Protokoll: Ich wusste nicht, ob ich mit Gott im Gespräch bleiben würde. Ich fände es schon ganz prima, wenn ich es an den meisten Tagen wenigstens schaffen würde, freundlich und wohlwollend zu sein, zu all denen, die ich auf meinem Weg traf. Oder war ich dadurch sogar schon mit Gott im Gespräch? Ich meine, es muss ja vielleicht kein direktes Zwiegespräch sein. Ich hoffte, das würde Pater Domenicus reichen, um mich nicht ganz aufzugeben …

Auf dem idyllischen Weg durch den Westerwald – ein Teilstück heißt nicht umsonst Kroppacher Schweiz – hin zu meinem nächsten Ziel dachte ich über den smarten Pater nach und darüber, was ihn und seine Klosterbrüder wohl antreiben mag. Wie sie wirklich über uns Laumänner denken, wenn sie uns milde lächelnd über den Kopf streicheln, symbolisch betrachtet. Ich war ihnen dankbar für ihre freundliche Aufnahme, das gemütliche Nachtlager in Zimmer 55 und das gemeinsame Frühstück. Auch das sind Erfahrungen, die ich ohne diesen Wandertrip nicht gemacht hätte. Möglicherweise helfen sie ja, meine Schwarz-Weiß-Abbilder der katholischen Amtskirche in Zukunft ein wenig farbiger, differenzierter auszustatten. Man wird sehen.

32 Jungs

Dass es auch gewisse Vorteile haben kann, ohne eine murrende Langnase durchs Land zu spazieren, merkte ich am zweiten Tag meines neuen Soloprogramms. Am Vatertag marschierte ich bei herrlichstem Wetter gleich achtunddreißig Kilometer weit. Das hätte ich mit Paula sicher nicht geschafft. Leider spürte ich jetzt auch zum ersten Mal, was lange Märsche mit Füßen anstellen konnten. Nachdem ich meine Treter über Streithausen, Astert, Heuzert und die Kroppacher Schweiz über Ingelbach und Michelbach bis nach Altenkirchen geschleppt hatte, waren sie schon leicht aufgeweicht; nach dem Mittag gaben ihnen der weitere Weg über Birnbach, Weyerbusch bis nach Uckerath den Rest. Als ich mir an diesem Abend neben dem Zelt die Strümpfe auszog, bot sich ein unschönes Bild. Blasen hatte ich immer noch keine, da ich auf den Tipp einer Kollegin gehört hatte und mir jeden Morgen mit Hirschtalg die Füße einrieb. Im Unterfußbereich allerdings war dort, wo ich eine feste Sohle vermutete, nur noch ein breiiger, rissiger Klumpatsch zu sehen. Meine Füße sahen aus wie etwas sehr Altes, das Archäologen unter Pyramiden finden, nur nicht so wertvoll.

Ich war nicht ganz freiwillig so weit marschiert an diesem Feiertag. Ursprünglich wollte ich bloß bis nach Kircheib im Westerwald kommen, doch als ich am späten Nachmittag dort eintraf, zeigte sich das langgezogene Straßendorf nicht unbedingt von seiner schönsten Seite. Und das war nur unwesentlich den angeschickerten Vatertags-Gesellen geschuldet, die zu laut aufgedrehter Radiomusik in Plastikstühlen vor einer Kaschemme saßen und sich an Würstchen und Schweinebauch von einem Tankstellengrill labten.

Ich hatte gehört, dass es in Kircheib einen Campingplatz geben musste, und hoffte, unbemerkt in einer Ecke auf dem Gelände unterzukommen. Doch etwa so, wie sich dieser

Campingplatz direkt neben einer Wirtschaft namens *Westerwaldblick* präsentierte, musste man sich wohl im Wilden Westen eine Geisterstadt vorstellen. Die meisten der fest stationierten Wohnwagen befanden sich in einem chaotischen, mindestens aber leicht verwahrlosten Zustand, viele von ihnen konnte man für einen Spottpreis kaufen. Es sah nicht so aus, als ob sich hier noch viele Camper sehen ließen. Wer hier freiwillig sein Zelt aufstellen wollte, der fand es auch in Beirut ganz gemütlich. (Später versuchte ich herauszufinden, was es mit diesem grässlichen Campingplatz auf sich hatte, und erfuhr, dass zwischen 2007 und 2009 ein Feuerteufel in Kircheib gewütet und mindestens dreizehn Wohnwagen abgefackelt hatte. Jetzt wurde mir einiges klar!)

Ich machte, dass ich so schnell wie möglich hier weg kam, der Westerwald würde nicht meine Lieblingsregion auf meiner Reise werden. Ich hatte zwischendurch immer mal wieder Versuche gestartet, mit den Leuten ins Gespräch zu kommen. Ich hielt das für eine nette Idee, konnte doch sein, dass der eine oder andere Westerwälder Interesse an einer Unterhaltung hatte oder sogar den kühnen Gedanken in Erwägung zog, mir eine Bettstatt für die Nacht anzubieten. Ich meine, nichts gegen Westerwälder, ich will da nicht pauschalisieren, vielleicht hatte ich einfach nur Pech: Doch als gleich drei Personen (zwei Männer, eine Dame) in kurzer Folge nacheinander auf sehr einfache Fragen mit stumpfem Lachen und Kopfschütteln reagierten, als ob ich feinstes Mandarin mit ihnen gesprochen hätte, schaute ich mich verstohlen nach einer versteckten Kamera um.

Das ist jetzt vielleicht ein guter Moment, um mal mit einer Frage abzurechnen, die mir in den Monaten der Wanderschaft immer wieder gestellt wurde: «Wo sind die Menschen am nettesten» respektive «Wo geht gar nichts?». Nun, ich kann auch nach Abschluss meiner Betteltournee mit wenig zuverlässigen Resultaten aufwarten. Ich habe da kaum regionale Unterschiede feststellen können. Im Grunde habe ich auf meinen Wegen überall überragende Leute getroffen – und selbst die wenigen Stinkstiefel verteilten sich paritätisch auf alle Bundesländer. Es mag sein, dass es in Bayern den einen oder anderen freundlichen Helfer mehr gab als in Hessen oder in Niedersachsen, aber das kann ein Zufall gewesen sein, ich habe da ganz sicher keine repräsentativen Untersuchungen vorgenommen. Gesicherte Erkenntnisse nehme ich nur wenige mit auf meine nächste Reise (falls der unwahrscheinliche Fall eintreten sollte, das es so eine Reise gibt): Musiker jeglicher Provenienz sind in der Regel lockere, lässige, tolerante Menschen, die sich in neunzig Prozent aller Fälle gastfreundlich zeigten. Bei gutem Wetter ist die Chance, freundlich begrüßt und angehört zu werden, deutlich höher als bei tristem Regenwetter, was erst einmal unlogisch klingt und im Ernstfall auch sehr unschöne Folgen hat, doch es ist leider so. Mit Logik lässt sich Barmherzigkeit nicht aus ihrem Versteck locken, mit Sonne schon. Schließlich: keine Verallgemeinerungen bei kirchlichen Würdenträgern. Pfarrer und Ordensbrüder aller Schattierungen und Glaubensrichtungen sind für jede Überraschung gut, in alle Richtungen. Letzte erforschte Weisheit an dieser Stelle: Je kleiner die Ortschaft, umso abenteuerlicher die angebotene Restaurantküche. In einem westfälischen Ort namens Beckum wurde via Fensteraushang eine «Manta-Platte» angeboten, von der ich dringend abraten würde, allein auf der Basis ihrer optischen Reizsetzungen. Die ambitionierteste Küche aber entdeckte ich kurz vor Weyersbach in einem Restaurant, das als *El Paso* firmierte und großflächig mit folgenden Tafeln warb: Mexikanisches Restaurant. Italienische Küche. Deutsche Küche.

Nachdem ich Kircheib verlassen und über die Landesgrenze nach Nordrhein-Westfalen, meiner alten Heimat, gewandert war, platzte ich in Uckerath mitten in eine karnevalistische Straßenveranstaltung. Der Rheinländer nutzt ja im Prinzip jede Gelegenheit, auch außerhalb der närrischen Session zu schunkeln und die Lieder der *Bläck Fööss* zu hören, da machte der Uckerather auch am Vatertag keine Ausnahme. Wenn man gerade dreißig Kilometer allein und wortlos durch die Natur gewandert war, konnte einen solch ein Anblick verstören. Diesen Leuten jetzt zu erzählen, warum ich dringend Essen und einen Schlafplatz brauchte, war völlig hoffnungslos. Mit einer Pappnase und einem Trikot vom FC Köln hätte das vielleicht klappen können, aber so? Niemals. Ich kapitulierte kampflos. Weiter würde ich nicht wandern können, und nach einem Bett fragen ging auch nicht. Also blieb mir nichts übrig, als mal wieder nach einem Zeltplatz Ausschau zu halten. Ich nahm mir vor, diesmal ein bisschen besser aufzupassen und nicht wieder den erstbesten Hügel auszusuchen. Das klappte leidlich. Ich würde mich nicht mehr mit Nächten im Zelt anfreunden, so viel war klar, aber es war immer noch besser, als unter freiem Himmel zu biwakieren.

Am nächsten Morgen machte ich mich früh auf den Weg nach Heisterbacherrott. Ich kannte diesen Ort bei Königswinter nicht, bis eine ehemalige Mitschülerin meines Bruders mich via *Facebook* anfunkte.

> **Gaby** Hast du keine Lust, in meiner Bücherei in Heisterbacherrott vorbeizukommen und von deinen Erfahrungen auf dem Weg zu erzählen?

Ungeduscht und pleite musste ich jetzt zuerst mal wieder etwas Essen erbetteln, oder wie es Andreas Altmann in seinem Tippelbuch «34 Tage, 33 Nächte» umschreibt, «einen Pump anlegen». In der Bäckerei eines Discounters in Oberpleis traf ich Eslen hinter der Theke an: mein erster Bettelversuch, nachdem Paula abgeführt worden war. Ich stellte fest: Ohne Hund um Essen, Wasser oder ein Bett zu bitten ist schwerer und unangenehmer, als wenn der Hund dabei ist. Fast zwei Tage hatte ich vermieden, es auch nur zu versuchen. Erst bei Eslen wurde es mal wieder Zeit – woher sollte ich sonst nach der Zeltnacht ein Frühstück bekommen?

«Haben Sie vielleicht ein altes, trockenes Brötchen für mich?»

Eslen schaute mich konsterniert an. «Altes trockenes Brötchen?», fragte sie. Und gleich noch einmal: «ALTES Brötchen?» Ich nickte. «Hab ich nicht!», sagte Eslen, aber ein «frisches, leckeres Brötchen!», und reicht mir drei knackige Semmeln und ein Käsebrötchen rüber. Das war nicht nur gut fürs Frühstück, das war auch gut für die Moral.

Gaby verdrehte amüsiert die Augen. Die studierte Ingenieurin, die in Heisterbacherrott ihren Buchladen führte, saß gerade zusammen mit zwei *Jungs* am Kaffeetisch. Mit einem von ihnen war sie verheiratet, Norbert, Betriebswirtschafts-Professor, Fachgebiet Internationale Rechnungsauslegung und Steuern, drei Kinder, ein schönes Haus mit Blick ins Grüne. Den anderen Jungen hatte sie eingeladen, mich, damit er später am Abend in ihrer Buchhandlung von seinen Wander- und Blog-Erfahrungen erzählte. Ideale Voraussetzungen also für ein gesittetes Gespräch unter Bildungsbürgern. Tja. Nicht mit Norbert und mir.

Wir kommen beide aus Eschweiler, einem Städtchen bei Aachen, außerdem verband uns eine gemeinsame Vergangenheit in der Eschweiler Amateurfußballszene. Norbert war vier Jahre jünger als ich, wir hatten nie mit- oder gegeneinander gespielt, aber wir kannten beide ungefähr fünfhundert Kicker aus der Region. Wir redeten über jeden einzelnen. Und über Handball. Handball in Thomasberg und Heisterbacherrott (sein Sohn spielte in der erfolgreichen B-Jugend des Ortes), Handball auf Bundesebene und natürlich Handball in Eschweiler. Wir führten ein längeres Gespräch, hin und wieder sagte auch Gaby etwas, aber ich fürchte, an diesem Nachmittag waren die Jungs ziemlich unhöflich. Egal, auf welchem Schleichweg es vonstatten ging: Am Ende landeten wir immer in Eschweiler. Auf einem Bolzplatz. Eigentlich wollte ich mich ja noch ein wenig auf meine abendliche Darbietung vorbereiten, doch als Norbert vorschlug, mal «zum Platz» zu fahren, war das kein Thema mehr. Gaby seufzte kopfschüttelnd.

Norbert ist Funktionär beim örtlichen Fußballverein in Oberpleis, gerade war der kleine Verein in die Mittelrheinliga aufgestiegen. Tolle Sache, am Wochenende wurde gefeiert. Am Platz lungerten ein paar Leute beim Kaffee in der Vereinsgaststätte herum, wir besichtigten den neuen Ballraum, auf einem kleinen Kunstrasen spielte eine Mädchenmannschaft, die Liga-Truppe versammelte sich so langsam zum Training. Eigentlich war nichts los, aber wir fanden es prima auf dem Platz, weil wir hier wieder in unserer Vergangenheit leben durften, weil sich hier dieser Jungsduft aus Kickerei, Kabinenschweiß und Kameradschaft ausbreitete, der nicht viele Worte braucht.

Er sei der mieseste Griller der Welt, sagte Norbert und trat auch gleich den Beweis an, dass er zumindest ein aussichtsreicher Titelkandidat wäre, wenn mal ein Wettbewerb in dieser Disziplin ausgetragen werden sollte. Am Abend half er seiner Frau bei der Gestaltung des «Leseabends», der zeitgleich zum EM-Qualifikationsspiel Österreich–Deutschland stattfand. Der Abend lief locker und nett, zwanzig bis fünfundzwanzig Leute mögen dort gewesen sein, hauptsächlich Frauen. Sie wollten vor allem wissen, wie man sich als Bettler fühlt (meistens mies), wie ich das Wandern finde (einsam) und ob ich das Projekt auch mitgemacht hätte, wenn ich keine *Facebook*-Freunde für meine Zwecke hätte einspannen dürfen. Das war eine Frage, die ich wirklich interessant fand, denn inzwischen hatte ich mir die auch schon das eine oder andere Mal gestellt. Meine Antwort fällt eindeutig aus: «Sicher, das hätte ich!» Aber ein bisschen Zweifel blieben. «Es wäre auf jeden Fall härter geworden.» Die anderen interessanten Fragen des Abends stellten Norbert und ich direkt *nach* der Lesung: «Wie steht es in Wien?» und «Schaffen wir es noch zur zweiten Halbzeit nach Hause?».

Wir sind dann doch in der Buchhandlung geblieben. Am nächsten Morgen begleitete mich Norbert mit dem Familienhund an den Rhein, erzählte von seinem schweren Unfall mit dem Rad und den Mühen, die es kostete, nach einer langen Verletzungspause wieder fit zu werden, wieder mit dem Kicken anzufangen. Ich wusste, wovon er spricht: Sportler und ihre Ziele, Erfolge, Verletzungen – der Kreislauf unseres Jungs-Lebens.

33 Flasche leer

Zeit für erste Bilanzen. Inzwischen bin ich mehr als die Hälfte der Strecke gewandert. Habe knapp siebenhundert Kilometer gemacht, eine Menge Leute kennengelernt und eine Ahnung davon erhalten, wie es sein könnte, ohne Geld und ein Dach über dem Kopf zu leben. Eine sehr vage Ahnung. Ich hatte ein paar perfekte Momente, ich traf interessante, tolle Menschen, der Hund und ich schlappten durch grandiose Landschaften, an schönen sonnenbeschienenen Seen vorbei und durch bizarr-niedliche Städte. Vier Wochen lang war das alles sehr neu, aufregend, wunderbar.

Seit ein paar Tagen aber spürte ich: Müdigkeit. Verdrossenheit. Wanderunlust. Und einen ständig intensiver spürbaren Unmut darüber, doch bloß ein alberner Bettler-Fake zu sein. Immer häufiger fragte ich mich: Darf ich eigentlich in die Haut von Obdachlosen schlüpfen und mich für mittellos ausgeben, ist das nicht unentschuldbarer Zynismus oder bloß ein plumpes Narrenspiel? Diese Fragen hatte ich mir auch schon zu Anfang des Projekts gestellt, als ich noch keinen Kilometer gelaufen war. Da aber hatte die Neugier überwogen, die Lust auf diese Wanderung, auch ein wenig der Kitzel, den die Möglichkeit des totalen Scheiterns, die Grenzerfahrung mit sich bringt. Doch jetzt erschien mir die Idee, scheitern zu können und aufgeben zu müssen, manchmal geradezu lächerlich. Meine Tippelei war meistens weder extrem noch gefährlich, es war an manchen Tage mühsam, an einigen nicht mal das. Grenzerfahrungen sahen anders aus. Vielleicht war mir einfach nur fad. Aber auch das waren ja Erfahrungen. Auch wenn ich noch nicht wusste, wohin sie führen würden.

Der Hund. Natürlich fehlte der Hund. Als Resonanzkörper meiner täglichen Abenteuer. Bislang hatten wir miteinander kommuniziert wie ein altes Ehepaar. Ich redete, der Hund trabte stoisch vor (vormittags) und hinter mir her (nachmittags), freute sich über Begegnungen mit Artgenossen, fiel in Bushäuschen ein und stupste mich mit seiner langen Nase in Richtung einer Parkbank, wenn er mal wieder eine Pause brauchte. Das Paulchen war der perfekte Gefährte, abenteuerlustig, aber auch vernünftig und nicht von falschem Ehrgeiz beseelt, darüber hinaus nicht zwanghaft geschwätzig und im Zweifel wohlwollend. Und: Der Hund war meine Brücke zur Außenwelt. Viele Menschen, die wir auf unserem Weg bislang getroffen hatten, hatte der Hund durch seine freundliche Art angelockt. Nun war er weg, erholte sich im Horster Heimathafen. Jetzt musste ich ausschließlich auf meinen eigenen Charme setzen. Tja. Selbst meine Frau lächelt an dieser Stelle vermutlich etwas gequält, und bei ihr habe ich immerhin einen gewissen Bonus.

Die Bettelei. Man sollte ja meinen, es würde einfacher mit der Zeit. Aber das Gegenteil war der Fall. In den ersten Wochen war es spannend gewesen, und es hatte mir sogar einen gewissen Kick verschafft, nach Brot, Getränken und einem Bett für die Nacht zu fragen. «Alles bloß ein Spiel», hatte ich mich immer instruiert, «jede Reaktion ist willkommen, weil gut für die Wahrheitsfindung!» Es hatte mich auch nicht gestört, wenn ich zurückgewiesen wurde, schließlich war das ja irgendwie auch gut, wie sieht das denn aus, wenn alles wie am Schnürchen klappt. Doch mittlerweile hatte sich dieses Gefühl der Wurschtigkeit erledigt. Ich fand es mühsam, um mein Essen zu betteln. Ich entwickelte Techniken, diese Situationen zu umgehen. Ich bunkerte meinen Proviant und aß weniger, ich trank Leitungswasser, ich übernachtete tunlichst bei meinen alten Bekannten. Das fühlte sich nett an, aber mehr wie eine Urlaubsreise. War das der Sinn der Sache?

Außerdem: Bislang war ich mit Paulchen in die Bäckerei oder Gastwirtschaft getreten und hatte mit einem Blick auf meinen putzigen Hund gesagt: «Wir haben Hunger!» (Oder:

Durst. Kein Bett über dem Kopf, was immer.) Nun aber konnte ich mir diesen Seitenblick schenken, der immer suggerierte: «Also MIR ist es ja nicht so wichtig, aber der HUND braucht Hilfe!» Jetzt stand ich da und bat für mich selbst. Und komisch, das fühlte sich gar nicht mehr lässig an, es war eine Spur härter, ach was, es war: sehr unangenehm. Sogar ein wenig peinlich. Es erforderte viel Willenskraft, mich nicht mit vielen überflüssigen Worten zu rechtfertigen oder gleich mit «Deutschland umsonst» herauszurücken, meinem Alibi für alles, was ich gerade unternahm.

Die Menschen. Klar, es ist eine Gnade, jeden Tag neue Leute kennenzulernen. Nette, liebenswürdige, schräge, originelle und interessante Menschen; Leute, die ich sonst möglicherweise nie wahrnehmen würde. Aber JEDEN Tag neue Leute kennenzulernen dürfte auch für kontaktfreudigere Menschen, als ich es bin, keine Freude sein. Es IST einfach verdammt anstrengend, sich immer wieder neue Biographien anzuhören, Ideen auszutauschen, Fragen zu beantworten. Aber es gab ja in meiner Situation keine Alternative dazu, wenn ich nicht stumm und obdachlos durchs Land wandern wollte. Jetzt war ich gerade an einem Punkt, wo ich mir Mühe geben musste, genau hinzuhören, die Neugier und das Wohlwollen aufzubringen, das jeder Mensch verdiente, der mir auf meinem Weg half. Ich hoffte, ich kriegte das hin.

Die Heimat. Inzwischen war ich in meiner Heimatregion angekommen, dem Kölner Raum mit meiner Heimatstadt Eschweiler. Ich traf alte Bekannte, wohnte zu Hause bei meinen Eltern, marschierte durch die Schauplätze meiner Jugend. Das war auf eine nostalgische Weise schön und wehmütig, ich war da durchaus auch sentimental, keine Frage. Aber von meinem Projekt führte das alles weit weg, hier musste ich nicht kämpfen um mein Bett, mein Essen, um Zuspruch und Harmonie. Ich weiß nicht, ob ich Sie, meinen Leser, mit meinem Pubertierendendasein in der Kleinstadt konfrontieren soll, damit, dass ich bei meinen Eltern und Freunden aus alten Zeiten mit sieben bis acht Mahlzeiten pro Tag gemästet wurde, dass ich mit meiner allerersten Freundin Illa einen Kaffee trank und meinen ersten journalistischen Ratgeber Friedhelm in Jörgs Buchladen traf. Für mich sind das alles feine Geschichten, aber für Sie vermutlich: furzlangweilig und ohne sittlichen Nährwert. Ich weiß nicht, ob der «Heimaturlaub» der effektivste Weg war, wieder in die Spur zu kommen, aber die mitfühlenden, warmherzigen Kommentare meiner virtuellen Begleiter hatten mich – ein Stück weit – aufgerichtet. Fürs Erste jedenfalls. Wie hatte das Holzach bloß alles überstanden, im Winter, in Bahnhofsmissionen und Männerheimen, frierend und hungernd, ohne Zuspruch seiner Freunde. Je länger ich unterwegs war, umso unheimlicher wurde mir sein Projekt.

deutschlandumsonst.wordpress.com

Nelly Lieber Harald, kann ich gut verstehen. Es ist wahnsinnig anstrengend, sich immer wieder auf neue Situationen und Menschen einzustellen. Vor einigen Jahren sind mein Mann und ich durch die USA gereist – und haben in 17 Tagen nur einmal im Hotel genächtigt – ansonsten (kostenlos) bei verschiedenen Servas-Gastgebern. Das war alles spannend, aber tiring.
8. Juni 2011 um 08:59

Ance Hallo Harald, ich wünsche dir für den Rest des Weges viel Kraft und Energie, Neugier und Geduld. Kann mir schon vorstellen, dass es anstrengend ist, ich denke ja manchmal schon am Wochenende nach einer Woche Arbeit, dass ich Sonntag mal NIEMANDEN sehen will. Am besten verstehen kann ich allerdings, dass du Paula vermisst. Wünsche dir alles Gute!
8. Juni 2011 um 08:59

Stefanie Hey Harald, Ich kann vage ahnen, wie du dich fühlst. Und auch wenn es sich möglicherweise seltsam anhört, sag ich's jetzt mal: Ich bin ehrlich berührt und fast ein bisschen stolz auf dich. Ich sende dir also eine virtuelle Umarmung. Und singe, nein: gröle für dich in Gedanken ein paar Durchhalteparolen.
8. Juni 2011 um 10:56

Dorthe Oh dear. Ich hab eine ganze Zeit Lesestunde geschwänzt, nun ist der Hund daheim und du bist alle. Nun gut. Harry, ich kann dir keine Tipps geben, ich bin noch nie 700 km gelaufen. Das allein ist doch der Hammer! Leute ansprechen, im Freien schlafen: schlimm! Ich kann dir nur wieder schriftlich eine Tapferkeitsmedaille verleihen. Und ich versichere dir, dass die Heimat unbedingt in dein Buch gehört. Das kann ja auch eine Wanderung durch die Fremde sein, oder eben gerade nicht. Ein Rat doch noch: Sei nicht so streng mit dir. Manchmal reagiert man unwirsch auf Menschen, die es vielleicht gar nicht verdient haben. Und ich glaube schon, dass du – auch mit Häuschen und Gemütlichkeit in der Hinterhand – einen Einblick bekommst in das Leben, das manch einer führt, der keine Bleibe, kein Konto, keinen Gefährten hat. Mehr als ich allemal.
8. Juni 2011 um 11:29

marenda (...) Wie war das doch: Manchmal muss man bloß einen Schritt zur Seite tun, um eine andere Sicht der Dinge zu bekommen ...
9. Juni 2011 um 12:04

lisa Sei nicht so streng mit dir! Man darf auch pubertär genießen, wenn man groß und tapfer ist. Und wenn einer das nicht den Regeln gemäß findet, ist das sein Problem. Uns Lesern schuldest du jedenfalls nichts.
9. Juni 2011 um 12:08

34 Wo liegt dieses Spanien?

1983 verließ ich meine Heimatstadt Eschweiler, etwa drei Jahre zu spät. Aber das ist eine andere Geschichte. Seitdem bin ich durchschnittlich zweimal im Jahr dorthin zurückgekehrt. Erst, weil mir nichts so vertraut war wie dieser kleine Ort und ich mich in München noch nicht zurechtfand, später, weil meine Eltern immer noch dort wohnen und ich sie erleben möchte, solange das noch geht. Ich weiß nicht, wann ich damit angefangen habe, über «Silvia» nachzudenken. Vermutlich so drei, vier Jahre nach meinem Umzug. Seitdem gehört es zu meinen Ritualen, bei jedem Heimatbesuch in Eschweiler zur Dürenerstraße, Ecke Wardenslinde zu fahren, um dort kopfschüttelnd auf eine rote Backsteinmauer zu schauen. Dort steht in blauer Schrift, unordentlich hingesprayt, ein Satz, besser, eine Frage: «Silvia, wo liegt dieses Spanien?»

Das klingt jetzt vielleicht ein wenig verrückt, hatte ich keine richtigen Freunde, die ich besuchen konnte? Doch, natürlich. Jeder, den es aus den unterschiedlichsten Gründen in die Ferne und damit weg aus der vertrauten Heimat gezogen hat, ließ Menschen zurück, die ihm etwas bedeuteten, auch ich. Dietmar zum Beispiel, meinen ältesten Fußballerfreund. Oder Frank, mit dem ich das Kino, die Musik und die Coffeeshops in Holland entdeckte. Auf meiner Reise traf ich ihn wieder, ein paar Kilometer von Eschweiler entfernt. Auch sonst war vieles beim Alten.

Frank konnte einen Sessel besetzen wie ein feindliches Land. Er hing und versank darin, maximal entspannt, man dachte: Wird dieser Mensch je wieder aufstehen können? Meinen Vater brachte er damit regelmäßig auf die Palme, und ich bewunderte es, wie jemand allein durch seine Art des Sitzens größtmögliche Lässigkeit ausstrahlen konnte. Frank lachte darüber, wenn man ihm das sagte, was soll's, ihm gefiel das einfach so, mehr steckte nicht dahinter. Mit Frank konnte man drei Stunden am Stück Doppel-LPs von *Yes* oder *Nektar* hören, ohne ein Wort zu sprechen. Oder fünf Hitchcock-Filme in einer langen Kinonacht anschauen. Er fuhr klaglos zwölf Stunden am Stück Auto, ohne sich dabei zu bewegen (tanken mussten *wir*, als er uns in seinem weißen Renault-Kombi nach Südfrankreich chauffierte). Es gibt niemanden, zu dem der Beruf des Kachelofenbauers so gut passt wie zu Frank. Er war (und ist) der Inbegriff des Langhaarträgers, der Mensch in meinem Freundeskreis, der von einer Glatze am weitesten entfernt ist. Mit fünfundsiebzig wird Frank vermutlich aussehen wie Klekih-petra aus Winnetou, schlohweiß und regungslos, man kann es auch fokussiert nennen, hin und wieder wird er eine wegwerfende Handbewegung machen und sich stoisch dem Feuerwasser zuwenden.

Ich weiß nicht genau, wie lange dieser Spruch da schon steht: «Silvia, wo liegt dieses Spanien?» Seit Mitte der achtziger Jahre auf jeden Fall, vermutlich aber sogar länger. Bei jeder Heimkehr nach Eschweiler – inzwischen aus Hamburg – fürchte ich: Jetzt ist er weg, jetzt hat sich irgendwer aus der Nachbarschaft erbarmt oder die Stadtverwaltung im Zuge von Verschönerungsmaßnahmen endlich reine Wand gemacht. Aber nein, die blaue Schrift ist immer noch da. Ich frage mich schon seit Jahren, was sie wohl bedeutet haben mag. Worauf der Mann – ich vermute, es war ein Mann – mit dieser Frage hinauswollte.

Als ich über Schevenhütte und Gressenich gen Heimat wanderte, kam ich zwangsläufig auch durch Hastenrath-Scherpenseel, schon setzte das Kopfkino ein. Bohler Straße 85, die Wohnung meiner ersten Freundin. Der allerersten. Ferienverschickung 1972 oder 73, daran erinnere ich mich nicht mehr so genau. War ich jemals aufgeregter, verliebter? Keine

Ahnung. Möglicherweise. Schüchterner auf keinen Fall. An viel kann ich mich heute nicht mehr erinnern. Fragmente im Nebel. Stimmte es, dass Illa von zweien meiner Freunde an den Armen festgehalten und darüber informiert wurde, dass sie jetzt einen Freund habe, mich nämlich, und dass sie das mit den Worten «Den will ich aber nicht!» kommentiert hatte? Sie behauptet, es sei so gewesen, mein Gedächtnis (oder mein Stolz) sagt: Niemals war es so! Dagegen weiß ich genau, dass Illa und ich zusammen getanzt haben, in der Ferienverschickung, zu Wencke Myhres knallrotem Gummiboot, dabei hat sie mir mit dem Finger ins Auge gestochen. Illa behauptete, das sei nicht wahr, reine Erfindung, aber ich weiß es genau. So ging es in einem fort, als wir uns jetzt, Jahrzehnte später, in Eschweiler auf einen Kaffee trafen. Unsere Erinnerungen passten nicht so recht zueinander, was würde ich dafür geben, wenn ein Super-8-Film von uns existierte, aus dem Landschulheim in Dedenborn oder aus dem Eschweiler Park. Schade. Andererseits – was sind schon Details? Illa hat jetzt einen Ehemann und drei Jungs, aber noch immer diese blitzenden, lebendigen Augen, sie kann immer noch lachen wie ein Brummkreisel. Ich freute mich aufrichtig, sie nach langer Zeit zu sehen und vor allem: wiederzuerkennen. Auch wenn die Erinnerung eine launische Diva ist.

Silvia – wo liegt dieses Spanien? Vielleicht war es ein übereifriger Geographie-Nachhilfelehrer, der seinen Schützling schon frühmorgens an der Bushaltestelle ermahnen wollte? Möglicherweise war es der Freund von Silvia, der öffentlich anprangerte, von ihr immer nur mit Urlaubsreisen nach Italien oder ins Sauerland abgespeist zu werden? Meine Lieblingsvermutung aber ist: Silvia und der Sprayer waren ein Paar, Gymnasiasten in der Oberstufe, sie hatten diesen Traum, zusammen wegzugehen, nach Spanien, und nun hat sie ihn verlassen, was ihn bekümmert und am Sinn seiner Existenz zweifeln lässt. Ein wenig pathetisch ruft er ihr hinterher: «Silvia, wo liegt dieses Spanien ...?» Und vermutlich denkt er noch weiter: «... diese Utopie von einem gemeinsamen Leben, in das du mich jetzt nicht mehr mitnehmen willst, du undankbare Kuh!»

Für den ganzen Spruch war die Wand zu klein, und vermutlich hatte den Kerl auch jemand gestört, wie er da so mitten in der Nacht vor sich hinsprayte. Eschweiler Bürger mögen es in der Regel nicht, wenn man ihre Gemäuer beschmiert, wer weiß. Es ist schon beinahe zwanghaft, aber ich kann nicht anders: Ich denke jedes Mal in Eschweiler Stunden darüber nach, wer der Sprayer gewesen sein könnte, wo Silvia wohl inzwischen lebt und welche Geschichte hinter der Frage stecken könnte. Vielleicht sollte ich das einmal professionell angehen und den Eschweiler Geschichtsverein und Friedhelm von der Zeitung einspannen, man müsste das doch herausfinden können. Doch dann denke ich wiederum, dass es vielleicht ganz gut ist, dieses kleine Geheimnis an der Ecke Dürenerstraße und Wardenslinde einfach so stehenzulassen. Ich hoffe, auch die Anwohner und die Stadt Eschweiler halten sich daran, denn es ist für mich immer mit diesem Gefühl der Wehmut verbunden, das es so schön macht, nach Hause zu kommen.

PS: Ein paar Tage nachdem ich in meinem Blog über das Graffiti an der Eschweiler Mauer geschrieben hatte, meldete sich ein alter Bekannter bei mir. Er behauptete, ein paar Informationen über den wahren Urheber dieser kleinen Geschichte zu besitzen, ob ich daran interessiert sei. Ich dachte nicht lange nach, klar, das wollte ich. Auch auf die Gefahr hin, dass mein kleiner privater Mythos sich in eine belanglose Banalität verwandeln würde, wenn ich die Wahrheit kannte. Zum Glück bestätigte sich diese Befürchtung nicht. Ich kenne jetzt den Namen des vermeintlichen Täters und seine Motive, und es ist verrückt: Ich kenne auch den Kerl persönlich, recht gut sogar. Ich weiß noch nicht, ob ich ihn eines Tages darauf ansprechen soll, vielleicht schämt er sich ja für seine postpubertäre Schmiererei oder will sich nicht an eine schmerzhafte Periode in seinem Leben erinnern. Ich frage mich, wie *er* sich wohl fühlt, wenn er an seinem «Kunstwerk» vorbeifährt, wenn selbst *mein* Herz dabei höher schlägt. Verrückte Sache.

35 Rückenwind

Also hau ich ab mit Sack und Pack
und pack ein paar meiner Siebensachen, die ich hab
Thomas D: Rückenwind (1997)

Nelly *verkauft* Bücher nicht, Nelly rettet sie. Das ist kein kleiner Unterschied, denn obwohl sie und ihr Mann Ralph davon auch irgendwie leben, ist es doch eher der sittliche Mehrwert dieser Transaktionen, der Nelly antreibt. Sie ist von Büchern und Medien umgeben, seitdem sie denken kann. Vater Willy war der wichtigste deutsche Zeitschriftendesigner in den sechziger, siebziger Jahren, entwickelte die grandiose Zeitschriftenikone TWEN, den optischen Auftritt der Edition Suhrkamp und das Logo des WDR, um nur ein paar Meilensteine seines Wirkens zu nennen.

Nelly avancierte zu einer meiner treuesten Unterstützerinnen. Durch ihre Erfahrung mit Couchsurfern in allen möglichen Städten half sie so manches Mal mit Tipps weiter, wenn ich auf der Strecke keinen Gastgeber für die Nacht fand. Bei meinem Besuch im «Fleckhaus» in Odenthal im Bergischen Land wurde ich in einem weiß geplankten Kellerraum untergebracht, der ihr einst von Vater Willy als Partykeller eingerichtet wurde – damals noch in Orange. Der Plan dahinter: Nelly sollte wenigstens hin und wieder zu Hause bleiben. Mit sechzehn. Nelly verfügte (und verfügt noch immer) über einen unruhigen Geist, der immer in Bewegung bleiben will. Sie wanderte nach meinem Besuch eine kleine Etappe mit mir und wunderte sich, dass ich die Freiheit nicht viel mehr und ausschließlich genoss. Tja, Freiheit muss man halt manchmal auch ertragen können … Als sie ein paar Tage nach unserem Treffen zufällig im Ruhrgebiet unterwegs war, mailte sie mich an und lud mich spontan auf eine Currywurst ein. Wir dachten, das sei kein großes Problem, irgendwo

Pommes Schranke mit Wurst zu bekommen. Anderthalb Stunden später wussten wir es besser. Wir mussten tief nach Dortmund hinein, um eine Bude zu finden, die uns glücklich machte.

Moderne Zeiten: Bis vor kurzem lebten Nelly und ihr Mann Ralph noch in diesem architektonischen Kleinod in Odenthal, das Vater Willy zusammen mit dem Schweizer Architekt Max Bill 1960 im Bauhaus-Stil errichtet hatte. Seit Mitte August nun ist die Hütte neu vermietet, Nelly und Ralph hatten schon den Großteil ihrer Möbel bei Ebay verkauft, als ich sie im Juni dort besuchte. Sie wollten noch einmal losziehen, mit Rückenwind, wie Thomas D das in seiner Ode an das Leben im Wohnmobil formuliert. Warum?

«Der Unterhalt des Hauses belastet uns, wir wollen uns frei davon machen!»

Frei machen. Für Nelly und Ralph wichtiges Parameter für ein selbstbestimmtes, nicht ganz konventionelles Leben. Im «Fleckhaus» wohnten immer wieder Couchsurfing-Gäste aus der ganzen Welt, brachten frischen Wind, Ideen und Leben ins bergische Refugium. «Ich bin so aufgewachsen», sagte Nelly: «In Kommunen, mit Sit- oder Love-ins, offen für vieles.»

Nun noch einmal der Befreiungsschlag: Mit Transporter und Anhänger sind sie in die Welt hinaus gefahren, leben jetzt mehr oder weniger auf der Straße, ihr erstes Anlaufziel war Hamburg. Nellys Bruder nennt ihr neues Lebensmodell einen Wanderzirkus. Darüber kann Nelly lachen: «Stimmt ja auch irgendwie.»

Sie haben auch in Hamburg literarische Nachlässe aufgelöst und auf Flohmärkten Bücher verkauft, sie retten Gedrucktes vor dem Lagerfeuer. Nelly und Ralph wollen die Welt ausprobieren, gibt ja auch so viel davon. Jetzt wollen sie erst einmal nach Indien. Danach: mal schauen. Zur Ruhe kommen ist für Nelly – die bei stadtmenschen.de regelmäßig bloggt – vermutlich keine Option. War es noch nie.

Und ihr schaut ab und zu mal besser eure Straße lang,
denn irgendwann komm ich an und dann hoff ich,
ihr wisst, was geht, und dass ihr mich versteht,
und macht was draus, denn eh' ihr euch's verseht,
bin ich wieder raus.
Thomas D: Rückenwind

36 Allein zu Haus

Hörte sich doch eigentlich ganz prima an: «Nimm dir, was du brauchst – viel Spaß in Wuppertal!» Das war so ziemlich alles, was ich von Ulrike am Telefon hörte. Ulrike war die Schwägerin meiner *Facebook*-Freundin und Kollegin Jennifer und selbst gar nicht da. Aber ich könne ihre Wohnung für zwei Nächte in Beschlag nehmen: «Kein Problem!» Ich dachte ein langgezogenes *Okaaayyy* und so etwas wie: *Ist doch auch mal schön.* Eigentlich kam es zwar auf meiner Reise darauf an, so viele Menschen wie möglich zu treffen und zu sehen, wie sie auf mich bargeldlosen Landstreicher reagieren. Nach über vierzig Tagen auf der Walz und der ständigen Verpflichtung, sich vor Fremden immer wieder zu erklären, könnten zwei stille Nächte aber auch mal ganz erholsam sein.

Dachte ich, wie gesagt. War aber reine Theorie. In der Praxis sah das in Wuppertal in der Schusterstraße ganz anders aus. Schon die Anreise war ein Schock. In Wuppertal traf ich auf noch mehr gefühltes San Francisco als in Stuttgart, das heißt: überall Anhöhen, Abhänge, Treppen und Täler. Ganz zum Schluss musste ich völlig gerädert eine Treppe mit einhundertdrei hohen Stufen erklimmen, der Name dieser Treppe: Tippen-Tappen-Tönchen. Ich erfinde das nicht. Sie gehört zu den Wuppertaler Sehenswürdigkeiten und führt hinauf auf den Ölberg, Höhenunterschied: sechzehn Meter. Für Freunde des abseitigen Humors sei noch erwähnt, dass der Treppe von einem Musikanten namens Reinhard Triefenbach sogar ein Karnevalssong gewidmet worden war:

Eck kenn en Mädchen und datt heet Lehnchen,
dat wönnt in Wopperdahl am Tippen-Tappen-Tönchen,
do steht en ganz kleen Hus,
do kiekt dat Mädchen ruut;
wer kennt nit dat Lehnchen vam Tippen-Tappen-Tönchen.

Allerdings war Singen das Letzte, woran ich dachte, als ich den Berg zu meiner Wuppertaler Bleibe hinaufkletterte, ich war mit Luftholen ganz gut ausgelastet.

Klare Ansage, wer in dem Haus auf der Schusterstraße der diensthabende Offizier war: Oma Käthe persönlich. Rund um die Uhr wachte sie in Parterre links über das Geschehen im Haus und gleichzeitig mit ihrem Stammplatz am Fenster auch noch über alles andere, was draußen auf der Straße passierte. Oma Käthe war meine Ansprechpartnerin in Sachen Wuppertaler Wohnungsschlüssel und ließ keinen Zweifel daran, dass sie alles im Griff hatte. «Ich habe Sie schon kommen sehen, junger Mann», sprach sie und setzte ein ausdrucksstarkes «Woll?!» dahinter. Sie ließ sich meinen Namen geben, der schien okay zu sein, erst dann rückte sie mit den Schlüsseln raus. Genaue Angaben, zu welcher Zeit ich sie zurückzubringen hatte, inklusive. «Neun Uhr am Montag, woll?!», sprach sie, und als ich nickte, fügte sie hinzu: «Da bin ich schon halb angezogen!» Äh?!

Fünf Minuten später schloss ich die Tür zur Altbauwohnung im dritten Stock auf und fühlte mich auf der Stelle: merkwürdig befangen. Wie ein Eindringling. Niemand da, der mich offiziell willkommen hieß, der mir ein Getränk anbot, die Räume zeigte, ein Handtuch rauslegte. Klar, ich war doch eingeladen, mich zu bedienen. Aber so einfach funktionierte das nicht, wenn man die Person, bei der man zu Gast war, nicht mal kannte, und zwar kein bisschen. Ich streifte durch die Wohnung wie ein Museumsbesucher – interessiert, aber auch mit nüchterner Distanz. Nur gucken, nicht anfassen. Ich versuchte, mir ein Bild von den Bewohnern zu machen, ein Klavier, aha, ein paar Kinderzeichnungen, viele Bücher, Plakate von Kulturereignissen in Wuppertal, Fußballschuhe in Kindergröße. Ein Set mit Bettwäsche zeugte davon, dass ich erwartet wurde, nichts sonst. Sollte ich das Spannbettlaken auf dem Sofa ausbreiten oder wie war das gedacht? Merkwürdig, nach der dritten Runde durch die Wohnung hatte ich meine Befangenheit immer noch nicht abgeschüttelt.

Nach einer halben Stunde begann ich halbherzig damit, meine Sachen auszuräumen, mein Bett auf dem Sofa herzurichten und mich im Badezimmer «frisch» zu machen. Normalerweise der schönste Moment des Tages nach langer, schweißtreibender Wanderschaft, aber auch hier: irgendwie verhuscht. Klar, das war zwar einerseits die Ruhe, die ich mir gewünscht hatte, aber die Wohnung blieb mir – so unbelebt und anonym – fremder als jede Gartenhütte, in die man mich bislang verfrachtet hatte. Dabei war an der Wohnung nichts auszusetzen, im Gegenteil, sie machte einen gemütlichen, angenehm handfesten Eindruck. Nur ICH hatte da drin nichts verloren, so fühlte es sich jedenfalls an. Obwohl der Kühlschrank mir offiziell offen stand, beschränkte ich mich an den beiden Wuppertaler Pfingsttagen auf die Entnahme von zwei Bananen und zwei Flaschen Wasser. Alles andere erbettelte ich mir draußen in der freien Wuppertaler Wildbahn, viel war es nicht. Man muss gar nicht so viel essen, wie man immer glaubt. Aber man braucht doch mehr Mensch, als man denkt.

Pfingstmontag klopfte ich fünfzehn Minuten nach der vereinbarten Zeit an die Haustür von Oma Käthe und hoffte, dass sie *vollständig* bekleidet war. Heute würde ich nach Düsseldorf wandern, vorher aber musste ich noch etwas erledigen. In Wuppertal zu sein und nicht wenigstens einmal mit der Schwebebahn zu fahren, das erschien mir doch als ziemliches Versäumnis. Einerseits. Auf der anderen Seite: Sollte ich mir von den müden Euros, die ich mir von Fremden und Freunden erschnorrt hatte und die nach einer Nacht im Zelt lebenserhaltende Maßnahmen einleiten konnten (Kaffee!), ausgerechnet Fahrtickets für einen schwebenden Bus leisten? Ich löste das Problem auf angemessene Landstreicher-Art: Am Pfingstmontag setzte ich mich ohne Ticket in Elberfeld in die Schwebebahn und stieg ein paar Kilometer weiter in Vohwinkel wieder aus, von dort ging es dann zu Fuß weiter Richtung Düsseldorf. Der Preis für die erneute Ordnungswidrigkeit: Ich schwitzte vor Angst aufzufliegen und von Käppiträgern auf den Bahnsteig gebeten zu werden. Aber ich wurde bis zur Endstation auch diesmal nicht kontrolliert, wenn auch skeptisch beäugt. Offenbar sind in Wuppertal und Umgebung unrasierte Herren mit Rucksäcken per se verdächtig.

Ich fotografierte das obligatorische Warnschild vor der Schwarzfahrerei, was mich in den Augen meines Gegenübers endgültig als suspekte Person brandmarkte. Dieser ältere Herr mit dem lichten Scheitel und seinem rot-karierten Pullunder ließ mich während der gesamten Fahrt nicht aus den Augen. Hätte er ein Mobiltelefon besessen, ich bin sicher, er hätte die 110 gewählt. In Vohwinkel nickte ich ihm lässig zu, bevor ich ausstieg, er verzog keine Miene. Keine Ahnung, was der Pullunder zu Hause erzählt hat, ich hätte es wirklich gerne gehört.

Im Erdgeschoss der Schwebebahnstation in Vohwinkel befand sich eine Bäckerei in einer Art Glaskuppelbau, sehr futuristisch, aber durchaus einladend. Angespornt durch meine wilde schwebende Schwarzfahrt erklomm ich hier die nächste Stufe meiner getürkten Landstreicher-Existenz. Irgendwann musste ich ja auch mal wieder ein paar neue Erfahrungen machen. Der Laden war gut gefüllt, neben den ambulanten Brötchen-Besorgern rührten dort am Feiertag auch viele Frühstücker in Kaffeetassen und kauten auf Plunderteilchen herum. Ich besorgte mir einen Kaffee, bezahlte ihn selbst, brachte ihn zu einem Tisch, stellte meinen Rucksack daneben und begab mich lässig an den mobilen Stellwagen, auf dem bereits abgewanderte Gäste ihre gebrauchten Tabletts abgestellt hatten. Ohne Hast scannte ich die Lage und zog ein paar der Tabletts nach vorne, auf denen Speisereste hinterlassen worden waren. Dann schnappte ich mir, was noch halbwegs verwertbar erschien. Ein Kuchenrest, ein halbes Croissant sowie ein wenig Marmelade, viel mehr war nicht zu holen.

Ich registrierte die Blicke der anwesenden Gäste natürlich: ein Mix aus ungläubigem Staunen, leichtem Entsetzen und Scham. Offenbar sah ich noch nicht abgerissen genug aus, damit sie mein Wühlen auf der Resterampe einfach gleichgültig hingenommen hätten. Man konnte die Frage in Sprechblasen über ihren Köpfen lesen: *Meint der das ernst?*

Dieses Schauspiel erinnerte einige der Gäste wohl daran, dass dieses unsexy Ding called Armut möglicherweise auch sie selbst treffen könnte, wenn sie ab jetzt einfach mal ein bisschen Pech hätten im Leben. Einigen sah ich ihren Schock regelrecht an: *Meine Güte, so schnell kann das gehen? Der hat doch mindestens Realschule?!* (Ich trug meine Lesebrille.)

Und nur, falls Sie fragen wollten: Ich bin in Fußballerkabinen groß geworden und verfüge über einen Pferdemagen, das heißt, ich bin weder empfindlich noch sonderlich *krüsch* in der Auswahl meiner Speisen. Wenn etwas von meinem Teller auf den Boden fällt, hebe ich es in der Regel auf und esse ungerührt weiter, bislang ohne Probleme. Keine Frage, dass ich auch das Teilchen und das halbe Croissant mit Genuss zu meinem Kaffee gegessen habe, warum auch nicht? Leider ist niemand der Gäste an meinen Tisch gekommen und hat freiwillig noch ein Brötchen draufgelegt oder einen Euro gespendet. So betroffen waren sie dann auch wieder nicht, die Vohwinkler.

37 Polizeieinsatz und das richtige Leben

Ein paar Stunden später saß ich an einer Bushaltestelle Höhe Lierenfeld kurz vor Düsseldorf. Ich weiß noch, dass ich über die Schwebebahn nachdachte und dass sie mir jetzt gar nicht so wahnsinnig spektakulär erschien, wie ich es erwartet hatte. Eindrucksvollere Wuppertalbilder meinte ich schon im Wim-Wenders-Film «Alice in den Städten» gesehen zu haben, möglicherweise trog mich da aber auch meine Erinnerung. Die Angewohnheit, sich hin und wieder in Bushäuschen niederzulassen, wenn der lange Weg seinen Tribut forderte, hatte ich nicht aufgegeben, obwohl es ja eigentlich immer Paulas Idee gewesen war. Doch ohne sie hatte ich kein Alibi mehr, ab und an auch mal in so ein Gefährt einzusteigen. Obwohl mir seit ein, zwei Tagen das Schienbein schmerzte. War ja auch längst überfällig, dass sich mein unerprobter Wanderkörper langsam gegen die Strapazen auflehnte, die ihm zugemutet wurden.

Ich war ganz in Gedanken versunken, als plötzlich eine Polizeistreife neben mir hielt. Ich fragte mich unwillkürlich, ob die Polizei auch für Schwebebahn-Delikte zuständig sei. Konnte das sein? Nein, das wäre zu verrückt. Zumal Lierenfeld ja schon zu Düsseldorf gehörte. Aber was wollten die Ordnungshüter denn sonst von mir? Ich saß doch bloß so da.

«Hat Ihnen der Bus nicht gefallen?», fragte ein Polizist mittleren Alters jovial, «wollen Sie lieber auf den nächsten warten?»

Tatsächlich war gerade ein Bus vor meiner Nase abgefahren, ohne dass ich Anstalten gemacht hätte, dort einzusteigen. Das hatte die wackeren Polizisten wohl nachdenklich gemacht, oder sie hatten am Pfingstmontag einfach ein wenig Langeweile. Ich erklärte freundlich, dass ich hier nur kurz rasten und auf *gar keinen* Bus warten würde. Ein Gespräch auf Augenhöhe aber bahnte sich da nicht an. Ich fühle mich in der Gegenwart von Polizisten immer ein wenig wie ein Fünfjähriger, den man an den Ohren aus der Vorratskammer gezogen hat. Landstreicher hin oder her.

«Darf ich mal Ihre Ausweispapiere sehen?», fragte nun eine junge, ziemlich hübsche Kollegin und verzog sich zurück in den Wagen, als ich meinen Personalausweis nach längerer Suche im Rucksack gefunden hatte. Ich vermutete, dass man nun schnell feststellen würde, dass ich kein gesuchter Wegelagerer und Kleinganove war, sondern offenbar nur ein Spinner, der ohne Geld durch Deutschland wanderte. Nachdem ich ein bisschen erzählt hatte, wurden die Amtsträger deutlich entspannter. Die junge Polizistin plauderte sogar vom, wie sie fand, prima Prinzip Couchsurfing. Welches sie selbst aber nicht in Anspruch nehmen würde, zu gefährlich fand sie das. Als Polizistin? Sie schien offenbar nicht viel Vertrauen in ihre Fähigkeiten zur Selbstverteidigung zu setzen. Wir plänkelten noch ein Weilchen, fotografieren lassen wollten sich die beiden Ordnungshüter aber lieber nicht, «aus Sicherheitsgründen». Musste ich das verstehen? Waren sie inkognito unterwegs, hatten sie Angst davor, als Polizisten enttarnt zu werden? An ihrer Stelle hätte ich dann aber als Erstes die Beseitigung von Uniform und Peterwagen in Erwägung gezogen. Ich lebe in einem merkwürdigen Land. Fotos von Polizisten auf *Facebook* sind offenbar ein Sicherheitsrisiko, und ein Wanderer, der an einer Haltestelle rastet, ohne den Bus nehmen zu wollen, gilt als verdächtiges Subjekt. Der Girgl hatte recht: Deutschland ist kein Land für Spaziergänger.

In der Düsseldorfer Altstadt, der «längsten Theke der Welt», war ich zuletzt vor über dreißig Jahren gewesen. Man musste sich als gebürtiger Rheinländer früh entscheiden, und ich gehörte zur Kölner Fraktion. Ausflüge auf die falsche Rheinseite gehörten zu den Unternehmungen, für die unsereiner schon einen sehr triftigen Grund haben musste. Heute wurde ich in Düsseldorf erwartet, am nächsten Tag wollte ich weiter nach Duisburg ins Ruhrgebiet gehen. Darauf freute ich mich schon: Menschen mit großer Klappe, Trinkhallen und Fußball. Ich war gespannt, wie das Ruhrgebiet mich aufnehmen würde. Für Übernachtungen war schon gesorgt, *Facebook* sei Dank.

Heute Nacht würde ich erst einmal in Düsseldorf-Bilk bei einer Studentin und ihrem Mann unterkommen, in einer Wohnung, die mir eine ehemalige Kollegin als «interessant», also dem Äquivalent von «mal was anderes» angepriesen hatte. Ich war gespannt. Vorher aber lief ich die Düsseldorfer Altstadt ab und wunderte mich über die Massen von Menschen auf den Straßen, die hauptsächlich *vor* Kneipen standen und Bier tranken. Mir wurde in der Kürze der Zeit nicht ganz klar, worin da jetzt der besondere Reiz lag. Die Aussicht kann es nicht gewesen sein, nicht mal ein kleiner Dom lag hier in der Sichtachse. Die Kneipen sahen aus, wie Kneipen auch in Düren oder Wuppertal aussehen, abgesehen von den höheren Preisen für die Getränke gab es da keinerlei Unterschied. Selbst das Unterhaltungsprogramm passte sich seiner Umgebung an: Vor einem der Bierlokale stand ein Leierkastenmann. War der jetzt schon Retro oder einfach nur spät dran? In dieser Umgebung konnte man das wirklich ganz schlecht beurteilen. Und so ziemlich der erste Satz, den meine Gastgeberin Stefanie sagte, lautete: «Wir versuchen innerhalb dieser Wohnung einfach so zu tun, als ob wir in Berlin leben würden.» Und es war nur so ein bisschen Ironie dabei.

In ihrem ersten Leben war Stefanie aus Hattingen Buchhändlerin, besaß einen eigenen Laden in Sprockhövel, einen Mann, zwei Jungs und ein Cabrio. Eine Erfolgsgeschichte, solange man ihr bloß vor den Kopf schaute. Dahinter allerdings war Stefanie gar nicht mehr fröhlich. Hera-Lind-Romane und Schulbücher über den Ladentisch zu reichen und nach Feierabend noch die Familie zu managen erschien ihr irgendwann nicht mehr als *die* Perspektive für die nächsten dreißig Jahre. Und wie heißt es noch bei Adorno? *Es gibt kein richtiges Leben im falschen …*

Das wurde ihr allerdings erst bewusst, als sie Marat traf. Marat ist Kirgise, war ursprünglich mal als Au-pair im Haushalt von Steffi gedacht und wurde dann etwas mehr: der Lebensgefährte, der Ehemann. Und der Brückenkopf in das zweite Leben, oder soll man sagen: die Freiheit?

Marat war jung, zierlich und klug, er bewegt sich wie ein Balletttänzer. Er war erst seit fünf Jahren hier und sprach besser Deutsch als zwei Drittel aller Leute, die ich kannte, Einheimische inklusive. Wenn es im Deutschen eine Entsprechung zu Oxford-Englisch gäbe, dann wäre Marat ihr Botschafter. Das ging so weit, dass er sich im Gespräch manchmal so gewählt ausdrückte, als karikierte er sich selbst. Dazu grinste er gerne ironisch.

Marat war ein smarter Junge, daran bestand nach drei Sätzen kein Zweifel. Er studierte, aber aus irgendwelchen komplizierten bürokratischen Gründen nicht das Fach, das er gerne studieren *wollte*. Medien- und Kulturwissenschaft nämlich, wie seine Frau Stefanie, die möglichst noch promovieren und an der Uni bleiben will.

Einen Brotjob im Kulturmanagement oder so etwas schließt Stefanie aus. Kompromisse hatte sie in ihrem ersten Leben genug gemacht. Im neuen zählt nur, was sie wirklich will. Denken, selbstbestimmt leben, Austausch mit guten Leuten. Sie fotografiert, Freunde sagen: großartig. Geld damit zu verdienen allerdings sei nachrangig, obwohl Marat und sie das brauchen könnten. Aber: zu persönlich. Zu viele Kompromisse.

Ihre Dachwohnung in Düsseldorf-Bilk war groß und auf eine angenehme Art verschrammelt, ihre beiden Jungs lebten dort, Marat und immer wieder gerne Freunde aus der ganzen Welt. Als ich Stephanie und Marat traf, war gleichzeitig auch

Evgeny zu Besuch, ein junger Russe, der in Straßburg studiert, außerdem saß Neda noch mit am Tisch. Neda war Anfang zwanzig, bildhübsch und aus Sofia, eine Kommilitonin von Steffi und gerade ratlos. Was könnte sie noch alles in eine Seminararbeit packen? – so ihr Problem an diesem Abend. Es ging um Gedichte von Gefangenen aus Guantanamo und den Versuch, daraus eine eigenständige Ethik zu destillieren, alle am Tisch beteiligten sich an der Diskussion. Wenn ich das richtig verstanden hatte (was sehr fraglich ist), sei schon die Frage diskutabel, ob Guantanamo-Gedichte per se einen ethischen und politischen Wert haben und inwieweit sich eine rein ästhetische Bewertung ihrer Qualität außerhalb des topographischen Entstehungskontextes verbietet. Oder so. Am Tisch wurde wechselweise russisch, englisch und deutsch gesprochen, viel gelacht, Rotwein getrunken, geraucht und darüber gemutmaßt, wie das richtige Leben wohl funktionierte. Das Nachhaltige. Das Echte. Marat hatte gekocht, wir schauten uns Bilder von ihrem Urlaub in Kirgistan an, tatsächlich fühlte sich an diesem Abend in Düsseldorf-Bilk alles so an, als säßen wir irgendwo in Berlin in einer Kreuzberger Wohnung und alles wäre möglich, zukünftig, offen. Es herrschte wohlwollendes Einverständnis, man fühlte sich hier wohl miteinander.

Am nächsten Morgen lachte Steffi beim Frühstück, ein wenig müde noch, aber warmherzig und mit wachen Augen, Marat schlief noch, ihre Jungs waren längst zur Schule. Klar, alles mag ein wenig unsicher sein, fragil, wirtschaftlich schwierig, aber es fühlte sich jetzt wohl endlich echt an, lebendig. Das hier kann auch alles schiefgehen, das wird sie wissen. Aber ihr zweites Leben ist – ganz sicher – das richtige im richtigen.

38 Bedingt wanderbereit

Fünf Millionen Einwohner auf 4500 Quadratkilometern. Durchs Ruhrgebiet zu wandern ist wie ein endloser Trip durch Vorstädte und Ausfallstraßen. Selten wirklich urban, aber nie menschenleer: Trinkhallen, Gebrauchtwarenhändler, Döner-Imbisse und im Zweifel immer irgendwo das Rauschen des Ruhrschnellwegs. Ich irrte durch Altenessen wie durch das Filmset von «Blade Runner», eingeschüchtert von diesem apokalyptischen «Is' doch jetzt auch schon egal»-Gefühl, das sich hier offensichtlich schon seit längerer Zeit ausgebreitet hatte. Während ich an einer Fußgängerampel auf das grüne Männchen wartete, kam mir ein etwa fünfundzwanzigjähriger Typ im gerippten Unterhemd entgegen, der die Straße bei Rot überquerte. Eine Autofahrerin musste bremsen und hupte kurz – Fehler. Breitbeinig baute sich das Unterhemd vor ihr auf und grölte: «Bissu behindert, du F…, soll ich mich für dich unsichtbar machen?» Dazu hob er den Arm, als wolle er die Bierflasche auf den Wagen schleudern. Die Fahrerin fuhr einfach los und umkurvte den angetrunkenen Rüpel, und das Verstörende daran war: Sie sah dabei kein bisschen nervös oder irgendwie angespannt aus, nö, das hier war Routine. Auch das Unterhemd setzte unbeirrt seinen Weg fort. Menschen im Ruhrgebiet.

An der nächsten Straßenecke lief ich an einer Pommesbude vorbei. Lecker. Hatte ich schon länger nicht mehr gehabt. Ich drückte mich vor der Auslage seines Wägelchens herum, ein dicker Mann stocherte in seiner Friteuse, auch er im Unterhemd. Fragend schaute er mich an. Ich zuckte mit den Schultern.

«Kein Geld …»

Unterhemd II schaute bloß genervt.

«Watt willsse?»

«Pommes?»

Schweigend drehte er sich um und machte mir eine Tüte fertig.

«Watt drauf?»

«Ketchup und ein bisschen Mayo?»

Knappes Nicken. Dann reichte er mir die Tüte rüber.

«Empfiehl mich nich bei deine Kumpels.»

«Mach ich nicht. Danke.»

«Jaja.»

Menschen im Ruhrgebiet.

Dass München und das Ruhrgebiet die gleiche Nationalhymne schmettern, ist ein Treppenwitz der Geschichte.

Mein erstes Ziel im Ruhrgebiet war Duisburg. Ich lief am Rhein entlang und erhielt schon mal eine Vorstellung davon, wie groß Industrieanlagen sein können. Und wie gruselig solch nahezu menschenleere Areale wirken. Britta hatte mich zum *Ziegenpeter* bestellt, einem gerade erst eröffneten Café am Rheinpark in Duisburg-Hochfeld. Das Besondere an diesem für Duisburger Verhältnisse eher stylish ausgestatteten Platz am Rheinufer: Es wurde von der «Werkstatt für Menschen mit Behinderung» betrieben, was hieß, dass hier Menschen mit geistiger, körperlicher oder psychischer Beeinträchtigung im Service oder in der Küche arbeiteten. Wer wollte, konnte sich hier auf Vorbestellung einen Picknickkorb zusammenstellen lassen, das klang charmant.

Britta hatte ich seit einigen Jahren nicht mehr gesehen, ohne dass es dafür einen besonderen Grund gegeben hätte. Das war einer der Pluspunkte bei solch einer Deutschlandtour: Ich konnte auf meinem Weg eine Menge alter Freunde und Bekannte wiedertreffen – unter normalen Umständen fehlt für solche netten Sozialgesten ja leider die Zeit. Wir tranken schnell einen Café zusammen, dann mussten wir auch schon wieder weiter: Wir holten zusammen ein paar ihrer Kinder vom Hockeyplatz ab, drei von fünf, um genau zu sein. Hockey ist ein großes Ding für Brittas Familie, alle haben irgendwie damit zu tun, gerade waren sie auf einem

Pfingstturnier in Mannheim, im Zelt. Drei der Mädchen spielen mit dreizehn, vierzehn Jahren schon so gut, dass man es fast Leistungssport nennen konnte, Fördermaßnahmen auf Verbandsebene inklusive. Kein Wunder: Trainerin Susi war ehemalige Hockey-Nationalspielerin – und die andere Erziehungsberechtigte in der siebenköpfigen Familie, die in einer geräumigen alten Schmiede in Duisburg-Marxloh lebte. Vor ein paar Jahren hatten die beiden Frauen ihre Exmänner in die Wüste geschickt und sich zusammengetan, eine Entscheidung für *mehr* Familie. Bunt ist es in der alten Schmiede, gemütlich und einladend, zwei Hunde mittendrin, farbige Tische, Wände, Türen. Da war Leben in der Bude von Britta, Susi und der Hockeybande, wer duschen wollte, musste um einen günstigen Startplatz kämpfen, das Essen wurde gemeinsam eingenommen, die Logistikkonferenz für den nächsten Tag dauerte Minuten. War was? Guckte da einer blöd? Nö. *The kids are alright.*

Am nächsten Morgen wartete ein schwerer Gang auf mich. Krankenbesuch im Duisburger Unfallkrankenhaus, mein Schlenker über Duisburg war nur Fritz geschuldet. Ausgerechnet ihm. Fritz ist vor ein paar Monaten mit Rückenschmerzen zum Arzt gegangen, am nächsten Tag lag er auf dem OP-Tisch, seitdem kann er seine Beine nicht mehr bewegen. Wirbelvorfall. «Willste machen?», sagte er und schlug die Augen nieder. Und dass er noch Glück gehabt hätte, so unter dem Strich, nach der OP habe er nämlich nicht einmal mehr die Arme bewegen können. Das ging jetzt wieder ganz gut, im Rollstuhl, nach Monaten in der Reha, er schätzte, dass er noch ein halbes Jahr in Duisburg bleiben wird. Sei ja auch gut, er hätte schließlich Ziele. Er sagte nicht, dass er dafür hart arbeiten wird, brauchte er auch nicht, denn ich kannte ihn ja, das war ohnehin klar. Fritz war jetzt über siebzig und mein Fußball-Trainer in der Jugend, ich hatte immer großen Respekt vor ihm gehabt. Er wusste ziemlich viel über Fußball und wie er funktionierte, und er wusste *alles* über Charakterbildung. Fritz Schmitz hielt uns damals zur Disziplin an, er hasste halbe Sachen, und er liebte den Teamgedanken. Er verlangte viel, aber er gab uns ein Gefühl für unsere eigenen Möglichkeiten. Er konnte uns mit einem Blick zur Ordnung rufen und mit einem Lob das Gefühl geben, wirklich etwas geleistet zu haben. Er hatte in seinem Leben viel Zeit für den Fußball geopfert, aber nur, weil er die Arbeit mit den Menschen mochte. Bis zuletzt hatte er eine Jugendmannschaft trainiert. Und dann zog es ihm einfach die Beine unter dem Körper weg. Ausgerechnet. Manchmal ist das Schicksal ein richtiges Arschloch.

Nachdenklich wanderte ich vom Unfallkrankenhaus weiter an der Wedau entlang durch den Duisburger Stadtwald bis ins feine Mülheim, von dort aus nach Essen-Holsterhausen, bis ich schließlich am späten Nachmittag den Essener Stadtteil Margarethenhöhe erreichte. Dort erwartete mich Sandra, genannt Zorro. Sie lebte in einer geräumigen großen Wohnung, die sich in Sachen Einrichtung ganz sicher nicht nur im schwedischen Möbelhaus umgeschaut hatte. Das war geschmackssicher zusammengestellt, das musste man Sandra lassen. Meine *Facebook*-Freundin Stella hatte das Bett bei Sandra für mich arrangiert und mir geschrieben: «Die wirst du mögen.»

Das stimmte, war aber auch kein großes Risiko: Wer würde Sandra – seit Jahren in einem internationalen Führungsjob bei den *Weight Watchers* beschäftigt, Hobby: Essen! – nicht mögen? Sie tischte auf wie eine Herdheldin (Pasta mit lecker Fleischbällchen), stellte mir Freundin Andrea vor, genannt Hexe, die aus beruflichen Gründen gerade für ein paar Wochen aus Berlin hergekommen war und nun bei Sandra wohnte.

Sandra kam allein schon durch ihren Job viel in der Welt herum, aber das Ruhrgebiet würde ihr Zuhause bleiben. Wir tranken Weinschorle und hörten Musik, es war einer dieser Abende, die man ungezwungen mit guten Freunden verbringt und für die man keinen langen Anlauf braucht. Es war vermutlich nur ein One-Night-Talk, aber das Gute an ihm war: Hinterher gab es nichts zu bereuen.

Am nächsten Tag spazierte ich über Altenessen in die Richtung meines nächsten Zieles: Gelsenkirchen. Aber spazieren traf es nicht, auch wandern wäre nicht der Begriff, der mir als Erstes einfallen würde. Durch Altenessen *schlug ich mich durch.* Ich staunte, wie intensiv und rau sich das Leben in diesem Teil Deutschlands anfühlte, wie allgegenwärtig hier eine Ersatzreligion wie Fußball den ganzen Sektor in Schwarz-Gelb und Blau-Weiß einteilte.

Hanne und Alexander aus Gelsenkirchen-Buer gehörten zur blauen-weißen Fraktion. Wer Buer nicht kennt: Es liegt quasi *auf Schalke*. In unmittelbarer Nähe der Arena. Die Eltern meiner Ex-Kollegin Nina wollten genau wissen, wen ihre Tochter ihnen da auf den Hals gehetzt hatte. Das hätte anstrengend werden können. Ich rückte auf dem Zahnfleisch bei ihnen an. Langsam zermürbte mich das stete, monotone Marschieren. Mein Schienbein schmerzte von Tag zu Tag mehr und schwoll an, die Haut spannte bis hoch zum Knie. Außerdem hatte sich Sabine bei mir gemeldet. Jetzt war es offiziell. Nach Rücksprache mit ihrem medizinischen Stab hatte sie in Schleswig-Holstein entschieden, dass Paulchen, mein Rekordvierbeiner, seine Karriere als Wanderhund offiziell beenden musste. Damit war die Zusammenführung des Dreamteams, das gemeinsam vom Chiemsee bis weit hinein ins hessische Hinterland geschlurft war und dabei mehr als fünfhundert Kilometer zurückgelegt hatte, unwiderruflich gesprengt. Das kam nicht gut bei mir an. Ich war ohnehin schon nicht mehr in der munteren Stimmung der ersten Wochen, müde, am Bein verletzt, mental angeschlagen – und jetzt auch noch diese Hiobsbotschaft. Ich hatte mich darauf gefreut, dass der Hund bald wieder zu mir stoßen würde, irgendwie merkte ich, dass dieser ganze Trip mit dem Abschied von Paula auch eine Menge an Seele eingebüßt hatte.

Niemand mehr, mit dem ich gemeinsam gegen den Rest der Welt anwandern konnte, keiner, der sich meine Geschichten über die Routenplanung und die kleinen Betteloperetten anhörte. Das Angebot von Sabine, Paula für die letzte Etappe des Weges noch einmal zu mir stoßen zu lassen, stand zwar, war aber nur ein schwacher Trost.

Bei Hanne und Alexander wurde der Tag besser: freundlicher Empfang, grandioses Essen (dreimal nachfassen), anschließend eine lebhafte Unterhaltung – drei Viertel Fußballthemen unter besonderer Berücksichtigung von Schalke 04 und dem vereinsimmanenten Wahnsinn, ein Viertel Bücheraustausch unter besonderer Berücksichtigung von Krimis, Schwerpunkt Skandinavien. Am nächsten Morgen gemeinsame Gartenbegehung, ich freute mich schon darauf, damit zu Hause auch schon bald wieder jeden Tag beginnen zu können. Alexander fuhr mich noch ein Stück raus aus Gelsenkirchen, damit ich nicht gleich vierzig Kilometer am Stück bis nach Dortmund abreißen musste. Zum Abschied überlegten wir, irgendwann mal ein Schalke-Spiel gemeinsam anzuschauen. Wäre wirklich nett, vor allem, wenn's gegen den Feind aus Dortmund ginge. Dann trabte ich wieder los, so auf der Höhe Wanne-Eickel. Und merkte gleich, dass mich jetzt schon jeder einzelne Schritt schmerzte. Es ging nur noch ums Ankommen, darum, den Rücken zu entlasten und meine Schmerzen im Schienbein zu kontrollieren. Die Neugier und der Spaß, die meine Wanderung in den ersten sechs Wochen bestimmt hatten, waren definitiv einer gewissen Routine und mentalen wie körperlichen Müdigkeit gewichen. Immer häufiger dachte ich: Wann ist das endlich vorbei?

39 Schrittfrisch

Einen Vorteil hatte es natürlich doch, wenn ich alleine in eine leere Wohnung durfte. Ich hatte mich ja schon in Wuppertal vor ein paar Tagen darüber gewundert, wie unwillkommen und fremd man sich in einer Wohnung fühlte, in die man nicht buchstäblich gebeten und eingeführt wurde. Sicher, ich musste nicht sprechen und keine Fragen zum Thema «Wanderwahnsinn» beantworten, aber ich fühlte mich in Wuppertal wie ein Eindringling, fehl am Platze. In Dortmund-Brackel passierte das schon wieder. Es lag also nicht an irgendwelchen Besonderheiten der Wuppertaler Behausung, nein: Es schien ein grundsätzliches Problem zu sein. Mein Hamburger Freund Achim hatte eine Übernachtung bei seinen Eltern arrangiert. Der Haken: Seine Familie war gar nicht zu Hause, befand sich im wohlverdienten Urlaub, den Schlüssel fürs Pastorenhäuschen gab's bei Frau Utermann von schräg gegenüber. Sie erklärte mir die Raumaufteilung und bat darum, bei Einbruch der Dunkelheit brav die Rollläden zu schließen, das würde hier immer so gemacht, dann verabschiedete sie sich mit den Worten: «Na dann mal viel Spaß hier!»

Ich habe auch in Dortmund-Brackel nichts gekocht oder aus dem Kühlschrank genommen, obwohl Frau Utermann in dieser Hinsicht genaue Anweisungen erhalten hatte: «Ich soll was Schönes auftauen, wurde mir gesagt!»

Tja. Dazu isses dann nicht gekommen. Ich verfügte noch über Proviantbestände, die Hanne und Alexander aus Gelsenkirchen mir mitgegeben hatten. Die vertilgte ich jetzt im Bewusstsein verräterischen Frevels auf schwarz-gelbem Hoheitsgebiet. Außerdem war Nelly ja auch so freundlich gewesen, mir am Nachmittag in Dortmund Pommes mit Currywurst zu spendieren. Die Vorstellung, dass ich da nun allein am Dortmunder Herd mit Koteletts oder Fischstäbchen hantieren sollte, fand ich sehr bizarr.

Stattdessen kurvte ich durch alle Zimmer und entdeckte eine hübsche Anzahl von Fotos, die hauptsächlich meinen Freund Achim in mehr oder weniger gelungenen Posen zeigten. Nach einer längeren Tournee durch das menschenleere fremde Haus endete ich schließlich vor dem Badezimmer. Und schon sind wir auch wieder bei meinem ersten Satz in diesem Kapitel: Einen Vorteil hat es natürlich schon, wenn man alleine in eine leere Wohnung darf!

Er besteht darin, dass man sofort ins Bad und somit zurück in die Zivilisation darf und dann da drin so lange an sich schrubben, shampoonieren und salben darf, wie man möchte. Sehr, sehr lange also. Denn das ist nötig, wenn man vorher lange Strecken gewandert ist. So lange aber da vor der Tür jemand mit dem Essen und dem Wunsch wartet, jetzt mal ein paar interessante Geschichten zu hören, konnte ich mich unter der fremden Dusche nie so richtig entspannen.

Eine lange Wanderung und die Körperpflege sind natürliche Feinde. Obwohl ich nicht zu den Menschen gehöre, die in dem Moment, wenn sie solch ein Unternehmen beginnen, auf der Stelle zum Naturburschen werden. Sie wissen schon, diese Rüdiger-Nehberg-«Wir fressen Würmer und scheißen in den Wald»-Typen, die sich nicht mehr rasieren, das Zähneputzen einstellen und stolz darauf sind, nur alle vier Tage an der Biegung eines Flusses zu baden. Ich bade in keinem Fluss. Ich dusche heiß, und zwar möglichst täglich. Im Anschluss an brauselose Nächte im Zelt leide ich wie ein Schwein, und ich rieche vermutlich auch so. Das wird das Schlimmste sein, wenn ich mich eines Tages an diese Wandertour erinnern werde: immer diesen schluffig-schweißigen Geruch in der Nase zu haben, der aus dem Zusammenspiel von Schuh, Socke und T-Shirt schon nach der ersten Stunde eifrigen Marsches in der Luft liegt wie Napalm für die Seele!

Im Wald und auf der Landstraße störe ich wenigstens niemanden außer mich selbst, damit kann ich umgehen. Die Momente aber, in denen ich bei einem meiner Gastgeber eintreffe und von ihnen freundlich in die Wohnung gebeten werde, sind der reinste Horror. Die Schuhe ausziehen kann ich schon mal nicht. Den weißen Flokati möchte man aber auch nicht mit seinen schmutzigen Galoschen besudeln. Ich leide also meistens schon unter einem Dilemma, da bin ich nicht mal ganz drin in der fremden Wohnung. Meistens müsste ich auch gleich mal schnell auf eine Toilette (wie gesagt: Ich bin kein Naturverunreiniger, solange es sich vermeiden lässt), da zerrt mich der gute Täter des Tages auch schon auf sein helles Samtsofa und sagt: «Jetzt trinken wir aber erst mal was Kaltes!» Falls sich Tiere mit empfindlichen Nasen im Haushalt befinden, dann ist das der Moment, an dem sie sich fluchtartig in den entferntesten Winkel der Wohnung zurückziehen. Es dauert in der Regel fünfzehn Minuten, bis ich den Wunsch äußern kann, mich frischzumachen, ohne unhöflich zu klingen. Fünfzehn Minuten, die mein Gegenüber vermutlich daran erinnern werden, warum es nie Tierpfleger werden wollte.

Das also ist wirklich der einzige große Vorteil, den eine leere Wohnung mir bietet, wenn ich nach einem langen Wandertag am Ziel angekommen bin: Ich darf sofort duschen. Lange, lange duschen. Ich gehe gleich schnell über LOS, ziehe vier Duschgels und Salben und Körperlotionen ein. Wenn ich dann allerdings eine halbe Stunden später wieder ein vollwertiges Mitglied der Generation Deo bin und bereit für Sozialgesten aller Art, ist dann leider außer mir niemand da, der das zu schätzen wüsste. Ist schon schwer, mein neues Leben als Wanderer.

deutschlandumsonst.wordpress

Thorsten Körpergeruch als bleibenden Eindruck hinterlassen – ja, das muss unangenehm sein. Wie war der Harald denn so? Ganz nett, aber er roch ein wenig streng und hinterließ feuchte Fußabdrücke auf dem Boden … und die Moral von der Geschicht'? Lasst einkehrenden Wanderern die Schuhe an, zeigt ihnen das Bad, geht Besorgungen für das Abendessen machen, mindestens 30 Minuten lang. :-)
18. Juni 2011 um 8:39

Martin Ja, es tut schon verdammt gut, sich nach so einer langen Tour zu reinigen. Das kann ich bestätigen. Ich fahre ja manchmal nach so einem Hunderter direkt ungeduscht z. B. von Berlin nach Hamburg mit dem Zug. Kein richtiges Vergnügen für meine Nachbarn im Zug. Dazu kommt dann noch, dass ich die ganze Fahrt über vor mich hin stöhne, weil dann alles wehtut, oder ich einschlafe und dann evtl. noch rumschnarche …
19. Juni 2011 um 12:10

Ance Ich kann das auch sehr gut nachvollziehen. Auch wenn man seine schnelltrocknenden T-Shirts und Socken etc. jeden Abend brav durchgewaschen und in der freien Natur auch noch gedacht hat, dass man ganz okay riecht, weil einem der Rei-in-der-Tube-Duft ab und an in die Nase steigt … Sobald man dann zurück in der Zivilisation ist und dort niemand auch nur ein winziges Schweißtröpfchen aufweist und alle darüber hinaus auch noch nach dem neuesten Parfum duften, merkt man, dass alles eine Illusion war und man einen Eigengeruch entwickelt hat … Die schönen Eindrücke und Erfahrungen im Gepäck machen dieses Gefühl des «Geruchattentäters» aber hundertmal wieder wett! Finde ich zumindest. :-)
19. Juni 2011 um 17:41

Julica Würdest du an diesem, also dem unteren Weltende wandern, könntest du immerhin mal dann und wann geruchsverbessernd in den Pazifik steigen.
Aber bitte, bitte, es musste ja unbedingt das meerfreie, salz- und wellenlose, deutsche Innere sein.
Ha! Das hast du nun davon. ;-) Viele schöne Grüße aus Bondi
20. Juni 2011 um 11:11

40 Die Stunde null – Reset

Die Ewigkeit dauert verdammt lange, besonders zum Ende hin. Ich war immer schon ein großer Freund von Woody Allen und seinen Einsichten. In den letzten Tagen dachte ich ständig daran, dass mir der Trip durch Deutschland endlos vorkam. Es mag sich für einen Außenstehenden merkwürdig anhören, aber ich langweilte mich, lief stumpf meine Wanderkilometer ab, schaute nicht mehr rechts und links, hatte keine Lust mehr, um Bett und Essen zu betteln, wollte einfach nur noch, dass es zu Ende ging und ich wieder nach Hause durfte. Inzwischen folgten mir auf der *Facebook*-Seite schon über fünfhundert Leute, ich schätze, es gab nur noch ganz wenige blinde Flecken auf der deutschen Straßenkarte, für die sich kein Helfer nach dem Schneeballprinzip gefunden hätte. Hey, ich will nicht undankbar klingen, aber der Abenteueranteil blieb auf diese Weise natürlich auf der Strecke. Und wandern an sich, das hatte ich ja schon erwähnt, verlor spätestens nach dem vierzigsten Tag und dem tausendsten Kilometer so langsam seinen Reiz. Das Einzige, was nach wie vor interessant blieb und stets genügend Potenzial für Überraschungen bot, waren die Begegnungen mit meinen Helfern und Gastgebern. Aus Hamm hatte sich Stefan bei mir gemeldet, und weil er selbst einen Blog (*moboswelt.wordpress.com*) betrieb, erhielt ich zur Abwechslung mal einen komplexen Eindruck, wie mein Besuch bei Stefan und seiner Freundin Sarah aus der Perspektive des Gastgebers reflektiert wurde. Das war interessant und mit einer angenehmen Prise Humor versetzt und zum Glück auch nicht kompromittierend. Offenbar war ich trotz voranschreitender Wandermüdigkeit noch in der Lage, einigermaßen höflich und freundlich zu sein. Irgendwie beruhigend.

moboswelt.wordpress.com

HARALDS BESUCH: DAVOR, DABEI, DANACH.

Wie ich ja bereits in meinem letzten Blogpost schrieb, haben meine Freundin Sarah und ich uns entschieden, dem Autor Harald Braun bei seinem Buchprojekt «Deutschland umsonst reloaded» zu helfen, indem wir ihm bei seinem Aufenthalt in Hamm eine Übernachtungsmöglichkeit anboten. Denkt man nur kurz drüber nach, könnte man zu der Überzeugung kommen, dies würde nichts weiter bedeuten, als die Couch bereitzuhalten, «guten Tag» und später «auf Wiedersehen» zu sagen. Alles easy also?
Nein, weit gefehlt! Das Ereignis hat uns tagelang beschäftigt und tut es auch immer noch.
Dass Harald unser Angebot annehmen wollte, hat er uns relativ kurzfristig mitgeteilt. Als seine E-Mail ankam, hatte ich schon gar nicht mehr damit gerechnet. Ab diesem Zeitpunkt haben Sarah und ich uns fast verrückt gemacht. Immerhin lastete eine ganz schön große Bürde auf uns, denn immerhin stünde unser Verhalten stellvertretend für die Gastfreundschaft der Stadt Hamm (die ich selbst als eher suboptimal bezeichnen würde …). Und die Vorstellung, dass über unser Verhalten gebloggt, sein Schlafplatz oder wir gar für alle Welt in seinem Buch psychologisch analysiert werden würden, ließ uns schon ziemlich nervös werden.

- Was sollen wir kochen?
- Schaffen wir es noch rechtzeitig, alles aufzuräumen und zu putzen?
- Welche Bücher sollen wir zufällig irgendwo herumliegen lassen? (Stand nicht wirklich zur Debatte, sondern das war einfach nur ein lustiger Tweet, den ich mal gelesen habe.)

- Sollen wir ein minutiös geplantes Abendprogramm gestalten oder den Dingen einfach nur ihren Lauf lassen?

Als dann der Abend gekommen und ich auf dem Weg war, Harald am Treffpunkt abzuholen, war die Aufregung kaum noch zu toppen. Doch direkt nach dem Einsammeln haben sich alle Sorgen in Luft aufgelöst: Unser Gast war äußerst umgänglich, ein ausgezeichneter Gesprächspartner, und scheinbar hat ihm unser Essen geschmeckt: Er hat eine zweite Portion gegessen. (Für alle Interessierten: Es gab einen Fischauflauf.) Wir haben uns noch bis in die Nacht unterhalten und viel über die Aktion, über seine Person und das Leben als Autor und über uns selbst gesprochen. Sehr inspirierend!
Am nächsten Morgen gab es dann den Abschied, der irgendwie viel zu plötzlich kam, doch der Gute musste weiter, da sein nächstes Ziel (Oelde) noch in weiter Ferne lag. Dann begann für uns die Nachbereitung. «Deutschland umsonst reloaded» ist seitdem unser dominierendes Gesprächsthema. Und natürlich waren wir auf das gespannt, was über uns geschrieben wird. Kurze Zeit darauf war dann Folgendes auf der Projektseite zu lesen:
Stefan Müller und Sarah Mönnig. Aus Hamm. Beide um die dreißig, seit einem halben Jahr zusammen und sehr verliebt. Was schön anzusehen ist. Stefan ist ein Mensch mit offenen Augen, neugierig, an vielen Dingen interessiert. Der gelernte Laborant ist seit 2004 selbständig als Promoter, Schwerpunkt Technik, er kann Sachen erklären und kennt auch die Details. Von meinem Projekt hörte er durch den feinen Blog des Dortmunders Carsten Drees zweipunktnull.org. Spontan entschloss er sich, mich einzuladen. In Sarahs Wohnung allerdings, die klein, aber größer ist als seine eigene. Die beiden hatten Fisch besorgt, das Apartment auf Vordermann gebracht, mein Bett vorbereitet. Sarah war zuerst skeptisch, gibt sie zu: ein fremder Typ bei ihr zu Hause? Was wollte der, was soll das? Doch

Sarah, Altenpflegerin, denkt die Dinge gern zu Ende. Informierte sich, stritt sogar mit ihren Eltern («Auf keinen Fall reinlassen den fremden Mann!»), war dann so, wie man sich das als Gast nur wünschen kann: freundlich, verbindlich. Mittendrin Sohn Luca, acht, gut erzogen, ein wenig schüchtern, dann doch lebhaft. Er freut sich auf ein größeres Zimmer, wenn Sarah und Stefan im September zusammenziehen, schon nach dann neun Monaten. Auf meinen reflexartig spießigen Einwand, das sei aber früh, nickte Stefan nur, und Sarah lachte leise. Subtext: Früh vielleicht, aber vor allem: richtig! Selten so viel wortlose Übereinstimmung gesehen, bei so jungen Menschen. Die beiden wirken sehr erwachsen für ihr Alter. Müssen sie vielleicht auch sein, Sarah als Mutter, Stefan als Selbständiger in einem harten Wettbewerb. Den Kopf haben aber beide noch weit offen. Schöner Abend.

Wirklich sehr rührend! Auch der Bettentest fiel jetzt nicht so negativ aus, wie wir im Vorfeld befürchtet hatten ...

Bett41: Wohnsofa in Hamm
Gespendet von Sarah Mönnig und Stefan Müller
Style: bunt-fröhliche Wohnzimmer-Zoo-Küchenlandschaft
Schlafkomfort: abgesehen von ruhestörenden Geräuschen in der Nacht: absolut okay
Schräg: so kleine Hasen, so große Käfige. In Sicht- und vor allem: Hörweite ...

Alles in allem sind wir sehr glücklich, dass wir uns dafür entschieden haben, bei der Aktion mitzumachen. Eine tolle Erfahrung!

War das nicht nett?

Leider fiel es nach so harmonischen Zusammenkünften am nächsten Morgen umso schwerer, wieder raus auf die

Straße zu fallen, um das nächste Ziel anzusteuern. Nach Hamm stand Oelde auf meinem Routenzettel, perspektivisch wollte ich mich in Richtung Bielefeld durchschlagen, spätestens übermorgen dort ankommen. Mein Schienbein pochte schon, da war ich noch nicht in Dollberg. Dazu regnete es in Strömen. Auf der Straße nach Beckum fühlte ich mich wie ein Testfahrer ohne Auto: Auf linealgrader Spur preschten die Fahrzeuge an mir vorbei, gefühlte zehn Kilometer lang. Meine ersten *Facebook*-Bemühungen an diesem Tag verliefen eher schleppend, ausgerechnet in Oelde fand sich erst einmal niemand, der einen nassen, hinkenden Bettler aufnehmen konnte. Ich schleppte mich bis Oelde und horchte bei jedem Schritt in meinen Körper hinein. Mein Schienbein schmerzte immer mehr. Es fühlte sich an, als sei ich von einem Vorstopper alter Schule böse malträtiert worden. Immer wieder. Dabei hatte mich niemand getreten. Wanderspezis behaupteten sogar, das sei gar nicht schlimm, ganz normal sogar bei solch schweren Gängen, ich sollte froh sein, dass ich keine nässenden, ätzenden Blasen an den Füßen hatte. Ich *war* froh, dass ich von Blasen verschont blieb. Aber die fiesen Schmerzen im Schienbein schafften es auch ganz allein, jeden Schritt zur Tortur zu machen. Ich kontaktierte eine Freundin, die sich durchs Medizinstudium gequält hatte. «Vermutlich Knochenhautentzündung», lautete ihre telefonische Ferndiagnose, «wenn du Pech hast, ein Ermüdungsbruch!» Das hörte man gern, wenn man in den nächsten Tagen noch etwa dreihundert Kilometer wandern musste. Ihre therapeutischen Empfehlungen aber waren unmissverständlich: «Gib deinen Gräten wenigstens mal ein paar Tage frei, sonst hast du davon unter Umständen sehr lange was!»

Ich muss zugeben: Ich war nicht sehr betrübt. Im Gegenteil. Ich freute mich sogar ein wenig darüber, dass ich jetzt ein verdammtes Alibi hatte, für ein paar Tage auszusteigen beziehungsweise wieder einzusteigen in ein ganz normales Leben als Mitmacher bei der Zivilisation. In zwei Tagen war ich in Bielefeld bei Astrid und Christopher angemeldet. Das waren gute Freunde, denen ich zumuten konnte, mich gleich für zwei Tage aufzunehmen, ohne dass sie fluchtartig das Land verlassen hätten. Ich rief sie aus Oelde an, drei Minuten später hatte ich meinen Schlafplatz. Auf dem Bahnhof in Oelde sprach ich so lange Passanten am Bahnsteig an, bis ich eine Kleingruppe gefunden hatte, die mich auf dem Schönes-Wochenende-Ticket der Deutschen Bundesbahn mit nach Bielefeld nahm. Dort holte mich Christopher vom Bahnhof ab, und ich skandierte innerlich immer nur ein Wort: *Urlaub!*

In den nächsten beiden Tagen trank ich eine Menge Kaffee und hockte in Sesseln und auf Sofas herum – genügend Zeit also, um mir zu überlegen, wie ich die letzten beiden Wochen meines Wanderlebens lebendig und turbulent gestalten könnte. Klar, ich hätte mich jetzt einfach die letzten vierzehn Tage über die Runden schleppen und nett in der (relativen) Komfortzone der *Facebook*-Welt bleiben können. (Vorausgesetzt, mein Schienbein würde sich schnell erholen.)

So konnte es jedenfalls nicht weitergehen: Nach mehr als sieben Wochen Wanderschaft in Deutschland war der Erkenntnisprozess ja auch schon weit vorangeschritten. Jedenfalls partiell. Ich wusste jetzt: *Facebook* war gut und hilfreich. Jedenfalls gut geeignet, um mir in meiner speziellen Situation über die Runden zu helfen. Geschätzte achtzig Prozent meiner Übernachtungen auf der Reise wurden über *Facebook*-Freunde angebahnt, ganze Busladungen an Proviant erhielt ich am nächsten Morgen von ihnen für meine weiteren Wege. Ganze dreimal hatte ich bislang im Zelt übernachten müssen. Ergo: Das soziale Netzwerk hatte sich tatsächlich als *Nutzwerk* bestätigt, in dieser Hinsicht blieb keine Frage offen.

So hätte das jetzt auch noch zwei Wochen weitergehen können, sieben von elf noch verbleibenden Nächten waren ja auch bereits sicher, ich war eingebucht bei netten Menschen. Gute Nachricht? Gute Nachricht!

Aber: Die Spannung war raus. In den letzten Tagen fehlte der Thrill der ersten Wochen, momentan grüßte täglich nur noch das Murmeltier. Das war prima: Die Menschen, die mich beherbergten, waren in der Regel freundlich und offen. Anspruchsvoll auch die Strecken – wer Spaß am Marschieren hat und sich körperlich verausgaben will, für den musste das ein Fest sein. Aber, mal ehrlich: Was unterschied diesen Trip jetzt noch von einer organisierten Pfadfindersause? Inzwischen nur noch wenig. Zu viel Routine, zu wenig Abenteuer. *Facebook* war gut. Aber *Facebook* machte auch weich.

Also traf ich eine Entscheidung. Ich würde zunächst meinem Schienbein ein paar Tage Pause gönnen. Der Plan: Der Supp aus Hamburg würde mich mit seinem Wohnmobil abholen und nach Pilsum in Ostfriesland fahren. Am Wochenende würde dort ein guter Freund von uns heiraten, in einem Leuchtturm. Das machte der nur einmal im Leben, drum war es ohnehin keine Option, nicht dabei zu sein. Anschließend würde mich meine Frau mit nach Hannover nehmen. Und von dort aus würde ich am 27. Juni meine Wanderung fortsetzen, wenn mein Schienbein sich nach der kleinen Pause halbwegs beruhigt hätte. Noch eine Woche Wanderung. Die aber unter verschärften Bedingungen. Ich wollte noch einmal für ein paar Tage raus aus der Komfortzone, runter vom Sonnendeck …

Konkret hieß das: Ich verzichtete in dieser letzten Woche auf *Facebook* und jedwede Hilfestellung meiner Freunde und Bekannten aus dem *echten* Leben. Ich würde noch einmal auf mich allein gestellt sein und auf Menschen treffen, die nicht bereits wohlwollend auf einen Landstreicher light vorbereitet waren. Ich würde vor Ort um Betten und Essen betteln müssen. Möglicherweise würde das hart, auf jeden Fall aber noch einmal spannend werden. In der Theorie ein prima Plan.

deutschlandumsonst.wordpress.com

Paul Hallo Harald, grandios, dass es Dich (nach Paula mit ihrem untrüglichen Instinkt!) nun auch glücklicherweise

erwischt hat!!! Ja, da hast Du wohl wirklich etwas nach sieben Wochen Tippeltour richtig erkannt: Der alte Schwung war hin ... Werner Enke hätte es als typischen Fall «schlaffer Harro» bezeichnet. Aber wirklich: Statt mitreißender Begegnungen mutierten die Blog-Einträge der zurückliegenden Tage vor Deinem Boxenstopp wirklich nur noch zu Verzehrbelegen und Bettenbeschreibungen à la IKEA-Katalog – oder? Und gut, dass Du's selbst verändern willst. (...) Ja, Facebook hat Dich weich gemacht. Steve Jobs meinte mal: «The networks have conspired to dumb us down.»
22. Juni 2011 um 7:13

41 Finale

So ein schöner Plan: eine Woche Vollgas. Nach der Pause in Bielefeld und der Hochzeit in Ostfriesland spielte sogar mein müdes Schienbein wieder mit. Ich war zwar mental immer noch angeschlagen und physisch auch nicht gerade in einer Topverfassung, doch es gibt da einen Spruch aus meiner rheinischen Heimat, der sich wunderbar auf meine Situation anwenden ließ: *Mer kann och ne platte Rief fahre!* Was so viel heißt wie: Man kann auch mit einem platten Reifen fahren! Nun.

Schon am dritten Tag auf der Walz meldeten sich dann aber plötzlich die Dakota-Indianer mit einer ihrer Weisheiten, und dann war es ganz schnell vorbei. Aber vielleicht besser mal der Reihe nach …

Bei bestem Wetter warf Sabine mich in Hannover aus dem Auto und winkte mir ein letztes Mal nach, nicht mal mehr sonderlich angefasst, wie mir schien. Mein Weib war offenbar schon abgebrüht und nahm unsere Trennung für eine weitere Woche eher lässig auf. Noch ein Grund mehr, so schnell wie möglich nach Hause zu kommen.

Über Mellendorf, Elze und Berkhof landete ich am späten Nachmittag nach fünfundzwanzig Kilometern auf der Uhr im beschaulichen Lindwedel. Keine besonderen Vorkommnisse, auch mein Schienbein meldete sich nicht. Ich hatte von einem Yogazentrum gehört, dass in Lindwedel sein musste, da wollte ich hin und mein Glück versuchen. Als ich dort anbrandete, war die Leiterin des Camps gerade mitten in einer Yogastunde. Ich setzte mich auf eine der Holzbänke auf dem idyllischen Vorplatz und erfuhr später, dass man hier tatsächlich an Wochenenden mal ein Biergarten-Café mit einer kleinen Speisekarte betrieben hatte, doch das sei einfach zu viel Organisation für zu wenige Leute gewesen. Schade, die Atmosphäre auf dem Hof in Lindwedel war einladend, ich kannte nur wenige Biergärten mit solch wunderbaren Voraussetzungen. Nach einer halben Stunde gesellten sich ein paar Damen aus der Gegend zu mir in die Idylle und warteten auf den Beginn des nächsten Kurses. Wir kamen ins Plaudern – als die Damen hörten, was ich hier trieb und dass ich auf eine kostenlose Übernachtung hoffte, lächelten sie leise. Eine sagte: «Da bin ich aber mal gespannt, was Astrid davon hält …»

Astrid Engelbrecht, promovierte Sportwissenschaftlerin, war schon auf der ganzen Welt unterwegs (Peru, USA) und leitete nun das Yogazentrum *Schöne Aussicht* in Ham…, äh, Berl…, nein: Lindwedel. Erklärung: Der Bauernhof, auf dem das alles stattfand, gehört der Familie, Onkel und Tante wohnten im vorderen Teil, züchteten Pferde. Astrid Engelbrecht unterhielt das Yogazentrum in einem Flügel des Hofes und holte sich die Welt nun einfach nach Lindwedel. Sie wirkte bei unserem ersten Zusammentreffen, nun, etwas müde … nach einem langen Arbeitstag, aber auch sehr zufrieden. Ich musste mich auch nur einmal kurz umsehen, dann verstand ich, was diese attraktive, urbane Frau hierhin (zurück)gezogen hatte.

Der auch in den Details liebevoll gestaltete Ort bot mehr als nur eine schöne Aussicht auf Teich, Wiesen und Pferdekoppeln, er hatte Charakter. Oder: gute *vibes*. Es fühlte sich richtig an, einfach nur auf einem der Liegestühle zu sitzen, die Musik aus dem Center zu genießen und sich seine Gedanken zu machen – auch wenn in meiner derzeitigen Verfassung viel mehr als dösen nicht drin war. Nach dem inzwischen schon wohlbekannten ersten Zögern – «Normalerweise kostet das achtunddreißig Euro» – ließ mich auch Astrid Engelbrecht für lau in ihrem schönen Haus wohnen. Servierte am nächsten Morgen ein feines Frühstück und wünschte strahlend einen guten Weg. Dass sie auch zweifache Mutter von beinahe erwachsenen Söhnen war, verriet ihr Schlusssatz: «Wollen Sie ein bisschen Sonnencreme? Nein?

Ach kommen Sie, Sie müssen sich doch einreiben bei dieser Hitze!»

Astrid Engelbrecht war die letzte Gastgeberin auf meiner Reise, auch wenn ich das zu diesem Zeitpunkt noch nicht ahnte …

Ich schaffte es an Tag zwei nach meinem Reset bei glühender Hitze bis nach Walsrode, um dann nach fünfunddreißig Kilometern Landstraße vor dem hiesigen Kloster zu stehen und dort nicht mal bis an die Pforte vorzudringen. «Wir haben keine Betten für Pilger», hieß es dort fernmündlich und durchaus unfreundlich, nachdem das Eisentor vor dem Kloster der frommen Damen ohnehin fest verschlossen war. Tja nun. Ich bin dann ein wenig in Walsrode herumgestolpert, bis ich auf einem Abenteuerspielplatz gegenüber einem Waldrestaurant eine Art Gummihängematte fand, die ich nach kurzem Probeliegen für geeignet befand und nach Einbruch der Dunkelheit als Nachtlager zweckentfremdete. Ich verzichtete darauf, mein Zelt auszupacken, das hätte ich ohnehin schlecht über die schwingende Gummimatte stülpen können. Außerdem hatte ich bei einem Spielplatz die Befürchtung, dass die Jugend von Walsrode mitten in der Nacht auftauchen und ihr Mütchen an einem Zeltpenner kühlen würde. Da wollte ich doch lieber so mobil wie möglich bleiben.

Ich habe schon schlechter geschlafen, das muss ich zugeben, aber selten kürzer. Doch es war nicht die Müdigkeit, die mir zu schaffen machte. Vor allem die fehlende Dusche nach einem Wandertag in der Hitze nagte an meiner Moral.

Am Abend von Tag drei wollte ich eigentlich bis nach Hiddingen vorrücken. Dort lebte die Künstlerin Freda Heyden in einem schönen alten Häuschen, das einmal ihren Großeltern gehört hatte. In den offiziellen Biographien stand allerdings auch, dass sie abwechselnd in Berlin und München zu Hause war, ich hatte also keine Ahnung, ob ich sie überhaupt antreffen würde. Für Ihre Kunst interessierte ich mich weniger als für den Umstand, dass sie Michael Holzachs langjährige Lebensgefährtin gewesen war. Er hatte sie in seinem Buch erwähnt, nach seinem Tod nahm sie Holzachs Hund Feldmann auf – er ist auf dem Gelände ihres Hauses in Hiddingen begraben. Ich hatte schon lange darüber nachgedacht, sie im Rahmen meiner Wanderung zu besuchen, war aber bis jetzt unschlüssig gewesen. War das nicht ein wenig übergriffig, würde sie das nicht als Belästigung auffassen? Ich war neugierig darauf, mehr über den Menschen Holzach zu erfahren, als in seinen Büchern stand, doch reichte das als Legitimation, einfach bei ihr aufzukreuzen und dumme Fragen zu stellen?

Als ich mittags in Visselhövede und damit nur noch drei Kilometer von Hiddingen entfernt war, legte ich eine Pause ein, trank einen Kaffee und dachte darüber nach, was ich jetzt machen sollte. Ich entschloss mich zu einem Kompromiss: Ich würde Freda Heyden einfach anrufen. Auf diese Weise würde ich herausfinden, ob sie überhaupt zu Hause in Hiddingen war und unter Umständen bereit wäre, mich zu empfangen und in ihrem Haus übernachten zu lassen. Auf eine weitere Nacht im Freien verspürte ich wenig Lust. Als das Freizeichen ertönte, hielt ich die Luft an. Ich hoffte beinahe einen Moment, sie möge nicht zu Hause sein: Das würde mir vielleicht die Auseinandersetzung mit einer Frau ersparen, die sich möglicherweise darüber echauffierte, dass ein so unernster Mensch wie ich sich am «Deutschland umsonst»-Projekt ihres ehemaligen Lebensgefährten verging. Doch Freda Heyden war da, meldete sich freundlich am Telefon. Machte mir aber auf eine sehr bestimmte Art sofort klar, dass ich zum falschen Zeitpunkt käme. Das hieß: beinahe vorbeigekommen *wäre*. Sie habe Freunde zu Besuch, eine Menge Arbeit und sei zudem «auf dem Sprung».

Einen Tipp aber hatte sie für mich: In Holzminden, Michael Holzachs ehemaligem Internat und Lebensmittelpunkt, da werde gerade sein Buch gelesen, in Form einer mehrmonatigen Aktion «Holzminden liest». Und am nächsten Tag, dem 30. Juni, sei da so eine Art Bergfest der Programmreihe im Jazzclub am Bahnhof. Da seien sicher eine Menge Leute, die Michael Holzach gekannt hatten, ob das nicht interessant für mich sei.

Eine Weisheit der Dakota-Indianer lautet: «Wenn du entdeckst, dass du ein totes Pferd reitest, steig ab». Möglicherweise röchelte mein Pferd ja noch leise, und ich hätte es mit etwas mehr Starrsinn noch drei Tage bis an mein Ziel peitschen können. Doch als Freda Heyden Holzminden ins Spiel brachte und die Möglichkeit, dem Initialzünder meines Wanderprojekts näherzukommen, da stand mein Entschluss innerhalb von Sekunden fest: Ich würde nach Holzminden … pilgern. Dass Freda Heyden noch beiläufig erwähnte, ich könne dort auch die ehemalige Lehrerin Michael Holzachs, Roswitha Lehmann, treffen, war eine willkommene Zugabe. Ich schrieb mir die Telefonnummer von Roswitha Lehmann auf. Anschließend schaute ich mir auf dem iPhone an, wie weit Holzminden von meinem derzeitigen Aufenthaltsort entfernt lag – hundertfünfzig Kilometer in die verkehrte Richtung! –, und sondierte meine «Umsonst»-Optionen. Zu Fuß? Niemals. Schwarzfahren mit der Deutschen Bahn? Zu lange Strecke. Trampen? Möglicherweise. Ich versuchte es zwei Stunden lang, Resultat: sieben Kilometer. SIEBEN. Wenn das in solch einem Tempo weitergegangen wäre, dann hätte ich drei bis vier Tage nach Holzminden gebraucht. Und das war's dann endgültig.

Ich entschied, meinem röchelnden Pferd den Gnadenschuss zu geben. Packte meine EC-Karte aus dem untersten Eck des Rucksacks aus, die ich für alle Fälle (Krankheiten und Hungerplagen vom Hund und mir) eingepackt und bis dahin nicht benötigt hatte. Ich wanderte zurück zum Bahnhof nach Visselhövede und *kaufte* mir eine Fahrkarte. Von einem Moment auf den anderen war ich wieder ein Mensch mit Geld in der Tasche. Ich fuhr nach Hannover, checkte ohne groß nachzudenken im Etap-Hotel direkt am Bahnhof ein, suchte mir ein nettes Restaurant, kaufte ein Buch in der Bahnhofsbuchhandlung und genoss es. GENOSS es. Lange hatte es keinen so großen Spaß mehr gemacht, ein Taschenbuch oder eine Pizza zu *bezahlen*.

Am nächsten Tag fuhr ich weiter nach Holzminden und traf Roswitha Lehmann in ihrem schönen Häuschen direkt an einem kleinen Holztor am hinteren Teil des Landschulheims am Solling. Michael Holzach hatte in seinem Buch geschrieben, dass er ganz furchtbar in seine Deutschlehrerin verliebt gewesen sei, damals, in ebenjene Roswitha Lehmann. Sie ist inzwischen über achtzig, hellwach und sehr bestimmt. Es war nicht schwer, sich vorzustellen, dass der Schüler Holzach vor vierzig Jahren von ihr fasziniert gewesen war.

Nachdem sie erst einmal ganz genau wissen wollte, wer ich eigentlich sei und was ich seit zwei Monaten trieb, teilte sie mir vorab schon einmal mit, dass sie diesen Internetaspekt der Reise und deren *Facebook*-Anbindung ganz grässlich finden würde. Danach unterhielten wir uns eigentlich ziemlich prima. Auch über ihren Schüler Michael Holzach, der auch nach seiner Schulzeit immer wieder Gast in ihrem Hause gewesen war. Sie zeigte mir ihr Gästebuch mit verschiedenen Einträgen Holzachs, auch am Tag vor seinem Tod in der Emscher war er hier gewesen, hatte sie aber nicht angetroffen. Es war Roswitha Lehmann anzumerken, dass Michael Holzach ein besonderer Mensch für sie gewesen sein musste. Ob er wirklich so gar keinen Humor gehabt habe, fragte ich sie – für meinen Begriff ging es in «Deutschland umsonst» ja immer gleich um alles. Bei aller sprachlichen Finesse habe mir da manchmal ein etwas leichterer, ja, auch selbstironischer Ton gefehlt. Roswitha Lehmann musste nachdenken, widersprach dann aber: Ich – und damit meinte sie mich – hätte ihn sicher nicht als Komiker bezeichnet, er sei ja auch in gewisser Weise eitel gewesen, aber er habe schon einen subtilen Humor gehabt.

Später führte sie mich über das weitläufige Gelände des Landschulheimes und zeigte mir, wo Michael Holzach begraben lag. Das Grab war in der Vergangenheit – gegen ihren Willen – verändert worden, das empfand Roswitha Lehmann als Frevel. Sie kämpft beharrlich darum, es wieder in den Urzustand zu versetzen. Auch wenn ich Roswitha Lehmann nur ein paar Stunden erlebt habe: Ich schätze, sie kriegt so ziemlich alles hin, was sie sich vorgenommen hat.

Am Abend besuchte ich mit Winfried Weber von *Unterwegs* – meinem offiziellen Ausrüster-Outdoorladen – den Holzmindener Jazzclub und lauschte, wie der Bürgermeister eine Passage aus Holzachs «Deutschland umsonst» vorlas. Das freundliche Angebot Rowitha Lehmanns, in ihrem Gartenhaus zu übernachten, lehnte ich ab. Ich wollte jetzt nicht mal mehr für eine Nacht zurück in das geborgte Leben des Mittellosen, der auf die Freundlichkeit seiner Mitmenschen angewiesen war. Vorbei. Und mit dem Besuch der Orte, an denen Michael Holzach einst lebte und sich wohlgefühlt hatte, konnte ich mich auf perfekte Weise von «Deutschland umsonst reloaded» verabschieden. Das war prima, dafür war ich dankbar – aber jetzt wollte ich nur noch nach Hause.

Am nächsten Morgen setzte ich mich nach einer wunderbaren Nacht in einem kleinen Landgasthof in den Zug nach Hamburg, in Altona nahmen mich mein abtrünniger Hund und meine – dann doch – fröhliche Frau in Empfang. Endlich.

Aber noch nicht endgültig. Meine letzte Etappe hatte ich mir schließlich in den letzten Wochen immer wieder vorgestellt. Ganz großes Kopfkino. Motivationstrainer empfehlen diesen Mentaltrick für besonders dunkle Momente und nennen es: Visualisierung seiner Ziele.

Von Hamburg aus würde ich nach Hause gehen, ins Horst, vierzig Kilometer entfernt – die längste Etappe der ganzen Reise also zum Schluss. Das war zwei Monate mein Ziel gewesen, und das wollte ich nicht aufgeben.

So verbrachten Paula, meine Frau und ich einen unbeschwerten Tag in Hamburg, hauptsächlich im Hafenkaschemmen-Beachclub *Strand Pauli*, und konsumierten maßlos alles, wonach uns, also in erster Linie mir, der Sinn stand. Abends dann traten Frau und Hund alleine den Rückweg nach Schleswig-Holstein an, nicht mal mein Rucksack durfte mit. Schließlich wollte ich nicht nach Hause schlendern. Der letzte Weg sollte kein leichter sein, um's mal mit dem guten Xavier zu sagen. Ich übernachtete in der Viererkette, dem ruhmreichen Büro meines Freundes Supps, mit dem ich mir zur Feier des Abends den ersten Rausch seit Ewigkeiten gönnte. Zum letzten Mal auf einem Sofa für lange, lange Zeit. Gegen zehn Uhr morgens machte ich mich auf den Weg nach Hause, über Rellingen und Pinneberg, bei strömendem Regen.

Das klingt nach einer erbärmlichen Tour, aber genauso musste er sein, der letzte Weg. Meine Frau und der schwarze Hund kamen mir eine kurze Strecke entgegen, ungefähr einen Kilometer entfernt von zu Hause. Zuhause.

Epilog

Hamburg, im September 2011.
Seit sechs Wochen bin ich nun wieder zurück von meiner Reise. Körperlich habe ich mich schnell erholt. Zum Glück geht es auch dem schwarzen Hund längst wieder prima. Wenn es nach ihm ginge, könnten wir gleich wieder los. Aber dazu wird es nicht kommen. Ich bin raus, für lange, lange Zeit! Nicht das Blei in den Gliedern ist das Problem – das hatte ich ein paar Tage nach meiner Rückkehr schon mit viel Sport & Schlaf vertrieben. «Mental» aber hatte der wochenlange Wanderkampf um Essen und Betten mehr Spuren hinterlassen, als ich mir eingestehen wollte. Es dauerte Wochen, bis ich mich so langsam aus den Klauen einer farblosen, gespenstisch anmutenden Erschöpfung befreien konnte, wie ich sie in dieser Form noch nie erlebt hatte. Langsam begreife ich, was ich da in den letzten Monaten eigentlich bewältigt habe. Bilder meiner Reise blitzen auf, Erinnerungen an perfekte Momente, aber auch an Situationen, in denen ich mich nur noch nach Hause gesehnt habe. Langsam beginne ich, all meine Eindrücke zu verarbeiten, schaue mir die Fotos von der Reise zum ersten Mal wieder an und lese die Kommentare meiner zahlreichen virtuellen Begleiter. Ich bin noch weit davon entfernt, mit souveräner Sicherheit bilanzieren zu können, was diese Reise mit mir angestellt hat, wie sie mein Leben in Zukunft verändern wird – und ob überhaupt. Eines aber weiß ich: Allein für die zahlreichen Begegnungen mit den Menschen da draußen, denen ich müde, fröhlich, verzweifelt und sicher manchmal genervt, aber hoffentlich immer neugierig begegnet bin, hat sich jede Minute dieser Reise gelohnt. Auch wenn sie manchmal hart war, aus Gründen, die ich hinlänglich beschrieben, aber vorher gar nicht erwartet habe. Ich hoffe, Sie sind mir gerne bis hierhin gefolgt.

Herzlichen Dank für Ihr Interesse.

Danksagung

Von den «Ansichten eines Schwachbegabten» bis hin zu «Deutschland umsonst reloaded» war es ein langer Weg – vielen Dank an meine Lektorin Susanne Frank bei Rowohlt, dass sie ihn über zehn Jahre mit mir zusammen gegangen ist und dieses ungewöhnliche Projekt erst möglich machte: tiefer Diener!

Bedanken möchte ich mich auch bei Winfried Weber und seinen Kollegen von «Unterwegs», dem Outdoor-Fachgeschäft in Norddeutschland: Ohne seine großzügige Unterstützung und fachkundige Expertise wäre ich sicher nicht so unbeschadet über 1000 Kilometer mitten hinein in die deutsche Wildnis gewandert – und hätte dabei auch nicht so gut ausgesehen! (Auch wenn ich mich bei der Wahl des Schuhwerks aus ästhetischen Gründen durchsetzen musste …)

Herzlichen Dank selbstverständlich auch an all jene, die mich für eine Nacht aufgenommen und mir eine Matratze und ein warmes Essen auf den Tisch gestellt haben, die mit dem Hund gespielt und mir Wandertipps gegeben haben; an alle, die nicht gleich abgewinkt haben, wenn ich ihnen nass, müde und manchmal auch ein wenig hoffnungslos mit einer Bitte in den Weg trat.

Dann möchte ich natürlich meiner Familie danken, in erster Linie meiner Mutter und meinem Vater, die, als sie zum ersten Mal von meinem «Deutschland umsonst»-Plan hörten, die Hände über dem Kopf zusammenschlugen und mal wieder darüber nachdachten, mich endlich entmündigen zu lassen.

Zu guter Letzt: meine Frau Sabine! Sie war damit einverstanden, dass ich mich für zwei Monate vom Rudel entfernte, schmiss unser Heim im Horst in dieser Zeit ganz allein und schaffte es nebenbei noch, ihrem abgängigen Gatten Zuversicht und Hoffnung auf den Weg zu schicken, wenn der mal wieder weinerliche Grußbotschaften nach Hause kabelte. Vielen, vielen Dank.

Wolfgang Büscher
Berlin–Moskau
Eine Reise zu Fuß
«Dieses Buch hat gute Aussichten, einmal zu den Klassikern der Reiseliteratur zu zählen – noch vor Bruce Chatwins Büchern.» (Südd. Zeitung) «Reiseerfahrungen, die zum Besten gehören, was in den letzten Jahren in deutscher Sprache erschienen ist.» (Der Spiegel) rororo 23677

Reiseliteratur bei rororo: Der Weg ist das Ziel

Helge Timmerberg
Shiva Moon
Eine Reise durch Indien
Der Ganges ist Indiens Schicksalsstom: Helge Timmerberg ist ihm gefolgt – von der Quelle im Himalaya bis zum Delta. Mit Kraft, Witz und Klarsicht erzählt er von Gottheiten, Heuchlern, Bettlern und schönen Geisterheilerinnen, von Rausch und Nüchternheit – ein hinreißendes Porträt.
rororo 62118

Klaus Bednarz
Am Ende der Welt
Eine Reise durch Feuerland und Patagonien
Diese Landschaften haben immer wieder Menschen aus aller Welt in ihren Bann gezogen – mit ihrer endlos weiten Pampa, den Fjorden und Kanälen, Gebirgen und schroffen Küsten.
rororo 61942

S 71/2

Weitere Informationen in der Rowohlt Revue oder unter www.rororo.de

MIX
Papier aus verantwortungsvollen Quellen
FSC® C083411

Das für dieses Buch verwendete FSC®-zertifizierte Papier
Lux Cream liefert Stora Enso, Finnland.